복 있는 사람
오직 여호와의 율법을 즐거워하여 그 율법을 주야로 묵상하는 자로다.
저는 시냇가에 심은 나무가 시절을 좇아 과실을 맺으며 그 잎사귀가 마르지 아니함 같으니
그 행사가 다 형통하리로다. (시편 1:2-3)

느긋하게 걸어라

Joyce Rupp

Walk in a Relaxed Manner

느긋하게 걸어라

조이스 럽 지음 | 윤종석 옮김

복 있는 사람

느긋하게 걸어라

2007년 4월 26일 초판 1쇄 발행
2012년 6월 7일 초판 11쇄 발행
2014년 3월 24일 특별 보급판 1쇄 발행
2014년 3월 25일 특별 보급판 2쇄 발행

지은이 조이스 럽
옮긴이 윤종석
펴낸이 박종현

도서출판 복 있는 사람
주소 서울특별시 마포구 연남동 246-21(성미산로23길 26-6)
전화 02-723-7183, 7734(영업·마케팅) 팩스 02-723-7184
이메일 blesspjh@hanmail.net
등록 1998년 1월 19일 제1-2280호

ISBN 978-89-6360-130-4 03230

Walk in a Relaxed Manner
by Joyce Rupp
Copyright ⓒ 2005 by Joyce Rupp
All rights reserved.

Translated and used by the permission of Orbis Books Company
through the arrangement of rMaeng2, Seoul, Republic of Korea.
This Korean edition Copyright ⓒ 2007 by The Blessed People Publishing Co.,
Seoul, Republic of Korea.

이 책의 한국어판 저작권은 알맹2 Agency를 통해 Orbis Books Company와 독점 계약한 도서출판 복 있는 사람이 소유합니다. 신저작권법에 의하여 한국 내에서 보호를 받는 저작물이므로 무단전재와 복제를 금합니다.

내 영혼의 친구이자
사랑하는 길동무인 톰 페퍼(Tom Pfeffer)에게
깊은 감사를 담아 이 책을 바친다.

차례

순례 일정　8
감사의 말　10
순례자의 기도　13

머리말　14

1. 역사의 정기를 받으라	25
2. 순례자가 되라	37
3. 준비하고 떠나라	53
4. 느긋하게 걸어라	67
5. 내려놓으라	79
6. 삶이 위대한 모험임을 잊지 말라	93
7. 현재를 살라	111
8. 몸에 귀를 기울이라	127
9. 모르는 사람들의 친절을 받아들이라	141
10. 역경에 굴하지 말라	157
11. 아름다움을 끌어안으라	173
12. 노숙자의 처지를 경험하라	191
13. 부정을 긍정으로 바꾸라	207
14. 기도의 네트워크를 유지하라	225

15. 예고 없이 찾아오는 천사를 기대하라	239
16. 실망을 그냥 두지 말라	251
17. 고독을 음미하라	265
18. 유머 감각을 놓치지 말라	283
19. 길동무 하나님을 신뢰하라	297
20. 약함을 통해 겸손을 배우라	311
21. 현재의 우정을 향유하라	327
22. 짐을 가볍게 하라	343
23. 함께 가는 길동무와 보조를 맞추라	357
24. 인류의 웅성거림 속으로 들어가라	373
25. 멈추어 되돌아보라	385

카미노 이후   398

노래   406
주   411
순례 및 산티아고 관련 자료   412

;   **순례 일정**

순례를 떠나기 전에 내 30년 지기이자 전에 함께 책도 썼던 한 친구가 여정을 위한 축도를 보내왔다. 그 힘과 용기가 산티아고 길에서 발걸음마다 나와 함께하도록 나는 그것을 내 일기장 표지 안쪽에 테이프로 붙여 두었다. 그때는 몰랐지만 그녀의 말은 내가 카미노에서 맛보게 될 삶의 경험들과 깊이 맞닿아 있었다. 한 주, 두 주, 갈수록 내게 의미를 더해 간 이 축도의 말을 인해 나는 늘 감사하리라.

> 그대의 발길이 닿는 곳마다 꽃이 피어나기를
> 앞서간 발길들이 그대의 걸음걸음에 복이 되기를
> 그대 심령의 날씨가 정말 중요한 날씨가 되기를
> 그대의 모든 목적이 하나님 마음속에 둥지를 틀기를
> 그대의 기도가 다른 순례자들을 위해 뒤덮인 꽃과 같기를
> 그대의 마음이 뜻밖의 사건들 속에서 의미를 찾기를
> 그대를 위해 기도하는 친구들이 내내 그대를 안고 가기를
> 그대를 위해 기도하는 친구들이 그대 마음속에 안겨 가기를
> 삶의 동심원이 길 가는 내내 그대를 에워싸기를

깨어진 세상이 그대의 어깨 위에 목말을 타기를
그대 영혼의 배낭에 그대의 기쁨과 슬픔을 지고 가기를
그대가 온 세상 모든 기도의 고리들을 기억하기를
- 매크리나 위더커

우리는 2003년 9월 4일 마드리드에 도착하여 론세스바예스로 가서 그곳 유스호스텔에서 그날 하룻밤을 보냈다. 이튿날부터 걷기 시작했다. 그 후로 6주 동안 우리는 여러 도시와 소읍과 마을에서 묵었다. 처음으로 온종일 걸은 것은 2일째부터였다. 산티아고에 도착한 후 우리는 바닷가의 피니스테레에 가서 닷새 동안 쉬었다. 그리고 10월 18일에 산티아고로 다시 와서 20일 비행기로 마드리드에서 아이오와 주로 돌아왔다.

; **감사의 말**

카미노를 걸으며 내가 배운 교훈 가운데 하나는 우리의 삶이 끊임없이 다른 사람들의 영향을 통해 빚어진다는 것이다. 돌아보면, 산티아고 가는 길에 나를 축복해 준 사람들, 이 책의 집필 여정을 도와준 사람들이 놀랄 만큼 많다.

오스틴 리패스는 나에게 처음으로 카미노를 알게 해주었다. 버나드 손은 걷는 요령을 일러주다가 우연히 내게 이 책의 제목까지 주었다. 우리 친구 케빈 캐머론 목사는 순례용 지팡이를 건네 우리를 놀라게 했고, 데이빗 앤드루스 수사는 열심히 모아온 자신의 항공 마일리지로 우리에게 스페인행 비행기 표를 마련해 주었다. 린다 리드버그, 스탠 컬드웰, 수 허드슨, 모린 처닉, 린다 가세스, 마틸다 커들립이 들려준 카미노에 대한 지식과 경험은 아주 요긴한 도움이 되었다.

캐나다 노바스코샤 트루로의 페그 매디건과 영국 도킹의 메리 프라이어는 이 책의 일부를 쓰는 동안 한적한 장소를 제공해 주었다. 제니퍼 설리번을 위시하여 캔자스 주 이스턴에 있는 샨티바넘 수양관 공동체는 톰 페퍼와 내가 처음 피정에서 영적 준비를 하는 동안 기도와 환대를 베풀어 주었다.

비버데일 백 컨트리라는 상점은 신발과 비옷과 배낭에 대한 우리의 끝없는 질문을 조금도 귀찮아하지 않았다. 샬롯 휴트먼은 엠마오 집에서 "기도와 파티"로 환송식과 환영식을 열어 주었다. 친구들과 동료들이 거기 모여 우리의 출발을 응원해 주고 귀환을 반겨 주었다. 매크리나 위더커는 우리를 위하여 특별히 카미노 축도를 써 주었다. 카미노에 관한 정보와 안내책자들의 핵심 본산인 런던의 성 야고보 협회는 더없이 귀한 자원이었다.

스페인에서 만난 사람들도 우리를 축복해 주었다. 멋진 순례자들은 날마다 우정과 지원으로 우리를 격려해 주었고, 인심 좋은 관리인들과 자원봉사자들은 저녁마다 쉼터에서 섬겨 주었고, 스페인 북부의 주민들은 우리를 반겨 주고 친절한 조언을 베풀어 주었다.

친구들, 가족들, 세르비트 공동체 회원들, 동료들은 날마다 우리를 위해, 우리와 함께 기도해 주었다.

캐롤라 브로더릭, 린다 컬드웰, 존 흐라베, 에드 페퍼 목사는 원고를 검토해 주었다. 그들의 말할 수 없는 도움으로 이렇게 읽을 만한 책이 되어 나왔다. 오비스 출판사의 마이클 리치, 캐서린 코스텔로, 도리스 굿너프, 메리 앤 퍼라라,

로버타 새비지는 이 책이 당신의 손에 들리기까지 발군의 기량을 발휘해 주었다.

내 놀라운 순례 여정 동안 영으로 나와 함께 걸어 준 모든 분들에게 심심한 감사를 전한다.

순례자의 기도

제 영혼의 보호자시여

오늘 하루 길 가는 저를 인도하소서

해를 당하지 않도록 지켜 주소서

주님과, 주님의 땅과, 주님의 온 가족과

관계가 더욱 깊어지게 하소서

제 안에 주님의 사랑이 강건하여져서

우리가 사는 세상 속에서 제가

주님의 평화의 임재가 되게 하소서

아멘

; 조이스 럽, 톰 페퍼

; **머리말**

날마다 우리 마음속에는 미래의 씨앗이 심겨진다. 우리는 그 존재를 알지 못하지만 어느 날 삶의 중요한 경험이 씨앗을 깨우며 우리를 성장으로 부른다. 내가 카미노를 걷기로 한 것도 그런 경우다.[1] 실제로 떠나기 1년 전까지만 해도 나는 스페인 북부의 800킬로미터 가까운 거리를 도보로 횡단할 생각은 해본 적이 없었다. 그 유서 깊은 길을 걷도록 나를 부추긴 작은 씨앗은 10년 이전부터 은밀하게 뿌려졌었다. 그 씨앗은 내 미래의 카미노 여정을 머금은 채 조용히 발아의 시간을 기다리고 있었다.

오래전 나는 캐나다에서 수련회를 인도하던 중에 오스틴 리패스를 만났다. 마침 그해에 카미노를 걷고 돌아온 그는 산티아고 데 콤포스텔라의 성 사도 야고보 무덤에 다녀온 자신의 순례 경험을 들려주었다. 나는 호기심이 일었고, 그 뒤로 "인생이 바뀌었다"는 그의 말에 특히 더했다. 그래도 그렇게 힘들고 오랜 시간이 걸리는 일을 나도 해야겠다는 다짐이 생길 정도는 아니었다. 누군가 다른 사람이 하면 좋을 것 같았다. 그래서 그 놀라운 순례의 씨앗은 더 긴 휴면기에 들어

갔다.

캐나다 수련회가 있은 지 거의 9년이 지나 카미노의 씨앗이 싹을 틔우기 시작했다. 씨앗을 간질여 깨운 것이 정확히 무엇인지는 지금도 모른다. 한 친구가 셜리 매클레인(Shirley MacLaine)의 책 「카미노」(*The Camino*)를 발견했을 때였을지도 모른다. 매클레인의 경험은 내 호기심을 돋우었지만 그렇게 위험도 많고 이것저것 불편한 장정(長程)을 내가 정말로 걸을 수 있을지는 의문이었다.

카미노의 씨앗은 그 이듬해인 내 예순 번째 생일을 앞두고서야 비로소 하나의 생명체로 깨어났다. 카미노 횡단이 나 자신의 성장을 위한 최선의 일일 수도 있겠다는 생각이 강하게 들었다. 그러잖아도 나이 예순이 되면 책 한보따리 싸들고 6개월간 어디 바닷가 휴양지에 숨어 고독과 침묵 속에 흠뻑 젖어들고 싶다고 늘 입버릇처럼 말하던 나였다. 그러나 내 기억 속 어딘가에 융(C. G. Jung)의 말이 웅크리고 있었다. 인생 후반의 성인들은 자아의 아직 개발되지 않은 부분이 출현하고 성장할 여지를 주어야 한다고 그는 말했다.

6개월간 바닷가에서 쉬면 내 내향성과 은둔의 기호만 더 깊어질 것이었다. 나에게 정작 필요한 것은 "세상 밖으로 나가" 뭔가 전혀 반대되는 일, 확실히 지경을 넓히는 일, 내 전

폭적 참여를 요하는 일에 빠져드는 것이었다. 이런 생각들이 표면에 떠오르면서 카미노의 씨앗은 자신의 고요한 집에서 깨어나 첫 뿌리를 내보냈다. 성장으로 돌아선 것이다.

어느 날 나는 친구 톰 페퍼에게 카미노에 갈 수 있는 가능성을 내비쳤다. 1년이 넘도록 우리는 매주 몇 차례 디모인(Des Moines) 강가의 자전거 길을 3-5킬로미터씩 걷고 있었다. 나는 톰에게 함께 순례에 오를 의향이 있느냐고 물었다. 우리 교구의 반쯤 은퇴한 목사인 그는 20년 지기인 귀한 친구였다. 카미노 순례는 보나마나 큰 일일 테니 믿을 만한 동행이 필요했다. 톰은 반색하면서 열의와 긍정적인 반응을 보였다. 나는 힘이 났다. 갑자기 여정이 더 현실감 있게 다가왔다.

1년간의 계획과 준비와 몇 달간의 훈련을 거쳐 우리는 2003년 9월 3일 밤 비행기로 미국을 떠나 마드리드로 갔다. 공항에서 지하철을 타고 버스터미널로 가서 몇 시간을 기다린 끝에 버스에 올랐다. 팜플로나까지는 5시간 거리였다. 팜플로나에서 론세스바예스라는 작은 마을까지는 택시로 갔다. 밤에 이용할 수 있는 교통수단이 그것밖에 없었다. 프랑스 국경에서 8킬로미터쯤 떨어진 이 고풍스런 마을은 피레네 산맥 고지에 고즈넉이 자리하고 있다. 이튿날, 아침 안개와 가랑비에 싸인 그 아름다운 마을 어귀에서 우리는 유서 깊은 순례 노정에 첫발을 내딛었다. 스페인을 가로질러 서부 도시 산티아고의 성 야고보 성당에 이르는 노정이었다. 10월 10일에 끝난 총 36일의 도보 대장정은 그렇게 시작되었다. 그리고 이 여정은 우리의 내면생활을 깊이 바꾸어 놓았다.

스페인 북부의 아름답고 다채로운 경관 속으로 수백 킬로미터를 걸으며 그렇게 많은 영적 교훈들을 배우게 될 줄은 톰도 나도 상상하지 못했었다. 여정은 값진 교훈으로 가득한 변화의 모험이 되었다. 날마다 뭔가가 나타나 우리를 더 자라게 해주었다. 우리가 배운 교훈 중에는 새로운 것도 있었고, 그간 잊고 있어 우리의 의식 속에 되살려야 하는 것도 있었다.

내 안에 카미노 순례의 씨앗이 깨어나던 날, 나는 그 씨앗이 영적 성장의 열매로 맺히기를 바랐다. 그리고 정말 그대로 되었다. 그러나 집에 돌아온 나는 이 놀라운 수확을 나 혼자만 간직한 채 나눔을 자제하려 했다. 작가로서 나는 늘 내 내면의 격동과 통찰을 쏟아내 왔다. 그래서 나는 생각했다. "이번의 이 경험은 나만의 것이다. 이 순례는 내 것이야."

그 열망은 처음부터 강했다. 카미노 여정을 준비한다는

사실도 나는 극소수 사람들에게만 알렸다. 가족들, 내 신앙 공동체의 몇몇 회원들, 가까운 친구들과 동료들에게만 말하기로 한 것이다. 동네방네 소문낼 것 없었다. 스페인에서 보낼 이메일도 매주 잘 지내고 있다는 안부 정도로 대여섯 사람에게만 국한하기로 했다.

최대한 사생활 침해를 덜 받도록 만반의 대책을 세워 둔 것이다. 그러나 신앙 공동체의 지도자에게 보낸 나의 이메일이 매번 전 회원들에게 전송되고 있음을 나는 몰랐다. 돌아와서 그 사실을 알았을 때에도 여정을 내 것으로만 간직하려는 방침은 바뀌지 않았다. 오히려 그 결심은 더 굳어졌다. 그러나 내 놀라운 여행을 아는 사람들은 그것을 책으로 쓸 거냐고 거의 이구동성으로 내게 물었다. 카미노에서 날마다 일기를 썼음에도 불구하고 내 대답은 쉬웠다. "아뇨, 이번 여행은 저만의 것이랍니다."

사람들은 계속 문제를 제기했다. 나는 톰에게 고민을 털어놓았다. 그는 나보다 훨씬 마음이 열려 있었다. 다른 사람들에게 그 여정에 대해 말해 주는 것을 그는 큰 낙으로 여겼다. 귀국한 뒤로 그는 대화 요청에 매번 열심히 응했고, 카미노 순례에 대해서 발표도 여러 차례 했다. 성격이 외향적인 톰은 그런 기회를 한껏 즐겼고, 관심을 보이기만 하면 누구에게나 자신의 카미노 경험을 들려주었다. 나는 그렇지 않았다. 나는 그 순례를 계속 내 것으로만 끼고 있으려 했다. 그러나 프라이버시에 대한 희망은 계속 무너지고 있었다.

어느 날 나는 친자매처럼 지내는 우리 공동체의 세 여자와 만났다. 나는 카미노에서 얻은 내적인 깨달음과 인생 교훈을 바깥 세상에 알리고 싶지 않은 내 고충을 그들에게 털어놓았다. 그들은 그것을 내 것으로만 간직할 권리가 얼마든지 내게 있다며 나를 이해해 주고 안심시켜 주었다. 그 만남은 오후 1시에 끝났다. 같은 날 정확히 5시 반에 나는 방에 앉아 도리스 로라의 글을 읽었다. 도입 단락에 신화학자 조셉 캠벨(Joseph Campbell)이 언급되어 있었다. 캠벨이라면 내가 평소에 그 가르침에 깊이 탄복하는 사람이다. 저자가 소개한 캠벨의 말에 따르면, 신화 속의 영웅은 다음의 둘 중 하나의 이타적인 행위로 여정을 끝내는 사람이다.

다른 사람들을 위하여 자신의 목숨을 희생하는 물리적 행위, 또는 돌아와서 자신의 비범한 경험을 나눔으로써 공동체에 깊은 유익을 끼치는 영적인 행위.

불현듯 또 하나의 씨앗이 싹을 틔웠다. 바로 이 책의 시작이었다. 캠벨의 그 말을 읽자마자 나는 잡지를 덮고 벌떡 일어나 하나님께 외쳤다. "네, 네! 알았어요! 알아들었어요!" 내 우유부단함에 대한 응답은 그렇게 찾아왔다. 그 기사와의 만남은 내 고민과 너무도 가깝고 시기적으로 일치하여, 나는 내 작은 구석의 프라이버시를 떠나라는 부름을 받아들이지 않을 수 없었다. 결국 나는 카미노 여정이 나만의 것이 아님을 이해하고 그 사실을 받아들였다. 그것은 나누어야 할 "비범한 경험"이었고 나는 거기서 돌아온 자였다. 내 간절한 바람과 뜻은 이 나눔으로 "공동체에 깊은 유익을 끼치는" 것이다.[2]

그 은혜의 순간 이후로, 카미노의 인생 교훈을 전달하되 독자를 나의 성장 경험 속으로 초대하는 방식으로 전달하고픈 열망이 늘 나의 동력이 되었다. 내가 몰랐던 것은 그 교훈을 모으고 쓰는 과정에서 그것이 나에게도 한층 더 절실하고 생생해졌다는 것이다. 선물이란 베풀수록 그 유익이 본인에게 돌아오는 법이다.

모든 의미 있는 여정은 어떤 식으로든 우리를 변화시킨다. 여정중에는 그것이 거의 느껴지지 않는다. 변화의 조짐은 있을지 모르나 나중에 돌아볼 때에야 우리는 자신의 삶 속에 형성되고 빚어지고 있던 것들을 보며 숨 막힐 듯 놀라게 된다. 새로운 태도, 더 강한 헌신, 더 뜨거운 열정이 어떻게 우리의 지경을 넓혀 충만한 삶에 이르게 했는지 그제야 우리는 깨닫게 된다. 그때 우리는 뜻밖의 성장으로 우리를 떠미는 여정의 위력을 확인할 수 있다.

안타깝게도 우리의 의미 있는 여정은 원치 않는 부정적인 쪽으로도 우리를 바꿔 놓을 수 있다. 더 큰 환멸, 더 깊은 불만, 끝없는 불안, 좌절과 혼란, 괴로운 분노와 적의의 악습만 남을 때도 있다. 특별한 여정에서 우리가 배우는 교훈은 우리가 무슨 일을 겪고 거기에 어떻게 반응하느냐에 다분히 달려 있다.

스페인 북부의 그 먼 길을 걸어서 횡단하기란 힘든 일이다. 그 신산고초는 이 여정에 나서는 사람이라면 누구나 증언하는 바다. 내 경우도 투덜투덜 불평이 절로 나던 날들이 물론 있었다. 다리에 힘이 빠지고 허리가 아파 그날의 목적지에 당도하기도 전에 주저앉을 것만 같은 순간들도 있었다. 그냥 집에 있었으면 침대에서 편하게 쉴 텐데 하는 생각도 여러 번 들었다. 자칫하면 역경과 고생을 카미노의 중점으로 삼기 쉽다. 그러나 그 순례에는 이런 힘든 면보다 훨씬 많은 것들이 있다.

즐거운 시간, 다른 사람들과의 일체감, 매일의 모험, 끝없는 절경, 깊은 평안과 평온의 시기도 많았다. 카미노의 모든 차원이 성장 과정의 일부였다. 노정의 매 걸음마다 통찰과 의식이 열리면서 나의 삶이 더 또렷이 보였다. 조급하게 서두르는 문화, 늘 모자라기만 한 시간과 일정표의 틈바구니에 갇혀 사는 내 모습을 나는 카미노 대장정을 걸으며 보게 되었다. 나 스스로 자청하기도 하고 타인들이 얹어 주기도 하는 많은 요구와 기대의 부담감과 압박감이 카미노를 통하여 더 잘 보이게 되었다. 카미노가 가져다준 교훈들을 생각하면 지금도 나는 경외감에 젖는다.

스페인 횡단 여정은 내가 걸으면서 상상하거나 바란 것 이상으로 내게 깊은 영향을 끼쳤다. 아이러니지만 산티아고 순례가 막바지에 이른 어느 날, 톰과 나는 우리가 그간 성장했는지 아닌지 찬찬히 생각해 보았다. 우리의 결론은 카미노가 우리에게 그다지 큰 변화를 주지는 않았다는 것이었다. "인생이 바뀌었다"는 사람들과는 분명 달랐다. 물론 우리는 그 경험이 아직 진행중임을 미처 생각하지 못했다. 그렇게 바짝 붙어선 상태에서는 교훈들을 명확히 지각하고 충분히 이해할 수 없었던 것이다.

지금 그 대화를 떠올리면 픽 웃음이 난다. 산티아고 쪽으로 걸음을 옮길 때마다 "내 삶을 살아가는" 방식에 커다란 변화가 펼쳐지고 있음을 나는 몰랐다. 톰이나 나나 산티아고 보행을 마친 후에 매혹적인 바닷가 마을 피니스테레에서 닷새 동안 쉴 때에야 비로소 이번 여정의 풍요로움을 이해하고 인식하기 시작했다. 이 순례가 우리에게 가져다준 내적 성장을 묵상하고 나누는 사이, 카미노의 인생 교훈들이 어렴풋이 보이기 시작한 것이다.

그것이 양파 껍질처럼 한 꺼풀씩 계속 벗겨진 것은 집에 돌아온 후였다. 내 경우 모든 껍질들 밑에 한 가지 중심 진리가 있었다. 매사를 내가 원하는 대로 통제하려는 태도를 버려야 한다는 것이었다. 내 인생에서 나는 무엇을 했는가보다 어떻게 살았는가를 볼 필요가 있었다. 인생에는 항상 오르막길과 내리막길이 함께 있음을 카미노는 내게 일깨워 주었다. 나는 그것을 자연스런 성장 과정으로 받아들일 필요가 있다. 내 뜻대로 되게 하려는 끈질긴 집착을 버려야 한다.

무엇보다 카미노 여정 덕분에 나는 일상생활을 그 본연의 모습인 순례와 모험으로 볼 수 있게 되었다. 카미노에서 보행 속도를 늦추면서 나는 내면의 속도도 늦추어야 함을, 팽팽한 긴장일랑 버리고 삶을 더욱 누려야 함을 깨달았다. 생산성에 대한 끝없는 부담을 버리라는 부름이 느껴졌다. 이 진리가 내 삶에 구석구석 스며들어 영향을 미치려면 인생 노정을 훨씬 더 걸어야 하겠지만, 산티아고 순례는 이 본질적인 요소에 대한 나의 의식을 크게 높여 주었다.

아직도 나는 그 인생 교훈들을 다 인식하지 못했고, 카미노를 걸을 당시의 내 반응들도 다 이해하지 못한다. 그러나 한밤의 꿈이 그렇듯이, 인내심을 가지고 묵상하며 내 여정의 조각들과 함께 시간을 보낸다면 그 중요한 변화의 근원들이 점차 분명해지리라고 나는 믿는다. 이제 나는 유서 깊은 카미노 데 산티아고 데 콤포스텔라를 걸으며 얻은 교훈들을 당신 앞에 내놓는다.

이 보배들을 당신에게 나누면서 당신도 나처럼 이 교훈들에 힘입어 삶의 열정과 소망이 새로워지기를 바란다. 유서 깊은 산티아고 길을 횡단할 기회는 당신에게 혹 없을지 모르나 당신만의 인생길에서 영적으로 지경을 넓혀 성장할 기회는 언제나 있을 것이다. 그해 가을 스페인에서 내게 찾아온 이 카미노의 교훈들이 일상생활이라는 순례길을 가는 당신의 마음속에 성장의 씨앗으로 오롯이 심겨지기를 기도한다.

1
역사의 정기를 받으라

걸으면서 나는 더 깊이 듣는다.
갑자기 내 모든 선조들이 내 뒤에 있다.
가만히 있어, 보고 들으라고 그들은 말한다.
; 린다 호건

다른 땅 다른 문화의 무수한 발들이 이전에 걸었던 길, 그 길을 걷는 나를 상상해 본다. 그 발들도 수백 리를 걸어 성지에 닿았으리라. 똑같은 길 똑같은 돌들을 당신의 발로 밟으며 당신도 몇 주 동안 걸어 똑같은 목적지에 당도한다고 생각해 보라. '카미노 데 산티아고 데 콤포스텔라'(Camino de Santiago de Compostela)에 서는 심정이 바로 그런 것이다.[3] 이는 영적인 교감과 공동체적 공명(共鳴)으로 충만한 여정이다.

이 특정한 카미노는 스페인 북부 산티아고 시의 성 야고보 성당에 이르는 경건한 순례길이다. 전설에 따르면, 그곳에 성 사도 야고보의 유해가 안치되어 있다. 이 순례 여행은 유서가 깊다. 9세기 중에 시작되었다는 일부 기록이 있다. 10세기 초에 카미노가 순례길로 대중화된 것은 여러 사료(史料)로 분명히 확인된다. 중세기 중에 카미노를 걸은 순례자들의 수가 최고 1백만에 달한다는 말을 듣고 나는 놀랐다. 지금도 여름철 성수기가 되면 이 길을 찾는 사람들이 매일 무려 1천 명에 달한다. 이들 순례자들은 산티아고까지 보행을 마치면 성 야고보 성당 근처의 순례자 사무실에서 인증서를 받는다. 순례 필(畢)을 증명해 주는 공식 서명된 인증서다.

한 가지 내 마음을 끈 것은, 앞서간 많은 사람들 덕분에 그 옛 길에 서려 있을 영적 정기(精氣)였다. 카미노를 계속 걷도록 주로 나를 잡아끈 것은 종점인 산티아고가 아니었다. 물론 성 야고보 성당이 세상에서 가장 방문객이 많은 기독교 성지 중 하나이기는 하다. 흔히 일상생활에서 접하는 것들보다 더 크고 더 충만하고 더 깊은 뭔가를 느끼기 위해서 여러 종교와 무종교의 사람들이 그 성당을 방문하고 있다.

성지마다 그곳을 애써 찾는 이들에게 주는 영적 에너지가 있다. 해당 성지에서 기리는 성인의 정신만 그곳에 있는 것이 아니다. 수많은 순례자들의 가상한 뜻과 기도도 그곳의 정기에 보태진다. 카미노가 그토록 특별한 것은, 목적지인 산티아고에만 아니라 성지에 이르기까지 가는 길 내내 그런 소생의 샘이 있기 때문이다.

지난날의 순례자들이 카미노에 남긴 정기는 그 길을 걷는 순례자라면 누구나 누릴 수 있는 영적인 기운이다. 산티아고 길에는 모험, 관용, 믿음, 목적, 교제, 신뢰, 용기를 비롯한 선조들의 힘이 갖가지로 배어 있다. 물론 마음이 닫혀 있거나 의식이 없으면 이런 에너지를 놓칠 수도 있지만 내 생각에는 놓치기 어렵다. 별로 영적인 의도 없이 카미노에 오르는 사람들도 노중에 깨달음의 순간들을 경험한다. 현대의 순례자들이 산티아고 쪽으로 한발씩 걸음을 뗄 때마다, 성 야고보의 묘지까지 노래하고 기도하며 걸었던 옛 순례자들의 정신이 말할 수 없는 은혜로 그들을 채워 주며 각자에게 가장 요긴한 선물을 건네준다.

카미노의 다른 많은 순례자들처럼 톰과 나도 카미노의 영적 능력을 경험한 것은 목적지에 도달해서라기보다는 그 길을 걸으면서였다. 처음에 우리는 산티아고 도착이 보행의 목적인 줄 알았다. 그러나 성당으로 가는 길목에서 영적 힘과 새로운 열정을 얻게 되어 있음을 우리는 곧 깨달았다. 우리의 인생 교훈들은 카미노가 가져다준 수많은 기복 속에서 펼쳐졌다. 매일의 이동 속에서, 10여 세기 동안 다른 순례자들이 걸었던 똑같은 큰길과 샛길과 거리에서, 우리는 신성한 의식(意識)을 재발견했다. 바로 거기서 우리는 인생을 느긋하게 걷는 법을 더 깊이 배웠다. 바로 거기서 우리에게 순례자의 정신이 길러졌다.

카미노의 에너지는 역사적인 건축물을 통해서도 온다. 도시며 소읍들의 강 위에 여태 걸려 있는 로마시대의 다리들, 우리를 산티아고로 데려다 주는 고대 로마의 도로들, 계속 카미노 길을 빛내 주는 높다란 성당과 튼튼하게 지어진 교회들, 그 앞에서 경외감에 젖지 않을 사람은 없다. 모든 순례자는 그 많은 사적지를 건너고 통과하고 들어서고 벗어나 길을 가도록 되어 있다. 그러노라면 각 순례자에게 여정의 정기가 생생히 만져진다. 지난날 그 길을 갔던 순례자들도 똑같은 역사적 광경들을 경험했음을 알게 된다.

나는 카미노의 정기를 즉각 느꼈다. 몇 걸음 떼지 않아서부터 앞서간 무수한 순례자들과의 깊은 일체감이 느껴졌다. 감사와 기쁨이 물밀듯이 내 안에 밀려들었다. 나는 그곳이 거룩한 땅임을 알았다. 산티아고 길의 영적 선조들도 나 못지않게 순례를 원했다. 그들은 무엇을 경험했을까? 무엇을 느끼고 보았을까? 어서 직접 알아보고 싶은 마음이 간절해졌다. 이전의 그들만큼 나도 마음을 다하고 정성을 다하고 풍성한 영적 체험을 다하여 카미노를 걷고 싶었다. 노정의 각 구간 구간이 나에게 능력을 가져다줄 것이다. 그것을 받을 각오로 길을 떠나는 나의 마음에 소망이 가득 차올랐다.

첫날, 크로커스 같은 조그만 자주색 꽃들이 만발한 풀밭에서 잠시 쉴 때 나는 일기장에 이렇게 썼다.

비스카레트라는 작은 마을에서 잠시 쉬고 있다. 길이 몹시 가팔라 꽤 힘들었지만 경치는 장관이었다. 야생화들이 아름답다. 장미, 라벤더, 이름 모를 꽃들도 많다. 9월에 이런 꽃들을 만나다니 정말 뜻밖이다……. 오늘은 첫날, 론세스바예스를 떠나 향긋하고 싱싱한 소나무가 있는 수려한 숲을 지났다. 걸으며 은혜가 충만했다. 앞서 카미노를 걸었던 모든 사람들의 정기와 힘이 벌써부터 느껴진다.

길의 에너지가 이렇게 민감하게 느껴진 탓에 톰과 나는 산티아고 성지 길을 걸은 지 며칠 만에, 우리가 날마다 부르던 얀 노보트카의 노래에 두 소절을 더 붙였다. 이 노래를 부를 때마다 나는 이 역사적인 길을 걸어간 선조들에게 새롭게 끌렸고, 앞서간 모든 이들과의 즐거운 연합을 느꼈다.

존재하는 모든 것의 이름으로 우리 함께 나아가네.
길 가는 순례자들의 이름으로,
이 길을 앞서간 이들의 이름으로,
존재하는 모든 것의 이름으로 우리 나아가네.[4]

우리처럼 길을 떠났던 수많은 사람들의 이름으로 우리도 나아갔다. 그들의 존재 자체가 그 길에 활력을 주었다. 그 순례의 에너지 위에 오늘의 각 순례자들이 더해진다. 출발지가 어디인지는 중요하지 않다. 로마나 루르드 같은 성지에서부터 걷기 시작하는 사람들도 있다. 이탈리아, 벨기에, 프랑스, 독일, 네덜란드 등 자신의 고국에서 출발하는 사람들도 있다. 그러나 결국은 스페인 북부를 횡단하여 산티아고 성지에 이르는, 숱한 발길에 다져진 그 길 어딘가에서 거의 모두들 만나게 되어 있다. 카미노의 가장 보편적인 출발점은 피레네 산맥 프랑스 쪽의 생장피드포르라는 작은 마을이나 피레네 산맥 스페인 쪽의 론세스바예스다.

론세스바예스에서 카미노를 걷기 시작할 때 톰과 나는 순례자의 전통적 풍습에 따라 가리비 껍질을 부착했다. 선조 순례자들의 에너지와 일체가 되었다는 또 하나의 표시다. 가리비를 부착한 행인은 순례자임을 누구나 알 수 있다. 가리비의 유래에 대해서는 여러 가지 설이 있다. 널리 알려진 한 전설에 따르면, 성 야보고의 제자들이 배로 실어 온 그의 관을 뭍으로 옮길 때 마침 해변에서 벌어지고 있던 혼인잔치를 본의 아니게 방해하여 놀라게 했다. 그 바람에 신랑이 타고 있던 말이 펄쩍 뛰어 바닷물 속으로 내리달았다. 신랑과 말은 아무래도 익사한 듯했다. 그때 성 야고보로 말미암아 기적이 나타났다. 신랑과 말이 사나운 물속에서 둘 다 살아온 것이다. 그들은 바다에서 나와 의기양양하게 해변으로 올라왔는데, 말과 신랑을 칭칭 감고 있던 미역 줄기에 가리비 껍질이 많이 달려 있었다. 그래서 가리비는 성 야고보 성당으로 가는 사람들의 주요 상징이 되었다.

유서 깊은 이 순례 여정과 연관된 전설들이 또 있다. 이 역사적인 길의 방향이 은하수를 따라 흐른다 하여 그 길을 '라 비아 락테아'(은하수)라고도 부른다는 말을 듣고 나는 가슴이 설레었다. 또 '콤포스텔라'라는 비슷한 이름도 있는데, 이는 "별들의 벌판"이라는 뜻의 라틴어 단어 둘이 합해진 말이다. 전설에 따르면, 어떤 목동이나 은자가 천상의 음악을 듣고는 별들을 따라 벌판에 이르니 거기 성 야고보 시신의 유해가 있었다고 한다. (보행 엿새째 우리는 나이가 지긋한 한 일본인 순례자를 만났는데, 그의 성[姓]의 뜻이 정말 "별들의 벌판"이라 해서 나는 깜짝 놀랐다. 그 특이한 이름 때문에 그는 카미노 보행에 마음이 끌렸다.)

옛 순례자들의 정기, 사적지들, 길 자체와 아울러 별들의 역동 또한 카미노를 걷는 나를 불렀다. 예전부터 나는 별이 총총한 하늘을 무척 좋아했다. 별을 이고 바깥에 서 있노라면 언제나 신비와 경이와의 교감이 느껴졌다. 이런 반짝이는 하늘 길 아래로 몇 주 동안 걷는다고 생각하니 잔뜩 호기심이 일면서 기분이 들떴다.

그러나 첫 몇 주 동안은 카미노의 별을 한번도 보지 못했다. 밤마다 나는 별이 또렷이 보일 만큼 어두워지기도 전에 피곤하여 침대에 쓰러져 곯아떨어졌던 것이다. 내가 이 은하수의 에너지를 실제로 경험한 것은 동트기 전에 일어나 걷던 때였다. 햇볕이 몹시도 따갑던 그 주에 우리는, 미명에 일어나는 한이 있더라도 새벽녘 그늘 속에 몇 시간 걷는 것이 실속이 있음을 깨달았다. 어둠 속에서 구덩이에 빠지거나 돌부리에 채이지 않도록 우리는 작은 손전등으로 발밑을 밝혔다.

몇 번은 조각달의 빛이 충분하여 손전등 없이 걷기도 했다. 그런 날은 길도 평탄하여 걷기가 쉬웠다. 그때 나는 육안이 닿는 데까지 별들이 반짝이는 곳을 올려다보곤 했다. 별들을 보노라니 내 마음에 경건한 적막이 감돌았다. 그 고요한 순간에 나는 카미노에 서려 있는 역사의 정기를 추호도 의심하지 않았다. 새벽녘마다 그 정기가 내 영혼에 밀려들어 순전한 기쁨의 멜로디를 노래했다.

내 영혼에 에너지를 남겨 준 것은 별들만이 아니다. 땅, 돌, 나무들도 있다. 내 발이 닿는 수많은 곳에서 나는 뭔가 오래되고 깊은 것과의 교감을 느꼈다. 비가 내리던 어느 날, 우리는 갈리시아에서 두 그루 커다란 떡갈나무 곁을 지났다.

멈추어 그 크기와 아름다움을 감상하고 있으려니 내 안에 사랑과 기쁨이 뒤범벅되어 솟구쳤다. 세상 최고의 잔잔한 평안이 밀려왔다. 그날 밤 우연히 나는 네덜란드에서 온 어느 순례자에게 나무 이야기를 했다. 그녀는 현지인들에게 들었다며 두 떡갈나무의 수령이 천년을 넘었다고 했다.

이튿날 아침, 톰과 내가 트리아카스텔라를 떠나려는데 유스호스텔 관리인이 우리에게 동구 밖 늙은 떡갈나무에 대해 아느냐고 물었다. 가는 길목에 있으니 역시 천년도 더 된 그 나무에 꼭 들렀다 가라고 그는 우리에게 권했다. 가보니 과연 고목이 있었다. 기둥 밑동에 내가 쑥 들어가도 될 만큼 큰 공간이 텅 비어 있었다. 그래서 나는 들어가 고목 "안에" 앉았다. 노령의 떡갈나무 몸속에 있자니 아주 강력한 힘이 느껴졌다. 나는 최대한 마음을 활짝 열고 장구한 세월 그 나무가 품어 온 수목 에너지를 흡입하려 했다. 그것은 순례길을 지나는 자는 누구나 얼마든지 받을 수 있는 선물이다.

카미노를 걷는 내내 그 길에 서린 선조들의 힘은 한시도 나를 떠나지 않았다. 그리고 그것은 37일 후 내가 성 야고보 성당 입구에 섰을 때 절정에 달했다. 내 앞에 높다란 대리석 기둥이 있고 그 기둥에 이새(Jesse)의 나무를 새긴 조각들이 가득했다. 유대교와 기독교에서 이는 예수님의 계보에 대한 성경 역사의 상징이며 긴긴 세월 전해 내려온 신앙의 강력한 상징이다.

나는 관광객들이며 여정을 마친 다른 순례자들과 함께 줄을 섰다. 앞으로 나가 기둥 밑 부분의 손자국에 내 손을 얹는 순간, 격한 감정이 파문처럼 밀려왔다. 눈앞의 광경에 나는 깜짝 놀랐다. 대리석에 패인 손자국이 속으로 움푹 들어가 있었다. 앞서간 수백만의 순례자들이 손을 얹고 또 얹는 과정에서 그리된 것이다.

카미노를 마치던 그 순간, 거룩한 길의 강력한 정기가 확인되었다. 기둥의 손자국에 손을 넣은 채로 나는 그 유서 깊은 길을 앞서간 모든 순례자들의 존재와 지금 그 길을 걸어온 내가 영원히 일체가 되었음을 알았다. 담대히 여정에 오른 선조들의 믿음 충만한 정기가 카미노를 걷는 동안 내 마음에 새겨졌다. 그 굽이치는 사랑과 믿음이 여정 내내 발걸음마다 나를 부축하고 힘을 주었다.

우리 각자에게는 카미노, 곧 인생길이 있다. 이 길을 통해 우리는 앞서간 사람들과 지금 함께 가는 사람들의 영적인 풍요에 접근할 수 있다. 도중에 만나는 자애로운 사람들은 모두 저마다의 긍정적인 선(善)과 충만한 성장을 흔적으로 남긴다. 내 손이 성 야고보 성당 대리석 기둥의 움푹 패인 손자국에 쉽게 들어간 것처럼, 우리도 이 정기 속에 쉽게 들어갈 수 있다.

우리의 영적 에너지원인 이 믿음의 사람들이 인생길을 먼 옛날에 여행했든 아니면 오늘도 여행중이든, 그들은 우리의 스승이요 영감의 촉매제다. 산티아고 길의 순례자들처럼 그들의 선은 우리에게 힘을 준다. 날마다 각자의 역사적 여정에 올라 미지의 구간, 절경의 구간, 힘겨운 구간, 보람된 구간을 맞이하는 우리에게 말이다. 이 강한 정기는 우리의 꿈을 흔들어 깨우고, 어려운 결정에 지혜가 스며들게 하고, 모든 새로운 시작에 희망을 불어넣어 준다.

2

순례자가 되라

저마다의 인생 여정은
그 핵심을 보면 순례다.
보이지 않는 성지를 지나는 사이에
우리의 영혼은 넓어지고 부요해진다.
; 존 오도너휴

순례자가 되라. 이 말은 아주 낭만적인 말처럼 들린다. 카미노를 걷기 전에 나는 여러 종교의 순례자들이 도보로 성지 순례에 나선 이야기를 많이 읽었다. 순례 이야기마다 고생과 궁핍 속에서도 노중(路中)에 영적 성장을 얻었다는 경험담을 들려주었다. 이야기마다 흥미진진하고 보람이 넘쳐 보였다. 그러나 막상 나의 순례가 시작되자, 순례자에 대해 읽는 것과 실제로 순례자가 되는 것은 전혀 다름을 금세 알게 되었다.

 순례자가 된다는 것이 정말 무엇인지 깨닫는 데는 오래 걸리지 않았다. 카미노에서 첫밤을 지내보니 앞으로 몇 주간의 삶이 하루하루 어떠할지 알 것 같았다. 톰과 나는 피레네 산맥의 프랑스 쪽 기슭인 생장피드포르보다는 스페인의 론세스바예스라는 작은 마을에서 노정을 시작하기로 했다. 프랑스에서 떠나면 첫날부터 힘든 오르막길을 장장 30킬로미터나 걸어야 하는데, 아무리 장거리 보행을 연습한 우리라고 해도 그러면 순례 첫머리부터 너무 지칠 것 같았다. 그래서 우리는 다음 경유지인 산꼭대기의 론세스바예스를 택했다. 프랑스 국경과는 8킬로미터쯤 떨어진 곳이었다.

론세스바예스에 도착한 우리는 '대피소'(refugio)를 찾아야 했다.[5] 카미노를 따라 곳곳에 자리한 대피소는 순례자가 약간의 숙박료나 기부금을 내고 묵을 수 있는 단출한 숙소다. 우리가 가지고 간 순례 안내책자에 보면 론세스바예스에는 순례자 300명을 수용할 수 있는 큰 수도원이 있어 숙박시설은 충분하다고 되어 있었다. 그러나 그 대피소가 8월말에 문을 닫았을 줄이야 우리가 어찌 알았으랴. 우리가 간 때는 9월에서 10월까지였다. 1년 중 그 시기에는 길이 덜 붐비는 반면, 순례자를 위한 일반 시설이 더러 문을 닫기도 한다는 것을 우리는 벌써부터 배운 셈이다.

마드리드에서 론세스바예스까지 이동시간이 긴 탓에 우리가 목적지에 당도했을 때는 이미 밤 9시 15분이었다. 캄캄해진 수도원이야 쉽게 찾았으나 입구가 보이지 않았다. 현지의 두 여인숙 중 한 곳에 가서 물어보니 수도원은 문을 닫았고 여인숙은 두 곳 다 만원이라고 했다. "세상에! 이렇게 순식간에 순례자가 되다니!" 그런 생각이 들었다. 톰과 나는 서로 쳐다보며 속으로 물었다. "오늘밤, 어디서 묵어야 하나?" 바로 그때, 여인숙에서 일하는 한 친절한 여자가 몸짓으로 우리를 데리고 나가더니 근처 유스호스텔을 가리켜 보였다. 그러면서 거기 가면 묵을 데가 있을 거라며 우리를 안심시켜 주었다.

우리는 그 큰 건물까지 짧은 거리를 걸어갔다. 거무스름한 목조건물이 밤 그림자에 덮여 더 컴컴해 보였다. 마을에 불빛이라곤 거의 없었다. 심호흡을 한 뒤 안으로 들어가니 앞으로 36일 동안 밤마다 대하게 될 광경이 펼쳐졌다. 안에는 몇 줄로 길게 늘어선 이단침대가 보였고 많은 순례자들이 하계 캠프에 온 어린이들처럼 이미 잠자리에 들어가 있었다. 높다란 원형 지붕에 목재 들보가 얹힌 커다란 방 입구에서 누군가 우리를 안내하여 두 여자가 서 있는 조그만 탁자 앞으로 데려갔다. 우리는 그들이 호스텔을 관할하는 네덜란드인 자원봉사자임을 곧 알게 되었다. 나중에 우리는 그들을 첫 대피소의 "수녀원장들"이라 부르며 자주 웃곤 했다.

그들은 우리에게 여권을 보자고 했다. 순간 나는 혼란스러웠다. 여기서 여권이 왜 필요하단 말인가? 영문을 모르기는 톰도 마찬가지인 것 같았다. 두 여자 중 하나가 당황한 우리를 보고는 조그만 수첩을 들어올려 보였다. 그제야 우리는 그들이 말한 것이 스페인어로 'credenciales'라고 하는 순례자 통행증(pilgrim passport)임을 알고 둘 다 웃었다. 우리가 정말로 피곤하기는 했던 모양이다. 순례자 통행증을 손에 쥘 순간만 학수고대했으니 말이다. 이 통행증은 우리 순례자들의 신분증과도 같아서, 각 대피소 책임자는 그것을 보고 우리가 대피소에 묵어도 되는 확실한 순례자임을 알 수 있다. 우리의 경우는 그곳이 카미노의 출발점이었으므로 두 여자가 우리의 통행증을 만들어 주었다. 그들이 통행증을 건네주는 순간 톰과 나는 얼씨구나 좋아서 감사와 기쁨으로 받았다.

다음에 벌어진 일은 나를 깜짝 놀라게 했다. 우리가 웃고 떠든다며 두 네덜란드 여자 중 하나가 우리에게 주의를 준 것이다. "침묵을 좋아하는 얌전한 내가 얌전하지 못하다고 혼나다니, 별 일도 다 있지!" 그런 생각이 들어 다시 웃음이 터질 뻔했다. 이어 그들은 대피소에서는 정숙을 엄수해야 하며 밤 10시에는 출입문을 닫는다고 했다. 그 뒤로는 아무도 들어올 수 없었다. 또 한번 정신이 번쩍 들었다. 팜플로나에서 점심을 먹은 뒤로 여태 굶고 있던 우리는 먹을 것을 구할 수 있는 유일한 곳으로 부랴부랴 달려갔다. 마을 반대쪽 끝에 있는 라 포사다 여인숙이었는데, 거기서 우리는 앞으로 자주 보게 될 보카디요라는 샌드위치를 처음 먹었다. 아무것도 바르지 않은 바게트 빵에 얇디얇은 햄과 얇디얇은 치즈를 넣은 것인데 그래도 음식은 음식이었다. 그나마 시간이 없어서 더 먹지 못했다.

서둘러 대피소로 돌아오니 몸이 천근만근 무거웠다. 겨

우 통금 전에 돌아와서 배낭을 풀려는데 전깃불이 소등되었다. 칠흑같이 캄캄했다. 우리는 조그만 손전등을 켜서 침낭이며 칫솔이며 필수품을 꺼냈다. 폭우가 내려도 내용물이 젖지 않도록 물건들은 대부분 비닐봉지 안에 들어 있었다. 바스락 소리를 내지 않으면서 필요한 것들을 찾으려니 자연히 신경이 쓰였다. 잠을 청하는 순례자들이 다들 나 때문에 방해를 받을 것만 같았다. (이후로 밤마다 짐을 풀고 아침에 다시 싸면서 알게 된 사실이지만, 다른 순례자들도 비닐봉지 소리를 내는 사람들이 많았다.)

필요한 것을 찾아낸 나는 조그만 손전등을 가지고 살금살금 발끝걸음으로 어둠 속을 걸어 계단참으로 갔다. 밑에는 불이 켜 있었다. 근들거리는 계단을 최대한 조용조용 밟으며 화장실과 샤워장이 있는 아래층으로 내려갔다. 다들 벌써 침대에 들어가 있고 여자 셋만 그곳에 있었다. 그들은 하나같이 고갯짓으로 나에게 인사를 건넸을 뿐 아무도 말을 걸지 않았다. 지하층에서 샤워를 한 후에 나는 가만가만 다시 위로 올라왔다. 벌써 코를 고는 순례자들도 있었다. 수녀원장들한테 들키지 않고서 내 자리를 찾는 것이 문제였다. 나는 침대 옆에 웅크리고 앉아서 침낭의 지퍼를 열었다. 톰의 침대는 내 침대 옆이었다. 지친 몸을 침낭 속에 누이면서 나는 그를 향하여 속삭였다. "맙소사, 내가 어쩌자고 여기에 와 있을까요?"

아침 기상은 거칠었다. 5시 45분에 일제히 전등이 켜졌다. 순례자들은 즉시 일어나 지하층 화장실 쪽으로 길게 줄을 섰다. 아직 피곤하기는 했지만 나는 흥분에 휩싸였다. 바로 이거다! 우리의 카미노 여정이 이제야 제대로 시작되는 거다! 온통 낯선 사람들과 함께 잤는데도 내가 평소처럼 잘 잤다는 사실이 놀라웠다. 나는 잠시 그대로 누워, 내가 실제로 그곳에 와 있다는 현실을 느껴 보려 했다. 다른 순례자들이 부산하게 왔다갔다 하며 하루를 준비하는 소리가 들렸다. 마침내 나는 일어나 아래층으로 향했다. 여자들이 두 개의 세면대 주변에 모여 신속하게 세수와 양치질을 했다. 다른 사람들은 둘 뿐인 변기를 쓰려고 줄을 서서 기다렸다. 나는 벌써부터 편안한 집이 그리웠다. 위층으로 올라가 다른 순례자들 사이에서 옷을 입노라니 프라이버시가 아쉬웠다.

대피소를 떠날 채비를 하다 보니 시장기가 느껴졌다. 보행 첫날을 시작하기에 앞서 아침식사를 맛있고 든든하게 하면 얼마나 좋을까 싶었다. 그런 속편한 생각도 잠깐, 내 생각은 짐을 다시 싸야 한다는 데 미쳤다. 곧 알게 된 사실이지만 그것은 매일의 도전이었다. 무게 중심을 잡으려면 침낭이 배낭의 맨 밑으로 가야 했으므로 밤마다 내용물을 전부 꺼내야 했다. 이것은 마치 밤마다 자기 전에 서랍을 비운 다음, 아침에 모든 물건을 정확히 순서대로 다시 넣는 것과도 같았다. 그 첫날, 지고 가기 쉽게 균형을 맞추어 모든 물건을 배낭에 다시 넣는데 1시간도 더 걸렸다(몇 주가 지나서야 30분 만에 할 수 있게 되었다).

아직도 조그만 짐 몇 개를 더 집어넣어야 하는데 큰 소리로 알리는 한 여자의 말소리가 들렸다. "전원 퇴실해 주십시오! 8시에 문을 닫겠습니다!" 그때가 7시 57분이었다. 나는 톰을 보았고 우리는 둘 다 눈썹을 치켜올렸다. 또 수녀원장이었다. 아니나 다를까 8시 정각에 전등이 꺼졌다. 그들은 우리를 밖으로 내보내고는 뒤에서 문을 닫아걸었다. 또 하나 돌발적인 상황이 우리를 기다리고 있었다. 비가 내리고 있었던 것이다. 우리는 현관 앞에서 잠시 비를 피하면서 배낭을 뒤져 비옷을 꺼내 입어야 했다. 그러고 나서 두 여인숙 중 한 곳에 가니 커피가 있었다. 그곳에 먹을 것이라고는 포장된 조그만 머핀 몇 개가 고작이었다. 기나긴 보행의 첫날을 시작하는 푸짐한 식사는 그렇게 물거품이 되고 말았다. 그날 아침부터 시작해서 나는 집에서 먹던 음식이 날마다 그리웠다.

그날 늦게 나는 일기장에 이렇게 썼다.

빗속에서 8시 반쯤 떠났다. 10시 반에 구석 장터에 들러 신선한 과일과 치즈와 빵을 샀다. 첫날인 오늘, 줄곧 20킬로미터쯤 걸었다. 계획보다 먼 거리였지만 거기까지 대피소가 없었다. 온종일 길가의 수려한 경치가 우리에게 계속 걸을 힘과 의욕을 주었다. 가까운 산과 먼 산, 온갖 나무며 꽃들……. 가장 예쁜 꽃은 오후 나절에 나타났는데, 길을 따라 자그마한 초원을 이루고 있었다. 그래도 마지막 5킬로미터는 정말 걷기 힘들었다. 진흙탕에 소똥 천지인데다 도랑은 온통 자갈밭이었다. 앞서가던 남자가 미끄러져 넘어졌으나 다치지는 않았다. 케빈이 챙겨 준 순례자 지팡이가 이렇게 고마울 줄이야. 우리는 지팡이를 가져올 생각조차 못했는데. 하루 종일 돌, 돌, 돌만 밟으며 걸었더니 장딴지도 아프고 발바닥도 얼얼하다. 아이오와에서 걷던 매끄러운 아스팔트길이 아니다.

그 첫날, 실제로 "카미노를 걷고 있다"는 신기함과 놀라움 외에 나는 순례자의 여정이 결코 쉽지 않으리라는 것도 깨달았다. 날마다 절경도 많겠지만 힘들기도 할 것이었다. 그것만은 분명했다.

여정 사흘째 되는 날, 나는 열악한 조건에 대해 주절주절 늘어놓다가 네덜란드 출신의 야나에게서 이런 말을 들었다.[6] "순례자들은 주어진 상황을 받아들입니다." 내가 꼭 들어야 할 메시지였다. 무슨 음식을 먹고 어디서 자고 길에서 누구의 호의를 입든 매번 감사하라고 그녀는 내게 일러주었다. 야나의 말은 내게 순례자의 처지를 받아들이도록, 그리고 여정을 가는 데 필요한 것들이 미지의 앞길에 놓여 있음을 믿도록 일깨워 주었다.

순례자가 된다는 것의 의미를 가르쳐 주는 그런 일깨움은 카미노를 걷는 내내 계속되었다. 각 일깨움마다 지적해 주는 면이 달랐다. 9월 21일에 나는 비얄카사르 데 시르가 대피소 주방에서 이런 글귀를 읽었다. 영어, 네덜란드어, 스페인어, 프랑스어 등 4개 국어로 쓰여져 있었다.

순례자여, 환영합니다. 편안히 지내십시오. 모든 것을 당신 물건인 양 아끼십시오. 쓴 뒤에는 깨끗이 정돈해 주십시오. 나중에 올 사람들을 생각하여, 그들이 고마움을 느끼게 해주십시오. 순례자는 검소하고 민감하고 감사가 넘치는 사람입니다. 요긴했던 만큼 잘 쉬십시오. 당신의 자리는 오전 8시 반이면 비어 있어야 합니다. 할 수 있거든, 기부금을 부탁합니다. 형편이 안 되거든, 하나님의 축복을 빕니다. 당신의 추억과 감사만으로 우리는 족합니다. 콤포스텔라에 이르기까지 성 야고보가 당신의 길을 비추어 주기를 빕니다.

또 다른 일깨움은 론세스바예스를 떠난 지 열하루 만에 나헤라로 가던 길목에서 찾아왔다. 우리는 벤치가 놓여 있는 카미노 길가의 예쁜 정원에서 쉬고 있었다. 맞은편 콘크리트 벽에 누군가 스페인어로 큼지막하게 시를 써 놓았다. "순례자여, 당신을 이 길로 이끈 것은 무엇인가?" 그렇게 시작된 시는 카미노를 걷는 이유와 동기가 될 만한 것들을 여러 연에 걸쳐 열거한 다음, "오직 위에 계신 분만이 아신다네"라는 말로 모든 이유를 압축하면서 끝을 맺었다.

순례자마다 길을 가는 이유가 다르다는 중요한 진리가 표현된 것으로 보아, 길 가던 순례자가 쓴 것이 분명했다. 저마다 원함이 있어 카미노에 발길을 내딛지만 이유는 확실치 않을 때가 많다. 여정이 종반으로 접어들 때까지도 이유가 흐릿하여 뭐라고 꼭 집어 말하기 힘들 수도 있다. 처음부터 동기가 분명한 경우라도 길을 가면서 상황에 따라 얼마든지 바뀔 수도 있다.

순례자는 신비와 더불어 살려는 마음이 있어야 한다. 성지라는 목적지를 향하여 하루하루 걷노라면 내적으로나 외적으로나 무슨 일이 벌어질지 모른다. 내면에 벌어질 일을 우리는 물리적 노정을 짜듯이 그렇게 계획하거나 미리 정해 둘 수 없다. 순례자가 된다는 것은 마음에 지도가 없다는 뜻이다. 우리는 다만 위대한 순례자이신 그분의 손을 잡고 걸을 뿐이다. 이 길의 영적인 유익이 언젠가는 모습을 드러내어 터득되리라는 소망을 품고서 말이다.

순례자에게는 여정 자체가 가장 중요하다. 우리는 다른 글귀에서 이 진리를 만났는데, 이번에는 엘 부르고 라네로의 대피소 벽에 걸려 있었다.

> 순례자여, 당신이 길을 걷는 것이 아니라 당신이 곧 길이다. 당신의 발걸음, 그것이 카미노다.

톰과 나는 이 글귀에 대해 그리고 순례자가 된다는 것의 의미에 대해 긴 대화를 나눴다. 우리에게 카미노란 목적지 산티아고나 보행 거리가 아님을 우리는 이미 알고 있었다. 카미노란 노중에 우리에게 벌어지는 일, 우리 마음속에 일어나는 일이었다. 대피소 벽의 메시지는 우리에게 그 진리를 확인해 주었다.

우리가 미리 읽었던 여러 책에는 걷는 과정의 중요성이 강조되어 있었다. 여정의 종착점은 산티아고 성지이지만, 정말 중요한 것은 우리가 어떤 마음 자세로 한걸음 한걸음에 임하느냐는 것이다. 인생의 순례도 그와 같음을 카미노는 우리에게 가르쳐 주었다. 우리의 영적 여정을 달라지게 하는 것은 우리가 살아가는 방식, 삶의 상황에 반응하는 방식이다. 우리는 종착점인 죽는 날까지 기다리고 나서야 본연의 자신이 되는 것이 아니다. 영적으로 변화되어 가장 자기다운 모습이 되어가는 과정은 길 가는 내내 이루어진다.

간혹 나도 순례자가 되어 가고 있다는 느낌이 들 때가 있었다. 그 첫 순간은, 여정 두 주 만에 부르고스에서 하루 하고도 한나절을 쉬던 때였다. 카미노를 떠나 호텔을 찾은 우리는 화장실을 혼자 쓰는 대단한 호사도 누리고 레스토랑에서 제대로 된 음식도 양껏 먹었다. 두 주 동안 극히 단순하게 살아서인지 약간 방종처럼 느껴졌다. 그날 저녁 부르고스에서 나는 일기장에 이렇게 썼다.

램프와 푹신한 의자. 그간 푹신한 의자의 느낌을 거의 잊고 있었다……. 상점이 다시 문을 여는 3시 반에 우리는 샌들이며 기타 살 것을 찾아 밖으로 나갔다. 방에 돌아오니 어느새 저녁

7시. 인파며 차량 따위에 지칠 대로 지쳤다. 익숙하지가 않은 것이다. 이 호텔방과 프라이버시가 좋지만 그래도 기분이 이상하다. "내 자리가 아닌" 것 같다. 지금 나는 더 이상 순례자가 아니다. 다시 길로 돌아가고 싶다. 내가 이런 글을 쓰고 있다니 믿어지지 않는다.

순례자가 된다는 것은 옷처럼 쉽게 입었다 벗었다 하는 것이 아님을 나는 배우고 있었다. 편하고 안전한 내 집을 떠나 카미노를 걷는 동안 마음속에 무슨 일이 벌어진다. 순례자의 삶은 더 단순해지고 생각은 더 명료해진다. 마음은 두고 온 것에 대한 집착을 잃고, 현존하는 것의 아름다움에 더욱더 공명하게 된다. 뭔가 은밀한 매혹이 순례자를 불러 계속 길을 가게 하고 오르막을 또 오르게 하고 모퉁이를 또 돌게 한다. 걷는 몸의 리듬 속에서 영혼도 제 나름의 모험과 조화의 리듬을 얻는다. 몸과 영이 서로 친구가 되고, 그 과정에서 뭔가 더 큰 것과 연합하여 새로운 일체감을 이룬다.

그 일을 겪으면서 나는 어서 다시 순례길로 돌아가고 싶어졌고, 그런 마음으로 부르고스의 편한 삶을 떠났다. 꼬박 하루를 걷고서야 내면의 보폭을 되찾을 수 있었다. "순례자"이기를 포기하고 싶은 마음이 굴뚝같던 순간들이 그 후로도 있었지만, 계속 가라는 부름이 나를 힘껏 강권하는 바람에 그만둘 수 없었다. 나는 카미노를 걷는 중이었다. 나는 전에 없이 단순하게 살아가는 순례자였다.

여정을 걷고 있는 나를 여정이 걷게 하고 있었다. 나는 내가 영영 달라지리라는 것을 알고 있었다.

3 준비하고 떠나라

마음을 다해 훈련하라.
; 피마 차드론

위대한 모험이 우리를 부를 때면 우리는 가장 논리적이고 필연적인 일들을 간과할 때가 있다. 지금 돌이켜보면 웃음이 나지만, 나는 카미노를 위해 준비해야겠다는 생각이 한번도 들지 않았다. 그저 배낭과 등산 책자 두어 권만 들고 스페인행 비행기에 오르면 그것으로 시작이겠거니 했다. 정말 그렇게 했더라면 아마도 나는 며칠도 견디지 못했을 것이다. 사실 둘째날 수비리에서 만난 호주 퍼스 출신의 아가씨는 배낭이 너무 무거워 완전히 기진맥진해 있었다. 보행 이틀 만에 그녀는 몸이 욱신욱신 쑤셨고 물집 투성이인 발을 싸매야 했다. 내가 원래 하려고 했던 것처럼, 그녀는 준비라고는 전혀 없이 뛰어들었다. 처음 며칠 걷고서 녹초가 되어 버린 이 호주 아가씨가 내게 하는 말이, 자기는 계속 갈 수 없을지도 모르겠다고 했다.

그 아가씨가 우리보다 앞서 순례를 속행했는지는 나도 모른다. 다만 카미노를 걷기 위한 준비가 절대적으로 중요하다는 것만은 분명히 깨달아 알고 있다. 톰은 여정에 필요한 것을 알기 위하여 정보를 입수해야 할 필요성을 인식했다. 또

한 톰은 날마다 장거리를 걸으려면 체력도 길러야 한다고 역설했다. 나는 다년간 매일 3킬로미터 이상씩 걷고 있던 터라 별로 걱정되지 않았다. 장거리에는 체력과 지구력이 더 필요할 수도 있다는 생각은 떠오르지 않았다. 카미노 여행을 결정할 때만 해도 나는 여름철 내내 무거운 배낭을 메고 걷는 연습을 하게 될 줄은 꿈에도 몰랐다. 걷기는 카미노에 첫발을 내딛는 순간부터 시작될 줄로만 알았었다. 여행을 앞두고 넉 달 동안 톰이 내게 장거리 보행을 시킨 것이 얼마나 다행인지 모른다.

카미노를 걷겠다고 생각했을 때 나는 내면의 과정에 더 중점을 두었다. 순례를 영적으로 준비하고 싶었던 것이다. 3월초에 톰과 나는 캔자스 주 동부에 있는 샨티바넘이라는 수양관에 가서 다가올 여정에 대한 우리의 동기와 희망과 염려와 두려움을 한동안 방해받지 않고 살피는 시간을 가졌다. 그렇게 며칠간 일상과 떨어져 지내면서 우리는 필요한 영적 준비의 첫 단추를 꿸 수 있었다. 그 시간을 통해서 우리의 목표가 깊어졌고 의도도 분명해졌다. 4시간 동안 차를 타고 집으로 돌아오는 길에 우리는 침묵의 묵상시간에 서로 생각했던 바를 자세히 나눴다. 또 카미노 기도문도 작성하여 날마다 기도했다. 묵상과 기도에 힘입어 둘 다 피정에서 돌아올 때는 이번 여정이 바로 나의 것이라는 확신이 깊어져 있었다.

적절히 준비하려면 톰의 접근과 나의 접근이 둘 다 꼭 필요함을 나는 곧 깨닫게 되었다. 몸과 영혼을 함께 준비하지 않았다면 놀랍도록 긍정적인 성장 경험은 우리에게 없었을 것이다. 물론 카미노의 도전에 완전히 대비할 방도야 없겠지만 그래도 그런 준비를 통해 우리는 웬만큼 고생에 맞설 채비를 갖추었다. 준비 과정은 다가올 순례에 대해 계속 우리의 열의를 불러일으키는 역할도 했다. 체력이 점차 향상되면서 잘할 수 있다는 자신감도 더욱 커졌.

톰과 나는 카미노에 관한 자료라면 닥치는 대로 읽었다. 처음에는 요긴한 정보를 찾기가 힘들었지만 일단 좋은 웹사이트를 몇 군데 알고 나니 카미노의 세계가 우리 앞에 활짝 열렸다. 우리는 순례자들의 경험담을 읽었고, 중요한 정보를 익혔고, 「순례자를 위한 실용 지침서」 같은 책을 주문해서 읽었다. 이런 자료들을 통하여 카미노의 역사, 지형, 시련, 축복을 더 잘 알게 되었다. 물을 충분히 가지고 다닐 것, 걷기에 편한 양말과 신발, 배낭에 꾸려야 할 물건들, 물집을 피하는 법, 대피소의 위치와 수용 규모 등 유익한 조언들을 우리는 많이 모았다. 역사적인 길의 다양한 풍경에 대한 미문(美文)의 묘사에다가 경험자들의 이야기까지 읽노라니, 어서 여행을 떠나고 싶은 마음이 간절해졌다.

우리는 책만 읽은 것이 아니라 걷는 연습도 쉬지 않았다. 5월초에는 5-6킬로미터의 단거리로 시작하여 적어도 매주 4회씩 걸었다. 중순부터 거리를 주 2회 8-10킬로미터로 늘리고, 그 외의 날에는 평소처럼 단거리를 걸었다. 5월 22일에는 13킬로미터를 걸었는데, 배낭을 메고 걷기는 그날이 처음이었다. 세일러빌 호수를 따라 대장정을 마친 그 이튿날, 내 다리와 무릎이 삐걱거리며 끙끙 앓는 소리를 냈다. 배낭 때문에 어깨 근육이 욱신거렸다. 배낭은 마치 자루에 바윗돌을 채워 내 몸에 묶어 놓은 것 같았다. 나는 완전히 낙심에 빠졌다. 정말 내가 카미노를 걸을 수 있을지 암담했다.

나는 한번도 큰 배낭을 메어 본 적이 없었기 때문에 배낭을 내 키와 체구에 맞게 조정해야 하는 줄도 몰랐다. 다행히 등산 베테랑인 한 친구가 며칠 후에 우연히 들렀다가 잡아당겨 조정하도록 되어 있는 띠를 일러주면서 배낭을 내 몸에 맞추도록 도와주었다. 그리고 내용물의 무게에 균형을 잡는 법도 가르쳐 주었다. 기본을 자세히 배운 나는 안도의 한숨을 내쉬었다. 다음날은 배낭이 내 등과 허리에 좀더 찰싹 달라붙는 기분이었다. 그 뒤로 배낭을 멘 걷기 연습은 한결 편해졌다.

매일의 보행 거리를 장장 22킬로미터로 높였을 즈음, 마침 알에서 부화한 모기떼가 길을 덮쳤다. 그해 여름 우리는 모기약을 몸에 수없이 뿌렸다. 아이오와 주는 온도와 습도도 더 높아졌다. 하루는 우리가 15킬로미터 길에 올라 탁 트인 널따란 초원을 지나는데 기온이 섭씨 33도에다 시속 65킬로미터로 강풍이 불었다. 그날 우리는 등의 힘을 기른다고 배낭 속에 8-11킬로그램의 짐을 넣고 나왔는데(물병과 책 등 무게가 나갈 만한 것으로 꽉 채웠다) 그래도 포기하지 않았다. 지구력을 기르는 것도 준비의 일부였다.

나는 불평을 달고 살았다. 등산화 속의 내 발은 지독히도 화끈거렸고 땀에 차고 부어오르지 않는 날이 거의 없었다. 나는 톰에게 "꼭 이렇게 힘들게 준비할 것까지야 없잖아요"라고 투덜거렸다. 그는 지금 고생하면 나중에 다행으로 여길 날이 올 거라며 계속 나를 다독였다. 나는 기존의 작업 스케줄에서 시간이 뭉텅뭉텅 빠져나가는 것도 싫다며 징징거리고 속상해 했다. 그러잖아도 카미노에 가면 두 달 가까이 사무실을 비워야 하는 터라, 나는 여름 내내 글을 쓰기로 자신과 약속했었다. 고대하던 그 시간이 카미노 준비에 대폭 들어갔으니 어찌 실망스럽지 않으랴. 톰은 시종여일 참을성 있게 내 말을 들어 주었다. 내 마음을 알아주는 길동무가 있다는 것은 얼마나 축복인가. 톰은 훈련에 들인 모든 시간이 결국 그 값을 할 것이며 내가 능히 해낼 수 있다고 날마다 상기시켜 주었다.

푸념과 신음 속에서 나는 내 영적 스승을 찾아갔다. 나는 훈련 시간에 대한 내 강한 반감을 그녀에게 털어놓았다. 대화 끝에 그녀는 지혜로운 눈으로 나를 보고 웃으며 의미심장한 송별사를 내놓았다. "준비도 여정 자체만큼 중요하다는 것을 잊지 마세요." 나는 그 말이 썩 마음에 들지 않았다. 내 안에서 작은 목소리가 툴툴거렸다. "좀더 격려와 희망이 될 말을 해주지 않고서." 불평이 내 입에 붙어 있었다. 하고 싶은 일을 못하고 있었으므로 어쨌든 나의 여름은 헛수고처럼 느껴졌다. 그래도 다시 매일의 긴 행보에 오를 때면 나는 그녀의 말을 마음 한구석에 담아 두었다. 언젠가는 그 뜻이 와 닿기를 바라면서 말이다.

재미있는 준비도 꽤 있었다. 시간을 잡아먹는 체력 단련 말고, 우리는 이미 카미노를 다녀온 사람들과 대화도 나눴다. 그 노련한 순례자들을 만나면 기분이 살아났다. 본인에게 직접 듣는 경험담과 유익한 조언은 우리의 준비에 도움이 되었다. 놀랍게도 우리가 살고 있는 디모인에도 선배 순례자들이 여럿 있었다. 스탠 컬드웰과 린다 리드버그의 열의와 우리에게 베풀어 준 은덕에는 톰도 나도 탄복했다. 그들은 우리를 저녁식사에 초대하여, 카미노에서 만난 영적인 아름다움을 비롯하여 자신들의 경험을 소상히 들려주었다. 순례자 수 허드슨도 시간을 내어 자기 집에 우리를 맞아 주었다. 수는 길에서 만난 다른 순례자들의 존재에 대해 말했는데, 그 만남이 자신에게 너무도 소중했다며 우리에게도 다른 순례자들에게 마음을 열고 함께 시간을 보내라고 권해 주었다. 그 직후에 다른 친구가 우리를 우리와 비슷한 연배인 애리조나 주 출신의 한 부부와 연결시켜 주었다. 그들은 우리의 건강, 특히 발을 돌보는 법에 관해 요긴한 조언을 들려주었다.

날마다 뭔가가 우리에게 "준비하라!"고 소리쳤다. 걷기 연습과 자료 읽기와 대화와 기도 중에도 한편으로 우리는 우비, 침낭, 얇은 속 양말 등 필요한 물건을 구입했다. 두꺼운 책을 가지고 다닐 필요가 없도록 책의 지도를 복사했다. 나는 커피를 아침에 딱 한 잔만 마시기 시작했다. 카미노에 가면 날마다 걷기 전에 커피 한 잔만 마실 수 있어도 행운이라고 했다. 일부 대피소의 샤워장 물이 지독하게 차다는 글을 읽고는 샤워 물도 차게 하려고 했다.

그간 훈련에 저항하며 이의를 품었던 나였지만, 카미노로 떠날 날이 가까워 오자 그 훈련에 들인 시간과 에너지와 수고가 앞으로의 여정에 큰 도움이 되겠다는 생각이 비로소 들었다. 한 가지만은 분명했다. 무엇보다도 준비 과정을 통하여 우리는 강하게 단련되었다. 신체적 차원에서 이는 틀림없는 사실이었다. 내 발과 다리의 지구력이 향상되었고 등의 근육도 배낭을 지기에 한결 수월해졌다. 나는 카미노의 대장정을 걸을 수 있겠다는 자신감이 날로 더해 갔다. 내면의 차원에서도 강해지기는 마찬가지였다. 매일 카미노 기도문으로 기도하면서 계속 두려움과 염려를 내려놓는 사이에 나는 성령의 인도하심과 돌보심에 의지하는 마음이 더욱 간절해졌다. 순례의 영적 유익이 풍성하리라는 의식이 한 주가 다르게 내 마음속에 더 굳어졌다.

훈련 시간에 발견한 것이 또 있다. 예상치 못한 축복이 종종 찾아와 준비 작업에 균형을 이루어 준다는 사실이었다. 무더위 속을 한없이 걷던 그 여름의 몇 달간, 톰과 나는 길에서 아름다운 광경을 숱하게 만났다. 빗방울을 머금은 신록의 나뭇잎, 어미와 함께 뛰놀던 두 마리 아기 사슴, 강 위를 미끄러지듯 날아가는 흰머리 독수리, 셀 수 없이 많은 야생화, 우아하게 나부끼는 초원의 풀. 또 장거리 보행 훈련중에 둘이서 나눈 좋은 대화도 빼놓을 수 없는 축복이었다. 그 시간을 통해 우리는 서로를 더 잘 알게 되었다. 또 다른 축복은 길을 가는 다른 보행자들이나 자전거 타는 사람들과 일체감을 경험한 것이다. 훈련을 끝마쳤다는 지속적인 성취감은 말할 것도 없다.

카미노 걷기를 준비하면서 나는 삶의 매사에 있어 끝없는 준비의 유익과 보상을 기억하는 것이 얼마나 요긴한지 배웠다. 책을 쓸 때면 나는 원고 마감일을 지키려고 쩔쩔매느라 그만 내용을 하나로 모아 한 권의 책을 완성하는 즐거움을 잊어버린다. 자식을 키우는 부모들은 어린것들을 양육하고 보살피고 훈육하는 동안 아이들의 아름다움과 아이들로 인한 기쁨을 놓칠 수 있다. 학생은 성적과 과제물의 압박 때문에 정작 자신이 배우고 있는 훌륭한 내용은 뒷전이 되기 쉽다. 사역자는 훈련 프로그램과 각종 집회의 끝없는 기획에 파묻혀 정작 자신이 영적으로 성장할 기회를 놓친다. 경영자와 간부는 자신의 고된 일이 직원들의 삶에 가져다줄 변화를 보지 못한다.

준비 기간 중에 얻는 교훈은 끝이 없는 것 같았다. 막상 카미노에 오르니 그제야 내 영적 스승의 송별사가 비로소 이해가 되었다. 그 같은 집중적인 훈련이 없었다면 나는 그 진리를 깨우치지 못했을지도 모른다. 땀 흘리며 걷던 모든 날을 통하여 나는 좋은 일이 일어나기 원한다면 반드시 대가를 치러야 한다는 사실을 실감했다. 삶의 기쁨과 낙은 대부분 거저 오지 않는다. 성장과 만족을 누리려면 복잡다단한 대가가 요구된다는 것을 나는 카미노 준비를 통하여 확실히 배웠다.

순례 예비훈련은 나를 단련시켜 주었을 뿐 아니라 하나를 얻으려면 다른 하나를 버려야 한다는 것도 가르쳐 주었다. 버리는 것 없이 내가 원하는 것을 다 얻을 수는 없었다. 훈련 시간을 내려면 책을 쓰려는 욕심을 버려야 했다. 하나의 관심 대상에 전심전력하려면 다른 관심 대상에서 손을 떼야 했다.

업무에서든 사생활에서든 뭔가 중요한 일을 이루려 할 때, 대개 그것은 저절로 되지 않는다. 선택을 해야만 한다. 바라는 그 일을 위하여 꼭 필요한 준비에 힘써야 한다. 바라던 상태에 들어서려면 현재 즐기거나 선호하는 일을 희생해야 할 수도 있다. 우리 대부분은 대가를 지불하는 데 반감을 느낀다. 하나를 위하여 다른 하나를 버리기를 우리는 거부한다. 우리는 삶의 특정한 변화를 원하면서도 그 변화를 이루는 데 요구되는 수고는 감내할 마음이 없다. 미지의 영역으로 들어가려면 꼭 해야 할 일이 있는데, 우리 안에 있는 뭔가가 그것을 수용하지 않으려 든다.

그러나 어떤 변화가 일어나려면 준비는 필수다. 그런 상황은 얼마든지 있다. 봉급 인상을 받으려고 고급 학위 과정을 밟는 것, 건강을 지키려고 짬짬이 운동을 하는 것, 새로운 우정을 가꾸려고 긴 대화나 사교 활동에 시간을 내는 것, 정보와 기술을 더 갖추려고 시간을 내어 책을 읽는 것, 실속 있는 묵상 시간을 갖고자 아침에 더 일찍 일어나는 것, 질병에서 회복중인 사람이 다른 사람들의 도움을 받아 다시 건강한 삶으로 돌아갈 준비를 하는 것 등이 모두 그런 경우다. 이런 각종 준비가 있을 때 새로운 모험은 만족스런 미래로 이어진다. 수고의 결실을 보려면 기꺼이 대가를 치러야 한다.

카미노에서 돌아와서 나는 뭔가를 원하면서도 그 대가는 치르려 하지 않는 내 성향에 주목했다. 요리할 시간을 내기는 싫지만 막상 친구들이 우리 집에 와서 저녁식사를 할 때는 즐거워지는 내 마음을 주시했다. 그룹 강연에 큰 보람을 느끼면서도 강연 준비에 시간을 내려면 싸워야만 하는 나, 행장을 꾸리기는 못내 싫어하면서도 막상 새로운 곳으로 출장을 가면 사람들과의 만남을 즐기는 나를 보았다. 무거운 노트북 컴퓨터를 가지고 다니는 것도 내가 저항한 또 하나의 대가였으나 막상 가방에서 컴퓨터를 꺼내 사용할 때면 역시 고마운 마음이 들었다.

직업이나 삶의 방식이 무엇이든 우리 각자의 삶에는 자신이 애써 얻고자 하는 것을 위한 준비가 필요하다. 자신의 노력의 결과가 어찌될지 우리가 늘 보거나 알 수 있는 것은 아니다. 준비가 미래의 경험에 어떻게 도움이 될지도 처음에는 잘 보이지 않는다. 준비는 우리에게 예상치 못한 시간과 에너지를 요할 수 있다. 공부를 더하거나 하루 스케줄을 다시 짜거나 즐기는 활동을 버려야 할 수도 있다. 이것만은 분명하다. 준비하고 가면 결국 그 수고가 그만한 값어치를 한다. 필요한 작업을 하고 요구되는 대가를 치르면 그만큼 새로운 성장을 맛보게 된다. 카미노에서 내가 확실히 체험한 사실이다.

내 영적 스승의 말이 옳았다. 확실히, 준비도 여정 자체만큼 중요하다.

4
느긋하게 걸어라

단순한 쉼,
그 안에 풍성한 깊이가 있다.
; 칸드로 린포체

내가 카미노에서 배운 가장 큰 교훈은 속도를 늦추어야 한다는 것이다. 이것은 가장 배우기 힘든 교훈이었다. 다른 많은 교훈처럼 이것도 천천히 잠에서 깨어나듯이 내게 다가왔다. 허둥지둥 서두르던 여름철의 준비 기간에 조금만 더 의식이 깨어 있었어도 나는 이 만만찮은 교훈을 받아들일 준비가 되어 있었을지도 모른다.

이 교훈은 우리의 스페인 행군이 시작된 초반부터 찾아왔다. 톰과 나는 첫주를 속도의 압박감 속에서 보낸 후 둘 다 피로가 쌓이고 풀이 죽어 있었다. 아이러니였다. 우리는 집과 업무로부터 이역만리에 떨어져 있었고 7주 동안 "할 일"이나 "잊지 말아야 할 것"도 없었다. 그런 목록을 작성할 일도, 응답전화를 걸 일도, 우편물을 뜯어 볼 일도, 회의에 참석할 일도, 초청에 감사할 일도, 마감 날짜를 지킬 일도 없었다. 아무것도 없었다. 일을 해내야 한다는 압박감에서 해방되어 느긋하게 지낼 수 있는 절호의 기회였다.

그런데 왜 우리는 다음 대피소까지 급히 서두르고 있는 것일까? 우리는 자문해 보았다. 바람처럼 휙휙 우리 곁을 지나가는 다른 순례자들을 왜 우리는 따라잡으려는 것일까? 무엇 때문에 속도를 높이고 거리를 정확히 따지는 것일까? 좀처럼 충분히 쉴 시간을 갖지 않는 이유는 무엇일까? 계속 더 빨리 가야 한다는, 당일의 목적지를 향해 서둘러야 한다는, 스스로 부과한 이 부담감의 근원은 무엇일까?

우리가 서두른 한 가지 큰 이유는 밤마다 숙소를 찾아야 한다는 것이었다. 날마다 우리는 같은 대피소에 묵은 일부 다른 순례자들보다 일찍 떠났지만 매번 그들은 나중에 우리를 따라잡아 앞질렀다. 우리의 걸음이 더 느렸던 것이다. 오전 중반쯤이면 뒤에서 딸각딸각 금속 지팡이 소리와 쿵쿵 나무 지팡이 소리가 들리곤 했다. 이내 그 순례자들(대부분 체력이 좋고 보행에 익숙한 유럽인들)은 믿을 수 없이 빠른 속도로 우리 곁을 스쳐가곤 했다. 순례자들은 꼬리에 꼬리를 물고 우리 곁을 쌩쌩 지나갔다. 그렇게 되면 나는 우리가 꼴찌인 것 같아 잔뜩 기가 죽었다. 치미는 욕심이 더 빨리 가라고, 모든 사람과 경주를 벌이라고 나를 떠밀었다. 서두르지 않으면 틀림없이 우리만 뒤로 처질 게 뻔했다. 나는 걸음을 서둘렀고 톰도 마지못해 따라왔다.

다른 순례자들의 서두르는 모습을 보노라면 우리의 불안이 고조되었다. 그들이 우리보다 한참 먼저 대피소에 가서 잠자리를 차지할 수 있을 터이니 말이다. 곧 알게 되었지만 걸어서 하루거리 안에는 대피소가 두세 개뿐이었다. 대피소마다 침대 수는 정해져 있었다. 대피소는 예약을 받지 않았으므로 부지런히 먼저 도착한 사람들은 그날 밤에 잠자리를 얻겠지만 우리 지각생들은 밀려날 것이었다.

내가 서두른 또 다른 이유는, 내 속에서 날마다 점점 더 커지는 말없는 경쟁의 목소리였다. 톰과 나는 산티아고에까지 가는 기간을 정해 두었다. 정해진 시간 안에 그곳에 당도하려면 하루 평균 16-19킬로미터는 걸어야 한다는 계산이 나왔다. 매일 그 평균 거리만 고수한다면 우리는 예상 목표를 무난히 달성할 자신이 있었다.

본래는 나도 우리의 거리 제한에 불만이 없었는데, 사흘째 밤에 어떤 건장한 독일인 순례자가 그날 자기가 48킬로미터를 걸었노라고 공포(公布)하는 소리가 들렸다. 거기에 비하면 나는 겁쟁이가 된 기분이었다. 그때, 빠른 속도로 휙휙 지나가는 사람들이 보였다. 그들은 매일 우리보다 몇 킬로미터씩 더 걸었다. 내 속에서 우리도 더 분발해야 한다는 질책의 음성이 들렸다. 천천히 걷는 것을 나보다 편안해 하던 톰도 바짝 속도를 냈다. 순례 여정에 경쟁심이 들불처럼 타올랐다면 누가 믿겠는가마는 그것이 버젓한 현실이었다.

스스로 자초한 비교의 스트레스를 처리하는 것 외에 내 노화 과정을 수용하는 것도 카미노의 도전이었다. 나이 예순인 내가 20-30대 젊은이처럼 빨리빨리 민첩하게 걸을 수는 없는 노릇이었다. 나는 더 천천히 걷고, 자주 쉬고, 몸을 잘 간수해야 했다. 날마다 카미노는 내 나이를 확인해 주었다. 솔직히 나는 늙은이처럼 보이고 싶지 않았다. 젊은 순례자들의 원기라고는 없이 타박타박 걷기는 싫었다. 자존심 같아서는 보란 듯이 그들을 따라잡아 나도 할 수 있음을 보여주고 싶었다(또 다른 교훈이다! 나는 카미노 성지에까지 자존심을 가지고 갔던 것이다).

점점 나는 나의 기력 감퇴를 받아들였고 그것과 화해하는 법을 배웠다. 감사의 마음도 더 많아졌다. 신중히 정해 둔 속도 덕분에 내면의 속도를 늦추고 좀더 묵상하며 걸을 수 있었기 때문이다. 하지만 첫주에는 그러지 못했다. 첫주에 우리는 절박감만 계속 더했다. 아침마다 우리는 최대한 일찍 떠났고 배낭도 더 빨리 꾸렸다. 오전에 잠시 쉬며 커피를 마실 때도 오래 끌지 않았다. 다른 순례자들을 만나도 대화를 짧게 끊었다. 멈추어 발을 쉴 때도 잠깐밖에 쉬지 않았다.

중단 없는 전진, 그것이 우리의 무언의 구호였다. 전진, 전진, 전진. 빨리, 빨리, 빨리.

그렇게 급히 서두르는 통에 걷기 자체의 즐거움을 잃고 있음을 우리는 곧 깨달았다. 우리가 집을 떠나온 것은 모든 것에서 벗어나는 자유를 누리기 위해서였건만 우리는 그 긴장을 모양만 바꾸어 그대로 가지고 왔다. 스트레스의 장소만 바뀌었을 뿐 우리는 달라지지 않았던 것이다. 우리는 성취와 성과의 욕심과 기대에 짓눌려 계속 긴장하고 끙끙댔다. 성취야말로 우리 문화의 발전 기반이자 우리가 태어나는 순간부터 문화가 우리 안에 심어 준 목표가 아니던가.

마침내 톰과 나는 충분한 대화를 통해, 서두르는 스트레스가 우리 내면의 조화와 카미노의 영적 모험을 앗아간다는 결론에 이르렀다. 우리는 속도를 늦추기로 했다. 그러려면 우리의 태도와 행동을 바꾸어야 했다. 더 이상 서두르고 경쟁하고 걱정해서는 안 되었다. 결국 우리는 스페인으로 떠나기 전날에 받았던 한 중요한 메시지를 가슴에 새겼다. 그 지혜를 나는 아일랜드 세르비트 공동체의 버나드 손이라는 수사에게서 이메일로 받았다. 7월에 나는 포르투갈의 어느 집회에서 버나드를 만났는데, 집회 이틀 후에 카미노로 향한다는 그의 계획을 듣고 화들짝 놀랐다. 나는 버나드에게 순례를 다 마친 뒤에 톰과 나의 걷기에 도움이 될 만한 조언을 이메일로 보내 달라고 부탁했다. 버나드는 그러기로 약속했다.

순례를 마치고 돌아온 다음날, 버나드는 나에게 아주 짤막한 메일을 보내왔다. 조언할 것은 별로 없고 다만 처음 두 주 동안 자기가 "물집 때문에 큰 고생"을 했다고만 했다. 이어 그는 두 주째에 어느 대피소에서 한 노인을 만난 이야기를 했다. 버나드의 물집 잡힌 발을 본 노인은 이런 지혜를 들려주었다. "물을 더 많이 마시고, 느긋하게 걸으시오." 이 짧은 조언 한마디가 버나드의 남은 순례를 완전히 바꿔 놓았다. 속도를 늦추고 물을 더 많이 마셨더니 물집도 사라졌을 뿐 아니라 마음과 생각의 평화마저 되돌아왔던 것이다.

느긋하게 걸어라. 하지만 말처럼 하기란 쉽지 않다. 톰과 나는 생산성을 지향하는 사람, 맡은 일은 확실히 해내는 부류였다. 둘 다 교회 사역에 전심으로(미련할 정도로!) 자신을 바치고 있었다. 톰은 반쯤 은퇴했으나 아직도 **너무 많은 일**에 파묻혀 있었다. 나로 말하자면, 답장해야 할 우편물 더미, 수련회 강연과 집필 마감일, 수많은 사회 활동이 끊일 날이 없었다. 스페인으로 떠나오기 전에도 나는 두 달 가까이 자리를 비우기 전에 모든 일을 해놓고 가려고 몇 달 동안 늘 기진맥진한 상태였다. 사무실에서 한 가지 일을 마치면 열 가지 일이 더 튀어나와 나를 가만히 두지 않았다. 새삼스러울

것은 없었다. 내가 아는 다른 많은 사람들처럼 나 또한 거의 매일 그렇게 쫓기며 살아왔다. 내 동료들과 친구들도 모두 똑같이 바쁘게 살았고 그래서 나는 바쁘게 쫓기는 삶을 정상으로 받아들였다. 책임감 있고 성실하게 성공적인 삶을 살려면 그래야 되는 줄 알았다.

몸도 영혼도 건강한 카미노에는 그런 생활방식이 통하지 않는다. 장소를 떠나서, 참으로 건강한 삶에도 통하지 않는다. 그런 삶은 불안과 염려와 불만을 낳는다. 내적으로나 외적으로나 느긋하게 걷지 않는 한 평화를 얻을 수 없음을 나는 순례자로 사는 동안에 깨달았다. 늘 목적지 도달과 일의 성취에만 매달려 빨리빨리 서둘러야 한다는 나의 부담감이 어디서 왔는지 이제 나는 정리해야만 했다.

종교적·사회적 기대 때문이었을까? 아니면 업무의 압박감이나 나 자신의 타고난 책임감 때문이었을까? 여러 날 카미노를 걸은 후에 나는 그 모두가 종합된 결과라는 결론에 도달했다. 나의 태도와 행동에서 그것만은 정말 바꾸고 싶었다. 나는 안에서부터 속도를 늦추어야 했고, 스스로 되뇌는 성취와 책임에 대한 메시지를 바꾸어야 했다. 카미노를 느긋하게 걷는 걸음은 그러한 태도 조정에 강력한 촉매제가 되었다.

일단 톰과 내가 속도를 바꾸기로 마음먹자 카미노의 나날이 우리에게 점차 다르게 다가왔다. 걷는 속도를 늦추는 외적인 행동이 우리 내면의 속도에도 영향을 미침을 우리는 깨달았다. 우리는 마음이 더 평화로워졌고 다른 순례자들의 빠른 걸음을 샘내는 대신 그들과 함께하는 시간을 즐기게 되었다. 스페인의 아름다운 시골 풍경도 그 색조와 빛깔이 더 깊어졌다. 현지인들은 하루가 다르게 더 친절해지는 것만 같았다. 우리는 염려가 줄었고 자신과 서로에 대해 더 편안해졌다.

노인이 버나드에게 들려준 지혜로운 조언은 우리의 몸에도 도움이 되었다. 속도를 늦추니 우리의 발도 훨씬 편해졌다. 발이 전처럼 화끈거리지 않았는데 그만큼 물집이 잡힐 소지가 적어졌다는 뜻이었다. 다리도 덜 피곤했다. 결과적으로 우리는 더 빨리 가려고 안달할 때보다 오히려 훨씬 쉽게 매일의 정해진 거리를 걸을 수 있었다. 천천히 걸어서 얻은 축복이 또 있었다. 무리한 속도전을 그만두니 걸핏하면 시큰거리던 톰의 발목이 정상으로 돌아온 것이다.

우리가 서두름을 버린 방식 중 또 하나는 서향(西向)의 순례길에서 휴식 시간을 늘린 것이다. 우리에게 휴식은 기본적으로 세 가지였다. 수시로 10-20분씩 잠깐잠깐 취하는 휴식이 있었고, 오후 1시나 2시까지 목적지에 닿은 경우에는 남은 한나절을 쉬었고, 아예 걷지 않고 하루를 꼬박 쉴 때도 있었다. 그중에서 가장 달콤한 휴식은 다섯 시간쯤 걷고서 한나절을 쉴 때였다. 오후 4-5시가 넘어도 대피소가 나오지 않으면 전처럼 서두르고 싶은 유혹이 들곤 했는데, 한나절의 쉼은 그런 조급함에서 해방되는 반가운 시간이었다. 일찍 보행을 끝낸 날은 시간이 충분하여 손빨래도 하고, 샤워도 하고, 낮잠도 자고, 다음날 쓸 물건도 사고, 주변을 한가로이 거닐며 사적지도 견학하고, 안내책자도 연구하고, 이튿날 걸을 계획도 짤 수 있었다. 우리는 일주일에 그런 날을 하루나 이틀 가지려 했는데, 해보니 우리의 영혼이 몰라보게 달라졌다.

느긋하게 걷기란 쉽지 않다. 지난 세월 우리 안에 누적된 지독한 "조급증"이 순식간에 바뀔 리 만무했다. 새로운 태도와 행동이 웬만큼 굳어졌다 싶으면 그때마다 우리 중 하나가 예정보다 더 많이 걸으려 했다. 한 사람이 걷는 속도를 바짝 높이거나 다음 대피소에 잠자리가 있을지 우려의 말을 입밖에 낼 때도 있었다. 우리는 몸과 영혼이 둘 다 느긋하게 걷도록 늘 예의주시해야 했다. 노상에서 우리는 새로운 삶의 방식을 낳아서 기르고 있었는데, 그 일에 충실하려면 수고가 따랐다. 톰과 나는 "느긋하게 걸으라는 말, 잊지 마세요!"라든지 "서두르지 맙시다!" 같은 간단한 말로 자주 서로에게 그것을 상기시켰다.

카미노에서 돌아와서 나는 조급함과 서두름과 쫓김이 어디에나 있음을 보았다. 과잉 성취, 경쟁, 비교, 직무와 일 중독, 더 많이 해야 한다는 비현실적인 기대, 더 많이 가지려는 강박적인 추구……. 이 모두가 무거운 문화적 짐으로 우리를 짓누른다. 우리 스스로 부과한 짐이다. 이런 태도와 메시지가 우리를 들볶을 때 우리는 조화와 자족감을 잃기 쉽다.

 대부분의 삶에는 서두름과 염려가 많아도 너무 많다. 세탁, 잔디 손질, 식사 준비, 전화 통화, 공과금 지불 등 잔일은 날마다 넘쳐나는데 시간은 늘 모자라 보인다. 꼭 끝내야만 될 것 같은 다른 일들의 압박감은 차치하고라도 말이다. 자식들 치다꺼리에 몸이 두 개라도 모자랄 부모들, 3교대 중 둘을 떠맡은 의료 기관 종사자들, 수업 후에 잔업이 밀려 있는 교사들, 회의가 끝이 없는 관리자들, 스케줄이 너무 빡빡한 은퇴자들. 느긋하게 걸을 필요가 있으나 맡은 바 책임과 격무 때문에 그것이 어렵게 느껴지는 사람들은 이들 말고도 많이 있다.

 내가 느긋하게 걷는 교훈을 온전히 배우려면 틀림없이 평생이 걸릴 것이다. 나는 너무 쉽게 균형을 놓치고 잔잔한 평상심을 잃곤 한다. 그럴 때면 나 자신에게 이런 질문을 던진다. 나는 왜 스트레스를 자초하고 있나? 내 삶에 가장 중요한 것은 무엇이고 누구인가? 지금 내가 하고 있는 일의 동기는 무엇인가? 나의 자존심은 내가 느끼는 압박감에 어떤 영향을 미치고 있나? 나는 책임이 과중하거나 지나치게 경쟁적이지는 않은가? 내일 내가 죽는다 해도 지금 하고 있는 일이 중요할 것인가? 이런 질문은 내가 균형을 되찾는 데 도움이 된다.

속으로 느긋하게 걷지 않는 한 겉으로 느긋하게 걷기란 거의 불가능하다고 나는 전심으로 믿는다. 이제 나는 안다. 삶에 대한 나의 태도와 방식을 바꾸면 거기서 비롯되는 결정들이 내 남은 여생의 속도를 늦추는 데 도움이 될 것이다. 거꾸로도 맞다. 겉으로 속도를 늦추면 나는 속으로도 느긋해질 것이다. 나도 저자 틱낫한처럼 이렇게 고백할 수 있다면 좋겠다. "나는 더 이상 달리지 않는다. 달리기라면 평생 해왔다. 이제 나는 멈추어 정말로 인생을 살기로 결심했다."

지금도 내게는 달리려는 성향이 있지만 전보다 자주 속도를 늦추고 있다. 어떤 때는 걸음을 천천히 걷기도 한다. 매일매일이 느긋하게 걸어야 할 나날이다. 이 부분에서 나는 점점 나아지고 있다.

5
내려놓으라

옛이야기들에 전하듯이,
오랜 기간 해안을 떠나지 않고는
신대륙을 발견할 수 없다.
; 로리 고흐

내가 카미노에서 배운 인생 교훈 중에는 새롭지 않은 것들도 있었다. 카미노 여행은 나의 성장에 그 교훈들이 중요함을 다시 일깨워 주었다. 내려놓음이란 교훈이 바로 그러했다. 이 중요한 교훈은 스페인으로 떠나기 몇 주 전부터 나를 찾아오더니 순례 도중에도 자꾸만 다시 나타났다. 나는 모험을 좋아하는 편이지만 그래도 내려놓기는 내게 어려울 때가 많았다. 나는 익숙하고 편한 것들을 붙들고 거기에 매달리려는 마음에 빠져들기 일쑤다.

스페인으로 떠나는 날 나는 남겨두고 갈 것들에 유독 미련을 느꼈다. 선뜻 놓고 싶지 않은 것들이었다. 개인 공간의 운치와 평화, 편안한 침대, 푹신한 의자, 좋은 책이 빼곡한 책장, 즐겨 듣는 음악, 건강식품을 넣어 둔 냉장고와 찬장, 언제나 사람들과 접촉할 수 있는 전화와 컴퓨터. 생각하면 할수록 안락과 편의의 욕망이 나를 더 잡아끌었다. 나는 카미노를 걷고 싶었지만, 그것을 위해 내 만족의 보금자리를 떠나려니 망설여졌다. 두 달 가까이 밤마다 침낭에서 자면서 수많은 코골이 이방인들과 한 방을 쓸 생활이 굳이 기다려지지 않았다.

남겨두고 갈 것들을 생각하면 할수록 내 열의는 더 식어지려 했다. 다음날 나는 일기장에 이렇게 썼다.

어제 공항에 가려고 집을 나서기 전에 말없는 내 컴퓨터 앞에 앉아 기도했다. 베란다에 서서 나무와 새를 내다보았다. 거실이며 꽃밭이며 내가 향유하는 곳곳마다 잠시 멈추었다. 새로운 세계로 나아가려면 내려놓아야 함을, 남겨두어야 함을 깨달았다. 나무들을 보며 말했다. "내가 돌아올 때쯤이면 너희들은 달라져 있겠구나. 잎을 다 떨구고 다시 앙상해져 있겠구나. 나도 달라질까? 어떻게 달라질까? 걷고 또 걷는 이 7주의 시간이 나에게 무엇을 가져다줄까? 단순하고 투박하게 산다는 것은 어떤 것일까?" 아직은 답을 모른다. 다만, 앞으로 가려면 이 모두를 뒤로해야 한다는 것을 알 뿐이다.

물론 내려놓아야 할 필요성을 나는 마음속 깊이 알고 있었다. 그것만이 유일한 길이었다. 누군가를 혹은 무언가를 너무 꽉 움켜쥐었자 나의 성장을 잃을 뿐이다. 대상에 너무 꽉 달라붙으면 그 대상의 생명이 빠져나간다. 안전을 위해 죽을힘을 다해 매달리면 미래의 선물들을 받을 수 없다. 나는 앞으로 가고 싶었고 성장하고 싶었다. 그래서 나는 마음에 희망을 품고 문을 나섰다. 내려놓는 것도 값을 지불하는 것임을 알기에.

나의 내려놓는 과정이 겨우 시작에 불과했음을 나는 카미노를 딱 하루 걷고서 깨달았다. 고국의 익숙한 곳을 떠나는 것은 차라리 쉬웠다. 받아들여야 할 것은 그 밖에도 많았다. 그중에는 예기치 못한 작은 것도 있었다. 카미노 첫날 밤에 경험한 침묵이 대피소마다 있으리라는 착각도 그중에 하나였다. 거기 론세스바예스에서는 모든 순례자들이 대피소의 정숙 규정을 엄수했다. 둘째날 밤은 사정이 달랐다. 관례적인 침묵의 시간인 밤 10시 이전에도 취침 구역에 온갖 대화와 소음이 있었음은 물론이고 그 후로도 오랫동안 떠드는 소리가 그치지 않았다. 시끄러워 잠을 이룰 수 없었고 고독과 고요함에 대한 내 갈망은 더 깊어 갔다. 이튿날 아침에도 그들 수다스러운 순례자 무리는 5시 반부터 일어나 큰 소리로 떠들고 문을 쾅쾅 닫고 등산화 발로 쿵쾅거리며 다녔다. 여태 잠을 청하려는 피곤한 순례자들(나처럼) 생각은 전혀 하지 않는 것 같았다.

그 일을 겪은 후에 나는 이런 생각이 들었다. "와, 내려놓는 일이 매일의 도전이 되겠구나." 정말 그랬다. 더러운 샤워장과 화장실, 느끼한 음식, 작은 공간에 너무 많은 순례자들이 꽉 들어찬 대피소, 젊은 순례자들만큼 빨리 걷지 못하는 내 몸이나 나이와의 화해, 길 위의 소똥 더미를 피해 다니는 일. 이런 도전들이 쉴 새 없이 내 앞에 모습을 드러냈다.

좁고 편안한 세계에서 나를 끄집어내 준 곳들을 나는 일기장에 이렇게 묘사했다.

또 다른 대피소는 순례자들을 잘 대접하려는 중년의 스페인 사람이 운영하고 있었다. 그곳은 가장 더러운, 단연 최악의 대피소였다. 출입문 옆에 커다란 독일산 셰퍼드가 앉아 있었다. 거기서 멀지 않은 흙벽돌 헛간 밖 탁자 위에는 낡아빠진 커다란 양푼이 있었고 그 안에 우유와 음식물 부스러기가 얼마쯤 들어 있었다. 옆에는 다른 집채와 조그만 마구간이 있었다. 앞치마를 두른 젊은 여자가 나타났다. 옷은 찢어진데다 꾀죄죄하기 이를 데 없었다. 여자는 미소를 지었는데 더없이 행복해 보였다. 그런 곳에서 잔다는 것을 나는 상상할 수 없었다.

나중에 나는 그 대피소에서 잔 어느 순례자를 알게 되었다. 그는 흙바닥에서 잤는데 그런대로 만족스러웠다고 했다.

나의 내려놓기 씨름은 다분히 나의 기대와 얽혀 있었다.

그간 나는 해외여행을 제법 다녔지만 한번도 나 자신을 "추한 미국인"으로 생각한 적은 없었다. 그런데 카미노에서 아까 그 대피소 같은 상황에 대한 나의 반사적인 반응을 보면서, 내가 그 표현대로 살고 있음을 알게 되었다. 나는 발길이 잦은 그 길에 군데군데 공중화장실이 있기를 기대했다. 하나도 없었다. 나는 대피소의 화장실과 샤워 시설이 어느 정도 청결하기를 기대했다. 대부분이 더러웠다. 나는 대피소마다 저녁이나 아침에 공동기도를 드리기를 기대했다. 그런 대피소는 몇 군데 없었다. 나는 식당들과 상점들이 내 편의를 위해 열려 있기를 기대했다. 대신 업소들은 낮잠(시에스타)을 중시했고 스페인식 스케줄대로 문을 열었다. 나는 해가 뜨고 지는 시간까지도 미국과 같기를 기대했다. 그러나 스페인은 일광 절약시간이 2시간이어서 아침이 좀더 어두컴컴했다.

이런 문화 차이 중 일부의 경우, 내려놓음은 단순히 그 차이를 인식하고 수용하면 되는 문제였다. 대피소의 정숙이나 시간 차이가 그런 예였다. 그러나 더러운 화장실 같은 여타 상황은 전체 카미노 여정 내내 나에게 고역이었고, 상존하는 도전이 되어 나를 겸손하게 해주었다.

내려놓는 문제 중에는 외적인 것이 아니라 내적인 것도 있었다. 나 자신에 대한 기대와 욕심이 그러했다. 나는 시키는 대로 몸이 말을 들어주리라 기대했으나 몸은 너무 빨리 걷거나 너무 많이 가는 것을 거부하며 통증을 호소했다. 나는 내 기억력이 한몫 해줄 것을 기대했으나 내 기억력은 몇 번이나 나를 곤경에 빠뜨려 난감한 결과를 초래했다. 나는 늘 사랑과 멋진 유머를 간직한 모범 순례자가 되기를 기대했으나 짜증내며 푸념하는 날도 있었다. 나는 건강만 잘 돌보면 아프지 않으리라 기대했으나 어차피 병에 걸렸다.

심지어 집으로 이메일을 보낼 때도 뭔가를 내려놓아야 했다. 일부 인터넷 카페에서는 컴퓨터 시스템의 사용법을 파악하느라 애를 먹었다. 자판도 달랐다. 고국의 친구와 가족에게 급히 메일을 보낼 수 있는 거야 기뻤지만, 생소한 자판과 짧게 몇 마디 쓰는 데 들어가는 시간이 내게 좌절감을 안겨 주었다. 나는 내 사무실에 있는 것과 같은 자판이 있었으면 좋겠다고 투덜거렸다.

나의 내려놓는 도전 중에는 기꺼이 다른 사회에 들어가 그 차이를 수용하려는 자세와 관련된 것도 많았다. 조금이라도 평온하게 카미노를 걸으려는 사람이라면 타문화에 대한 적응은 절대 필수다. 이러한 문화 적응은 내가 다녀 본 어느 나라에나 해당된다. 모든 것이 내 나라와 같을 줄로 기대한다면 굳이 내 나라 밖에서 시간을 보내려는 까닭이 무엇이란 말인가? 물론 나는 이 진리를 머릿속으로 알았고 그것은 내 인생 철학과 완벽하게 들어맞았다. 그러나 타문화에 마음을 열어야 한다는 교훈을 나는 카미노 길에서 전부 다시 배워야 했다.

산티아고를 향해 걸으며 깨달은 것이 있다. 몸이 쾌적하고 편안할 때는 다른 나라의 풍습과 생활방식을 수용하는 것이 비교적 쉽지만 피곤하여 쉼이 필요할 때는 그렇지 못하다는 것이다. 그때는 나의 철학은 사라지고 불평이 시작된다. 스페인 문화와 관련하여 내게 가장 힘들었던 도전 중의 하나는 그곳 사람들의 늦은 식사 시간이었다. 내가 평범한 관광객이었다면 시간도 문제가 되지 않았겠지만 나는 새벽같이 일어나 수십 리를 걷고서 하루가 끝날 때쯤이면 허기가 지는 순례자였다. 식당은 저녁 8시 반 이전에 여는 경우가 거의 없었고 대개는 9시나 되어야 열었다. 이 풍습이야 미리 알고 왔으니 새삼 문제될 것은 없었지만 그래도 나는 패스트푸드점이나 작은 카페라도 있어서 끼니를 때울 수 있으려니 했다. 그러나 패스트푸드점은 하나도 없었고 카페나 간이식당도 7시 반에야 문을 열었다. 점심으로 샌드위치 하나와 과일 한 조각만 먹고서 23킬로미터를 걷고 나서야 나는 이 풍습이 나에게 얼마나 고역스러운지 깨달았다.

　스페인의 낮잠 풍습도 나를 힘들게 했다. 스페인 사람에게 낮잠 시간은 중요하다. 그들은 이 건강한 풍습을 줄기차고도 지혜롭게 고수한다. 거의 모든 상점이 오후 1시나 2시에 문을 닫았다가 4시나 그 이후에야 다시 연다. 배가 고파 죽을 지경인 몸으로 대피소에 도착해 음식을 살 만한 곳을 찾아 마을을 둘러보다가 결국 가게가 문을 여는 느지막한 오후까지 기다려야만 했던 날이 많았다.

　많은 약국과 마트가 하루 24시간 문을 여는 미국의 생활 속도와 얼마나 다른가. 미국에서는 대부분의 생필품을 즉각 구입할 수 있기에 나는 스페인도 그러려니 하고 착각했다. 이 풍습은 나의 인내심을 시험했고, 문화에 적응하든지 아니면 매사에 우리나라와 다르다고 불평으로 일관하든지 둘 중 하나를 내게 요구했다. 내려놓아야 할 때였다.

　나의 인내심은 점차 꾸준히 자랐고 문화 차이를 수용하는 능력도 함께 자랐다. 그러나 내려놓은 듯싶으면 다시 인내심이 떨어졌다. 아름다운 도시 부르고스에 머물며 하루를 쉴 때 특히 그런 현상이 나타났다. 그때쯤에는 이미 걸은 지 몇 주가 되었으므로 우리는 선탠 로션, 작은 가위, 검은 실, 양말 등 자잘한 물건을 새로 사거나 보충해야 했다. 톰은 샌들도 살 생각이었다. 그날 오후 늦게 나는 톰에게 이렇게 투덜댔다. "너무 피곤해요. 나는 우리가 그만 걷고 쉬려고 부르고스에 온 줄 알았어요. 그런데 여러 가게를 다니며 이것저것 사느라고 도시를 빙빙 돌며 몇 킬로미터를 걸었잖아요. 미국 같았으면 한 가게에서 다 살 수 있었을 텐데 말이에요." 조그만 가게들이 이뤄 내는 멋진 다양성을 즐기는 대신 나는 구태의연하게 내 문화를 꽉 움켜쥐고 있었던 것이다. 피곤해서 쉬고 싶다는 이유로 말이다.

내려놓는 일은 매일의 기본적 편의에서 끝나지 않았다. 꾸준히 버려야 할 것이 그 밖에도 많았다. 톰과 나는 사람들을 내려놓아야 했다. 카미노 보행의 진도가 나갈수록 우리는 더 많은 순례자들을 알고 그들과의 동행을 누리게 되었는데 그럴수록 작별해야 할 사람도 많아졌다. 그들이 우리보다 앞서 가거나 뒤에 남았기 때문이다. 순례자는 누구나 영적인 동기에서 카미노를 걷는다는 생각도 바꿔야 했다. 우리는 심지어 아름다운 풍경마저도 내려놓고 다음 행선지로 떠나야 했다. 대피소도 우리에게 내려놓음을 요구했다. 깨끗하고 편한 대피소를 만나도 그곳은 그저 하룻밤 묵어갈 여인숙일 뿐이었다. 카미노는 쉴 새 없이 우리에게 "지금 너에게 있는 것을 누리되 거기에 매달리지는 말라"고 말했다.

의식적으로 더 많이 내려놓을수록 나의 마음과 생각에 더 깊은 평안이 찾아드는 것을 보았다. 카미노를 출발할 때 내게 아주 중요했던 것들도 계속 내려놓는 교훈을 배우는 사이에 그 의미가 반감되었다. 나는 점차 현재의 상태에 더 만족하게 되었다. 이런 변화의 기록이 내 일기장 곳곳에 나온다.

9월 10일. 이번에는 젊은 독일인 한 쌍이 테라스에 나가 앉아 있다. 간밤에는 남자들과 여자들이 한 화장실과 한 샤워장을 썼고 숙소는 그야말로 미어터졌다. 그 뒤로 "어디서든 잠만 잘 수 있으면 됐다"는 말이 절로 나오니 이제 나도 거의 순례자의 경지에 이른 모양이다. 처음에는 나도 이층침대의 아래 칸, 샤워장과 화장실의 프라이버시, 화장지를 원했다. 닷새가 지난 지금은 누울 곳, 씻을 곳, 볼일 볼 곳만 있어도 좋다. 화장지, 비누, 프라이버시는 없어도 좋다. 매트리스가 해먹처럼 흐늘거려도 좋다. 그러면 어떤가? 잠잘 곳이 있는데!

9월 12일. 앞으로 몇 주 동안 살아갈 방식에 서서히 익숙해지고 있다. 속도를 늦추고 있다. 내 "평소의 삶"을 뒤로하고, 과거와 미래의 기대를 내려놓고 있다. 이 방에는 샤워장과 화장실이 한 개뿐이라 모두가 함께 써야 한다. 화장실에서 나는 소리가 다 들린다. 처음 이곳에 왔을 때 한쪽 구석에 흉물스런 구토 자국이 있어 씻어 내야 했다. 바깥에 다른 샤워장과 화장실이 있지만 거기는 다른 방에 가득한 사람들이 쓸 것이다. 여기가 좋은 곳이라는 데 톰도 나도 공감이다. 웃음이 난다. 집에서는 질색을 했을 상황이 여기서는 어느새 이렇게 좋아 보이게 되다니. 이층침대들이 너무 다닥다닥 붙어 있지만 이제는 익숙해진 일상이다. 그나마 이런 대피소가 있어 숙소가 되어 준다. 그것이 중요한 것이다.

9월 21일. 나의 "욕구"가 이렇게 점차 꼬리를 내리다니 신기하다. 처음에는 단체 침실이 아닌 개인 공간을 원했다. 그러다 이층침대에 베개라도 있기를 원했다. 지금은 매트리스나 베개의 상태가 어떠하든 침대 아래 칸만 걸려도 감지덕지다. 어떤 침대에는 베개가 있고 잘하면 베갯잇도 있지만, 없을 때가 많다. 매트리스에 보드라운 천이 씌어진 경우도 있지만 빠닥빠닥한 비닐 커버만 덮여 있을 때도 있다. 어떤 침대는 더럽고 어떤 침대는 깨끗하다. 어떤 이층침대는 아주 높아서 내려오기도 힘들다. 특히 옆에 작은 사다리가 없으면 더하다. 아래 칸에 공간이 너무 없어, 고개를 들 때마다 머리를 찧어야 하는 침대도 있다.

이 점진적인 내려놓음의 과정을 나의 순례자 친구 아일린만큼 확실히 보여 주는 예는 없었다. 여정 초반에 그녀를 처음 알게 되던 날, 우리는 어느 노천카페에 놓인 테이블에 앉아 빵과 치즈로 점심을 먹고 있었다. 음식에 파리 떼가 잔뜩 꼬였다. 아일린은 계속 파리를 잡으려고 찰싹찰싹 치면서 투덜거렸다. "이런 데서 어떻게 샌드위치를 드세요? 이 지독한 파리들." 그러면서 그녀는 자기 빵과 치즈를 싸서는 배낭에 도로 넣었다.

두 주쯤 지나서 다시 만난 우리는 휴식중인 다른 순례자들과 함께 식탁에 앉았다. 아일린은 최근에 있었던 재미난 이야기들을 하다가 바로 전날의 경험을 들려주었다. 그녀는 하루 동안 걷기를 쉬면서 어느 마을의 작은 테이블에 앉아 있었다. 발 상태가 말이 아니었고 몸도 썩 좋지 않았다. 그녀는 핫초코라도 마시면 좀 나아질 것 같아서 한 잔 주문했다. 마시는데 입 안에 뭐가 느껴졌다. 손을 넣어 꺼내 보니 놀랍게도 바퀴벌레였다. 아일린은 말했다. "내가 어떻게 했는지 아세요? 벌레를 버리고 핫초코를 쭉 다 마셨지요. 다른 사람도 아닌 나의 그런 모습, 상상이 되세요? 까짓것 뭐 어때요!" 점심 도시락에 앉은 파리를 잡던 사람이 바퀴벌레가 나온 핫초코를 마시는 자리까지 왔으니 장족의 발전이었다. 그것이 카미노가 우리에게 하는 일이다. 카미노는 우리의 깔끔하고 가지런한 생활습관을 꼼짝 못하게 만든다.

내려놓는 것이 결국 나의 천성적 반응이 되었다고 말할 수 있다면 얼마나 좋으랴. 물론 별 어려움 없이 그런 반응이 나올 때도 있었지만, 매달리고 집착하는 나의 옛 습관으로 되돌아갈 때도 있었다. 그것은 내 몸과 감정의 상태에 따라 많이 좌우되었다. 그러나 분명히 달라진 것이 있었다. 내 욕구와 기대를 버리고 상황을 그대로 받아들일 때 하루하루가 훨씬 좋았음을 더욱 실감하게 된 것이다.

내가 뭔가를 아무리 꽉 쥐어도 내가 그것을 그대로 지키거나 영원히 지속시킬 수 없음을 나는 다시금 배웠다. 악착같이 움켜쥔다고 해서 내 소원과 욕망에 맞게 상황이 달라지는 것이 아니다. 내려놓음에 대한 이 중대한 교훈은 카미노에서 나에게 더욱 확실해졌다. 무엇이든 귀한 것일수록 움켜쥐지 말고 그것을 든 손을 감사함으로 펴라. 그럴 때 삶은 훨씬 순탄해진다.

삶이 위대한 모험임을
잊지 말라

안전은 다분히 미신이다. 자연 속에 안전이란 존재하지 않으며
인류의 후예도 전반적으로 안전을 누리지 못한다.
장기적으로 보면, 위험을 피하는 것이 위험에 완전히 노출되는 것보다
안전하지 못하다. 삶이란 위험을 무릅쓴 모험이거나 아무것도 아니거나
둘 중에 하나다.
; 헬렌 켈러

카미노에 내딛는 첫발을 순례자는 영영 잊지 못한다. 그것은 예상되는 고생을 충분히 감안하면서도 희망과 열의를 품고 고대하는 전율의 순간이다. 여정을 마친 후 톰이 나에게 하는 말이, 자신에게 카미노의 가장 감격적인 순간은 그 길에 첫발을 뗄 때였다고 했다. 그것은 나에게도 중대한 순간이었다. 첫날 아침 우리 둘이서 엘 포사다 여인숙에서 나와 카미노 길을 찾던 일이 생각난다. 우리는 카미노가 어디 있는지 잘 몰랐는데, 안개 속에서 잠시 찾아다니니 이정표가 나타났다.

우리는 이정표 앞으로 가서 숲으로 난 길 옆에 섰다. 톰과 나는 그 곁에 선 나무 기둥을 보았다. 카미노의 두 상징물인 노란색 화살표와 가리비 껍질이 그려져 있었다.[7] 우리 둘 다 그 곁으로 다가가 기쁨과 약간은 경외감에 젖어 그 문양을 만져 보았다. 우리보다 앞서 이 뜻 깊은 길에 들어섰던 수많은 순례자들에게 길잡이가 되어 준 상징물이었다.

우리는 들뜬 마음으로 출발에 대해 이야기했다. 드디어 우리가 그곳에 있고 대장정을 코앞에 두고 있다는 사실이 못

내 신기했다. 그토록 바라던 날이 정말로 왔다는 것이 도무지 꿈만 같았다. 우리의 눈은 기쁨으로 반짝였고 목소리는 기대감으로 달아올랐다. 한사코 우리를 부르던 이 길을 우리가 정말로 걷게 된 것이다. 이 날을 고대하며 우리는 몸과 영혼을 준비했었다.

거기 서서 벅찬 출발의 생생한 활력을 들이마시던 그날 아침, 톰도 나도 순례자인 우리를 기다리고 있을 값진 교훈들은 까맣게 몰랐다. 카미노가 우리를 수많은 산과 골짜기뿐 아니라 우리 마음과 생각 속의 산과 골짜기로도 데려가 우리의 아끼는 바 많은 귀한 것들을 밀쳐내고 혹은 다시 배열해 주리라는 고요한 메시지를 우리는 그 길에 첫발을 뗄 때는 듣지 못했다. 그 여정이 어떻게 우리를 즐거움과 고통의 모험, 내적 정리와 개간의 모험, 더 높은 의식과 더 깊은 묵상의 모험, 자신의 인간적 연약함을 겸손히 인정하는 모험에 내어줄지 우리는 그날은 이해하지 못했다.

닥쳐올 모험의 내막을 뉘라서 알겠는가. 우리는 다만 둘 다 어서 길을 떠나 그것을 알아보고 싶을 뿐이었다. 그 여정에는 뭔가 매혹이 있었고 우리는 그 매혹에 끌려 전진할 참이었다. 우리가 그곳에 있으며 이제 역사적인 길에 들어선다는 현실감을 우리는 계속 거기 서서 천천히 음미했다. 가슴

벅찬 환희의 순간이었다.

그러고 나서 우리는 행동에 돌입했다. 출발했다. 숲 속으로 몇 걸음을 떼는데 내 심장이 두근거렸다. 소나무 향과 융숭한 숲의 정적이 즉시 우리를 반가이 맞아 주었다. 카미노의 정기가 그 팔로 우리를 감싸 안으며 뒤에서 밀어 주었다. 길 위에 보화가 기다리고 있음을 확신하며 믿음으로 나아가라는 중대한 신호였다. 우리는 행복에 젖었고 미소가 절로 났다. 배낭이 무겁게 등을 짓눌렀고 산길을 가느라 곧 다리가 아팠지만, 그래도 우리가 이 놀라운 순례를 시작했다는 사실이 좀처럼 믿어지지 않았다. 첫 며칠 동안 톰과 나는 놀람과 기쁨으로 서로를 쳐다보며 설렌 가슴으로 말하곤 했다. "우리가 카미노에 와 있어요!"

카미노를 걷기로 결정했을 때 나는 미지의 세계, 도전, 발견의 정신을 고대했다. 하루하루 어떤 일이 닥쳐올까? 카미노 횡단은 얼마나 어려울까? 몸이 축나지 않고 그 먼 길을 걸을 수 있을까? 그 많은 날 동안 톰과 나는 서로 어떻게 지낼까? 그곳의 경치는 어떨까? 어떤 현지인과 순례자를 만나게 될까? 계속 다른 사람들과 함께 지내야 하는 상황을 나는 어떻게 소화해 낼까? 그곳의 마을과 도시는 어떤 곳일까? 사적지를 둘러볼 시간이 있을까? 숙소는 어디가 될까? 몸 관리는 어떻게 해야 할까? 행여 넘어져 다치지 않고 건강을 유지할 수 있을까?

웹스터 사전에 보면 모험의 정의가 여러 가지 나온다. 그중에 나의 카미노 여정에 가장 잘 맞는 것은 두 가지, "예기치 못한 일을 무릅쓰고 위험에 부딪치는 용감한 행위"와 "개인의 역사에 일어나는 비범한 사건, 감동적 경험"이다.

나는 순례를 성취보다는 모험으로 접근하고 싶었다. 첫주에 나는 일기장에 이렇게 썼다.

> 카미노는 나를 넓히고 넓히고 넓히는 시간이 될 것 같다. 예순 번째 해를 맞아 나에게 필요한 것이 바로 그거라고 믿는다. 내 편안한 반경 밖으로 나오는 것, 미지의 세계를 탐험하는 가치를 배우는 것, 예상치 못한 무한한 세계로 들어가는 것이다.

그렇게 모험심에 사로잡혀 있다 보니 다른 성질의 질문은 생각조차 나지 않았다. 나는 지루해질까? 길은 매력을 잃을까? 나는 이 일을 후회하게 될까? 여정이 점차 단조롭고 따분해질까? 이런 말과 생각은 내 모험의 사전에 어울리지 않았다. 무슨 일이 생기든 나는 그것이 나의 삶을 더 넓힐 기회가 되리라 생각했다. 하루하루가 순전한 선물이요 성장과 새로움의 무수한 가능성을 안고 있는 날로만 보였지, 그렇지 않을 수도 있다는 의문은 들지 않았다.

우리는 얼마나 많은 모험을 했는지 모른다! 길모퉁이를 돌 때마다 앞에 또 무엇이 펼쳐질지 궁금해졌다. 우리는 자꾸만 걸음을 멈추고 눈앞의 아름다운 경치에 감탄했고 만나는 사람들의 다채로움을 만끽했다. 날마다 우리는 새로운 마을, 소읍, 도시에 들어섰다. 지치고 힘든 일정과 고생을 용케 견뎌 내는 우리 몸의 역량에도 우리는 감탄했다. 여정의 역경과 두려움과 고충에 대해서는 다른 장에서도 썼거니와 그것도 다 모험의 일부였다.

카미노 여정에 모험의 맛을 더해 주며 우리의 감동적 경험을 풍성하게 해준 예기치 못한 일은 또 있었다. 각 장소와 상황마다 뭔가 새로운 것이 우리를 기다리고 있었다. 녹색 야채수프나 사프란 향의 스튜나 낙지처럼 우리에게는 특이한 음식을 먹던 것도 그랬고, 마침내 보행 마지막 주에 영어로 된 책(「파이 이야기」)을 한 권 구해 읽은 것도 그랬고, 여정 막바지에 우리 앞에 전경을 드러낸 산티아고 시를 바라보던 것도 그랬고, 다시 못 볼 줄 알았던 순례자들과 재회한 것도 그랬고, 새로운 우정들을 소중히 가꾼 것도 그랬다.

우리가 겪은 모험은 정말로 많았다. 우리의 몸도 그런 고생과 도전에 부딪치기는 처음이었다. 등은 성가신 배낭을 잘 소화해 주었고, 다리는 기운이 없으면서도 의지력으로 터벅터벅 걸음을 이었다. 우리는 거친 자갈길도 걷고, 뜨거운 시멘트 길과 흙 길도 걷고, 이글거리는 뙤약볕을 이고도 걷고, 시원한 안개비를 맞으면서도 걷고, 열대성 폭우 속에서도 걸었다. 우리는 라디오를 전혀 듣지 못했고 신문도 거의 보지 못했으므로 그날그날 날씨가 더울지 추울지, 맑을지 비가 올지, 알 길이 없었다. 무조건 새날 속에 뛰어들어 주어진 날씨를 맞이하는 것도 카미노의 모험 중 하나였다.

그만두고 싶었던 날도 있었던가? 물론이다. 이런 일을 자청한 내가 바보처럼 보인 때도 있었던가? 두말할 것도 없다. 그러나 전체적으로 볼 때, 예상치 못한 새로운 숨결로 가득 찬 나날의 연속이었다. 우리의 신체적·정신적·감정적 복원력이 길을 가며 만난 장애물을 능히 감당해 낼 수 있다는 자각도 빼놓을 수 없다.

모험에 수반되는 도전도 모험의 일부였다. 밤에 숙소를 구할 수 있을까? 그곳은 어떤 곳일까? 도전은 막상 닥칠 때까지는 예상할 수 없는 경우가 많았다. 화장실 둘과 샤워장 둘이 남녀 공용인 대피소가 있었는데 거기서 보낸 첫밤이 떠오른다. 나는 내가 그 상황에 어떻게 적응할지, 다른 순례자들은 어떻게 반응할지 의문이었다. "그래도 여기 샤워장에는 문이라도 달려 있네." 나는 그렇게 혼잣말하며 방안을 왔다 갔다 하면서, 어찌해야 좋을지 일단 두고 보았다. 주위에 낯선 남자들이 즐비한데 샤워장에서 수건만 두르고 나온다는 것은 생각만 해도 편치 않았다. 한참 관찰해 보니 누가 언제 어느 쪽을 사용하는지 무언의 규칙이 있었다. 어쨌든 다들 잘 하고 있었다. 사실, 모두 깨끗이 씻고 필요할 때 화장실에 갈 수 있는 한 아무도 별로 개의치 않는 것 같았다. 그래서 나는 한시름 놓았다.

또 카미노는 하루하루에 새로운 맛을 더해 주었다. 아침마다 대피소를 나서 산티아고 길에 다시 들어서면 처음 보는 풍경이 펼쳐졌다. 모험을 원하면 펼쳐지는 광경을 유심히 주목하기만 하면 되었다. 당연히 그 길에는 날마다 뜻밖의 일들이 전개되었다. 누구를 만나게 될지, 지형이 걷기에 어떠할지, 우리 몸이 어떻게 반응할지 알 수 없었다. 우리는 굳이 모험을 구할 필요가 없었다. 모험은 바로 우리 앞에, 곁에, 주변에 있었다. 하지만 그렇더라도 우리는 모험에 들어설 기회를 일부러 잡아야 했다.

팜플로나를 관통하는 멋진 길을 우리는 하마터면 놓칠 뻔했다. 그곳은 우리가 카미노에서 처음 만난 큰 도시였는데, 산티아고행 카미노가 시내를 가로지르도록 되어 있었다. 그곳을 지나기 전날 밤 우리는 그 대도시 어귀에서 버스를 탈 것인지 아니면 걸을 것인지 잠시 의논했다. 우리는 팜플로나가 혼잡할 것이며 따라서 우리의 길잡이가 될 화살표나 조가비를 찾기 힘들지도 모른다고 생각했다. 아침에 길을 떠날 때까지도 우리는 어찌할 바를 몰랐으나 촉촉한 비를 맞으며 산을 내려가는 사이에 생기가 되살아났다. 우리는 다시금 모험심을 받아들여, 계속해서 걷기로 했다.

버스를 타지 않아 얼마나 다행이었는지 모른다. 도시를 요리조리 누비며 가는 산티아고 길은 그 수려함으로 우리의 원기를 회복시켜 주었다. 아름다운 팜플로나를 가로질러 걸은 것은 생각지도 못한 멋진 경험이었다. 우리는 복원중인 고대의 성벽을 지나서, 해마다 황소들의 달리기 행사가 벌어지는 관공서를 따라가다가, 색색의 예쁜 화단에 꽃이 만발한 푸른 공원을 여럿 통과했다. 마침 그날은 일요일이어서 시내에 남녀소노 사람들이 가득했다. 모두들 한가로이 걸으며 옥외 활동을 즐기고 있었다.

사흘 후 우리는 또 다시 일부러 모험을 선택했다. 성채의 잔해 쪽으로 약간 우회하기로 한 것이다. 비야마요르 데 몬 하르딘에 거의 왔을 때 우리는 높은 산 위에 있는 성채를 멀리서 찾아냈다. 소읍에 점점 가까워질수록 톰은 "나는 저기 올라가 보고 싶소. 사방이 탁 트인 경관을 생각해 보시오!"라고 말했다. 나는 그를 이상한 사람 보듯 쳐다보았다. 거기까지 올라갔다 오는 거리는 족히 4-5킬로미터는 될 것이다. 톰은 쓸데없이 그만큼을 정말로 더 걷고 싶단 말인가? 그러잖아도 우리는 날마다 원 없이 걷고 있지 않은가? 하지만 톰의 모험심이 이겼다. 성채에 대한 그의 열의가 그곳의 비밀을 알아보고 싶은 내 욕심을 자극했다.

그래서 우리는 저 위에서는 세상이 어떻게 보이는지 보려고 올라갔다. 도착하자마자 나는 더 걷기를 잘했다는 생각이 들었다. 산 정상은 작은 공원 같았다. 그늘진 나무가 몇 그루 있었고 사방에 원시적 적막이 감돌았다. 옛 성채는 대체로 손상되지 않은 채로 남아 있었다. 종루의 종도 흠간 데가 없었고, 창문도 대부분 깨지지 않았고, 한쪽 돌담은 아직도 전체가 똑바로 서 있었고, 방 몇 개도 멀쩡했다. 주변의 기운은 평온했다. 별 모양의 자주색 꽃들 위로 나비들이 훨훨 날았고 새 몇 마리가 지저귀었다. 잔해를 돌아본 후에 우리는 각자 고독의 자리를 찾아 숭고한 적막 속에서 쉬었다. 나는 무더운 날 나를 축복해 주는 시원한 그늘을 고마워하며 늙은 떡갈나무에 기대어 앉았다. 거기 앉아 있노라니 잔해 속에 거하는 아주 오랜 정령들의 말없는 존재감이 느껴졌다.

한두 시간 후에 다시 마을로 돌아오면서 나는 성채 유람을 함께 가자고 해준 톰에게 감사했다. 실제로 그 아름다운 공간에 가 보고서야 알았지만, 나의 영혼을 소생시켜 준 그곳의 고요함과 고독은 나에게 절실히 필요한 것이었다. 나 스스로 모험에 들어갈 마음이 없을 때 나에게 모험을 권해 줄 사람이 있다는 것이 얼마나 귀한 선물인지 나는 그날 배웠다.

우리 둘 다 모험이라는 좋은 기회를 사양한 적도 있었다. 9월 21일, 우리는 보아디야를 떠나 비얄카사르 데 시르가를 향해 걷고 있었다. 우시에사 강을 따라 난 그 길에는 버드나무와 포플러나무가 우거진 곳이 많았다. 그날은 습도가 높고 바람이 많이 불었다. 그러잖아도 후덥지근한 공기가 강변길의 키다리 풀과 잡초 때문에 더했다. 애써 가고 있는데 멀리서 메아리처럼 사람 소리가 들려왔다.

길 옆 공터에 이르니 좁은 강이 한눈에 들어왔다. 목소리의 주인공은 강에서 즐기고 있는 여자들이었다. 젊은 독일 여자 둘이서 수정같이 맑고 시원한 얕은 물 속에 벌거벗고

드러누워 있었다. 그날 일찍 우리가 길에서 만난 사람들이었다. 두 명랑한 인어는 우리에게 손짓을 했고 그중 하나가 큰 소리로 불렀다. "두 분도 오세요. 정말 좋아요." 우리는 애석해 하며 사양하고는 찜통 같은 오후의 열기 속을 계속 걸었다. 다음날 톰이 "강에서 그 두 사람에게 합류하지 않은 것이 카미노에서 우리의 첫 번째 실수였소"라고 농담을 던졌다. 나도 웃으며 "맞아요!"라고 대답했다.

그러나 모험은 넘쳐났다. 모험의 기쁨과 도전 속에 들어갈 기회는 우리에게 얼마든지 많았다. 우리는 악조건에는 싫증이 났어도 카미노의 돌발적인 일에 대해서는 지겨운 줄을 몰랐다. 하루는 고원(mesa)의 판판한 평지를 걷고 있을 때였다. 우리 둘 다 지칠 대로 지쳐서 어서 당일의 목적지가 나오기만을 고대했지만 지평선 어디에도 마을 같은 것은 눈을 씻고 보아도 없었다.[8] 혹시 안내책자를 잘못 읽거나 거리를 잘못 계산한 것이 아닐까? 그런데 탈진하여 금방이라도 쓰러질 것만 같은 그때, 완전한 평지에 갑자기 산이 솟아오르더니 그 틈바구니에 작은 마을 온타나스가 둥지를 틀고 있는 것이 아닌가! 마침내 피난처를 만난 우리는 얼마나 안도하고 기뻐했는지 모른다.

현지 교회와 우리가 참석한 천주교 미사도 상당한 모험이었다. 우리는 아무런 사전 지식 없이 미사에 참석하곤 했다. 한번은 일요일에 어느 작은 마을에 들어서니 마침 교회 종이 울렸다. 사방의 벽돌집에서 사람들이 옷을 말쑥하게 차려입고 나와 11시 미사를 드리러 갔다. 우리는 얼른 지퍼를 이어 반바지를 긴 바지로 만든 다음(반바지 차림으로 가면 실례가 될까봐) 현지인들과 함께 교회당으로 들어갔다. 개회 찬송의 멜로디가 '나에게 망치가 있다면'(If I Had a Hammer)이어서 우리는 씩 웃었다.

미사가 끝날 때 나는 꼭 중세시대로 돌아간 느낌이었다. 그들은 영성체가 담긴 성합을 들고서 행렬 순서를 가졌다. 남자 넷이서 널따란 덮개를 들고 곁에서 걸었고 덮개 밑에는 사제가 든 성합이 있었다. 크고 높은 황색 기(旗)를 든 다른 남자와 촛불을 든 몇 사람이 뒤를 따랐다. 교인들이 두 곡의 찬송을 부르는 동안 행렬은 성당 뒤쪽으로 갔다가 다시 앞으로 나왔다. 그러고는 성합에서 영성체를 꺼내 치우는 것으로 미사는 끝났다.

대체로 교회 종이 울리면 사람들은 으레 곧 미사가 시작되는 줄로 알았다. 엘 아세보에서 내가 느지막한 오후에 안마당에서 쉬고 있는데 소의 목에 걸린 방울소리처럼 반음 떨어지는 듯한 소리가 들렸다. 10분 있다가 다시 울리는데 아까처럼 함석소리 같았다. 아무래도 미사를 알리는 종소리이겠다 싶어 급히 안으로 들어가 대피소 안에 있는 톰을 찾았다. 그리고 함께 걸어서 작은 교회로 갔다.

사람들이 여남은 명밖에 없는데 그나마 남자는 하나뿐이고 나머지는 다 칙칙한 벽돌색의 옷을 입은 중년 내지 노년의 여자들이었다. 우리는 무슨 중병을 앓고 있는 한 할머니와 나란히, 흔들거리는 목제 의자에 앉았다. 미사가 시작되고 얼마 안 되어 할머니는 떨기 시작하더니 점점 심하게 떨었다. 설교 시간에는 좌석에서 떨어지지 않으려고 양팔로 자기 몸을 부여잡았다. 나는 너무 마음이 아팠다. 할머니가 어찌나 심하게 떠는지, 불안한 좌석이 할머니 때문에 들썩일 때마다 톰과 나까지 함께 흔들리기 시작했다. 톰은 귀엣말로 "멀미가 날 것 같소"라고 했다. 작은 교회의 모든 교인들이 연신 고개를 돌려 그 떠는 할머니를 쳐다보았다. 그중에는 딱한 마음에 할머니더러 그만 가 보라고 손짓을 하는 사람들도 있었다. 할머니는 결국 설교가 끝나자마자 밖으로 나갔다. 아무래도 그날의 미사는 드문 상황이었다.

교회 모험 중 또 하나는 현지의 혼례와 관련된 것이었다. 비얄카사르 데 시르가에 갔을 때 우리는 마침 혼례 미사 후의 독특한 현지 풍습을 볼 수 있었다. 우리 여덟 명의 순례자들이 합숙소 2층 창문에서 고개를 내밀고 그 광경을 구경했다. 흰 예복을 입은 남자 넷이서 높이가 1미터도 더 되는 웨딩케이크가 놓인 판을 들고 왔다. 그 뒤로 악기들이 따르며 요란한 팡파르를 울렸다. 그 광경을 구경하며 현지인들의 행복에 동화되던 그 시간이 나는 너무 좋았다.

모든 날이 새로우며 그래서 모든 날이 모험임을 나는 카미노에서 서서히 배웠다. 그 하루는 아직 살아 보지 않은 날이다. 우리 삶의 모든 자리는 살아 볼 때까지는 모르는 것이다. 이런 자세로 임하면 삶이 늘 신선하고 활기차며 생동감과 의욕이 넘치게 된다. 아침마다 집을 나서서 그날의 발걸음마다 새 땅을 밟는 것은 정말 경이로운 일이다. 매 순간이 계시의 창(窓)이 된다. 내딛는 발자국마다 세상에 대한 나의 제한된 해석과 시각을 넓히는 또 한번의 기회가 된다. 일을 지겨워하거나 하루의 삶에 마지못해 임하기보다는 모험심을 품고 새 하루에 눈을 뜬다면 우리 각자의 삶은 얼마나 달라질까.

미친 듯이 바쁜 삶에 몰두하고 집착하느라 내 마음 한 부분이 천천히 죽어 가고 있었는데 스페인 횡단이 그 죽음을 깨뜨렸다. 카미노는 나의 모험심을 되살려 주었고 평범한 것을 즐거워하는 마음을 더해 주었다. 다람쥐 쳇바퀴 같은 내 삶 구석구석에 새로운 기운을 순환시켜 주었다. 모험이란 무엇을 하며 사느냐보다는 어떤 자세로 삶에 임하느냐의 문제임을 나는 배웠다.

관계가 시들하거나 일이 따분하다면, 삶이 무미건조하고 활기를 잃은 것 같다면, 지금이야말로 낡은 태도와 해묵은 방식을 모험심으로 툴툴 털어 낼 때다. 무의식중에 둘러쳐 놓은 울타리 밖으로 나와서 현재의 세계와 가능성에 눈뜰 때다. 매일의 시간은 더 자세히 보라는 초청이다. 지극히 평범해 보일 수 있는 순간의 이면을 더 깊숙이 들여다보라는 초청이다. 그 평범함 속에 창조주와의 교제와 자기 이해라는 은밀한 보석이 숨어 있다.

모험은 마음을 열고 위험을 감수하는 자세에 달려 있다. 삶은 하품이 날 정도로 뻔하고 따분할 수도 있고, 뜻밖의 사연과 성장으로 충만할 수도 있다. 그것은 우리가 삶을 어떻게 보고 그 삶에 자신을 어떻게 맡기느냐에 달려 있다. 일상의 풍경은 같아도 우리의 내면은 매번 다르다. 언제나 뭔가 새로운 것이 우리를 기다리고 있다. 거기에 우리 자신을 열기만 한다면 말이다. 우리가 온전히 들어설 마음만 있다면 평범하고 일상적인 일로 보이는 것들도 새롭게 다가올 수 있다. 매일의 시간은 모험이 되어, 사는 것처럼 살라고 우리에게 도전장을 내민다.

7
현재를 살라

내가 과거의 순간에 노예처럼 매여 있거나
벌써부터 내일의 순간을 살고 있다면
나는 영원한 현재의 순간을 누릴
자유가 없는 것이다.
: 매크리나 위더커

카미노에서 한동안 지내다 보면 순례자들에게 뭔가 난감한 일이 벌어진다. 간밤에 묵었던 곳의 지명을 기억하지 못하는 순례자들이 나오는 것이다. 순례자에게 어젯밤에 어느 대피소에서 잤는지 물으면, 미간을 찌푸린 채 선뜻 입을 떼지 못하고 멍하니 보다가 "잘 기억이 안 나네요"라든지 "글쎄요, 어디였더라……. 아니, 거기는 며칠 전이었지. 그러니까 거기가……"라고 중얼거리기 일쑤다. 처음 그런 일을 겪으면 순례자의 입장에서 꽤 당황스럽다. 나도 그런 생각이 들었었다. "내가 왜 이러지? 치매라도 오는 건가? 여기서 내가 하는 일이라고는 이곳에서 저곳으로 걷는 것뿐이잖아. 그런데 왜 마지막 지나온 곳 이름이 기억이 안 난단 말인가?"

    기억이 안 났던 한 가지 간단한 이유는 우리가 묵는 곳이 밤마다 달랐기 때문이다. 게다가 우리는 카미노에 오기 전에는 그런 지명을 거의 들어 본 적이 없었다. 하지만 그것이 핵심 요인은 아니었다. 기억이 부실해진 보다 깊은 이유를 나는 점차 알게 되었다. 나의 사고가 과거를 벗어나 계속 현재에 집중하고 있음을 서서히 알게 된 것이다. 다음은 첫주에 내 일기장에 쓴 내용이다.

이 여정의 성격을 아직도 모르겠다. 작은 섬광처럼 깨달음과 교훈이 찾아오기는 한다. 하지만 하루하루 내가 할 수 있는 일이라고는 기력을 다해서 걷고, 먹을 것과 잠잘 곳을 찾는 것뿐이다. 그러고 나면 남는 기력이 거의 없다. 어쩔 수 없이 현재를 살아야만 하는 것이다.

카미노에 온 지 일주일 반이 지나면서 나는 이런 현상에 대하여 더 깊은 통찰을 얻게 되었다.

요즘은 내 사고에 쥐가 난 것 같다. 아일랜드에서 온 사람을 만났는데 나는 벨파스트나 더블린 같은 지명조차 떠오르지 않았다! 어떻게 된 일일까? 톰과의 아침기도 시간에 내 모든 사랑하는 이들의 이름을 부를 때를 빼고는 "집" 생각도 나지 않는다. 내 사고는 왜 기억을 거부하는 것일까? 정말로 내가 "카미노 위에서" 현재 속에 살고 있는 것 같은 기분이다. 내 마음은 과거로 가기를 원치 않고 있다.

카미노에 오면 순례자는 현재 순간 속으로 들어갈 수밖에 없다. 정말로 그밖에는 갈 데가 없다. 카미노에 있는 시간이 길어질수록, 길과 삶과 하나가 될 가능성도 그만큼 커진다. 웬만큼 걷다 보면 순례자는 점차 그냥 걷고, 그냥 다니고, 그냥 살게 된다. 한걸음 한걸음 떼면서 점점 더 또렷한 의식으로 매 순간 속에 들어선다. 모든 에너지를 현재의 상황에 쏟게 된다. 불편함을 최소한으로 줄이면서 계속 건강하게 걸으려면 그래야 한다.

카미노가 어떻게 우리를 현재 속에 살도록 이끌어 주는지 이해하는 데 있어, 철학자 에크하르트 톨레(Eckhart Tolle)의 「지금 이 순간을 살아라」(*The Power of Now*)를 읽은 것이 내게 도움이 되었다. 톨레는 내면의 참된 해방이란 우리가 과거와 미래를 내려놓고 일부러 현재에 집중할 때에만 찾아온다고 가르친다. 톨레에 따르면, 인격적 변화에 들어가려면 자신의 내면에 벌어지고 있는 일을 똑똑히 의식해야 한다. 그리고 그러려면 현재에 더 주목해야 한다. 생각이 과거나 미래에 가 있으면, 현재의 순간에 자기 내면에서 벌어지고 있는 일을 의식하지 못한다. 현재 속에 살 때에 우리는 자기 내면의 격동을 알아챌 수 있다.

톰도 나도 톨레의 철학의 가치를 믿었고 순례중에 그것을 실천하기 원했다. 그럼에도 우리는 실제로 그렇게 사는 것이 읽는 것만큼 쉽지 않으리라는 것을 알았다. 현재 속에 실존하려는 노력은 훌륭한 일이지만 두말 할 것도 없이 그것은 평생의 실천과 관찰을 요하는 일이다. 카미노는 그것을 실천하기에 아주 좋은 곳이다. 한결같은 리듬으로 걷기, 몸 상태에 각별히 주의를 기울이기, 길을 찾는데 따르는 필연적 긴장, 긴 사색의 시간……. 이 모두가 현재 속에 사는 삶을 가능하게 해준다.

시르네냐 근처의 골프장과 도시화 사업단지 옆을 지나던 날, 나는 그것을 확신하게 되었다. 그곳은 산토 도밍고에서 외곽으로 5킬로미터쯤 떨어진 곳이었다. 거기를 지나면서 톰은 말했다. "이런 오지에 웬 골프장인고?" 정말 이상해 보였으나 잠시 생각해 보고서 나는 그곳이 오지가 아님을 알았다. 나는 톰을 보며 "여기는 도시에서 차로 5분 거리예요"라고 일러주었다. 톰은 약간 놀란 표정으로 미소를 지으며 말했다. "그렇군요. 내가 걷는 시간에 익숙해져서 그렇소." 이는 현재 속에 사는 삶에 더 적응되어 가고 있다는 말의 다른 표현이었다.

카미노를 걷는 동안 내 생각이 과거로, 즉 두고 온 집이나 일로 돌아간 적은 거의 없었다. 오히려 내 생각은 미래로 향했다. 산티아고 도착이라는 목적, 다음번 대피소, 만나게 될 사람들, 어디서 먹을까 따위였다. 물론 그렇게 계속 앞만 보느라 나는 바로 눈앞의 것을 놓치고 있었다. 앞일에 신경을 쓰는 순간, 내 사고의 통제 성향이 되살아났다. 그래서 나는 어느새 근사한 계획을 세우고 있었고, 어쩌면 있지도 않을 문제들을 지레 예상하고 있었다. 톨레는 「고요함의 지혜」(*Stillness Speaks*)라는 책에서 바로 그 점을 지적했다.

거의 모든 사람이 대부분의 시간을 그렇게 산다. 그러나 미래는 현재로만 올 뿐 미래로는 절대 오지 않기에, 그것은 역기능적인 삶의 방식이다. 거기서 불안과 긴장과 불만의 끊임없는 잠류가 생겨난다. 그것은 삶을 존중하지 않는 방식이다. 삶이란 현재이며, 현재가 아닐 때가 전혀 없다.

카미노에 온 지 일주일쯤 지나서야 나는 비로소 현재 속에 들어갈 준비가 된 기분이 들었다. 여러 날이 점차 서로 섞여들었다. 내 안의 뭔가가 느슨하게 풀어지는 것이 느껴졌다. 그 느낌이 좋았다. 여정을 내 욕심대로 계획하고 예상하려 하기보다는 여정이 어디로 이끌든 거기에 만족하는 법을 배우면서 나는 더 자유롭고 더 평안해졌다. 걷는 날수가 많아질수록 나는 현재의 순간에 더 주목하게 되었다. 물론 나는 걸핏하면 현재를 벗어나곤 했지만, 적어도 벗어났다는 사실을 더 잘 인식하게 되었다.

거의 매일 의식적으로 내 사고를 미래에서 끌어내어 다시 현재로 방향을 맞추어야 했다. 내 일기가 나에게 그것을 상기시켜 주었다.

힘들게 걸은 하루였다. 날마다 이렇게 고단할 줄은 예상치 못했다. 이제 하루에 대한 기대를 버려야 한다. 그냥 현재를 살아야 한다. 에스테야의 이 대피소만 해도 그렇다. 처음에 이곳 상황을 보았을 때 나는 "그냥 이를 갈면서 내일만 생각하자"고 되뇌었다. 그러다 말을 고쳤다. "아니지, 나는 이 경험 속으로 들어가야 해. 지금." 그리고 나니 이곳 상황도 그렇게까지 비참해 보이지 않았다. 결국 나는 더 잘 견딜 수 있었다.

카미노에는 나의 초점을 계속 현재에 맞추도록 도와주는 것이 몇 가지 있었다. 아침마다 배낭을 꾸리는 일도 그중 하나였다. 나는 어느 물건이 어느 자리에 가는지 주의를 기울였다. 두고 가는 것이 없는지도 확인해야 했다. 바깥 빨랫줄에 널어 둔 빨래나 침대 난간에 걸쳐 둔 수건을 그냥 두고 가기

쉬웠다. 어쩌다 침대 밑에 들어가 있을 수 있는 물건을 깜빡 잊고 살피지 않을 수도 있었다.

현재에 주목하는 데 가장 큰 도움이 된 것은 늘 카미노 노선을 일러주는 노란색 화살표와 가리비 껍질 표시였다. 이 화살표는 산, 초장, 밭, 돌밭 언덕, 작은 마을, 사방으로 뻗은 큰 도시 등 온갖 종류의 지형 속에서 길손들의 안내자가 되어 준다. 그 표시를 따라 순례자들은 쓰레기 처리장, 공장, 유가공 시설, 교회, 시장 등 거의 모든 종류의 지형과 건물을 지나게 된다. 카미노는 표시가 아주 잘 되어 있어 길을 잃기가 거의 불가능하다는 말을 어디선가 읽었다. 대체로 맞는 말이지만 그래도 주의를 기울이지 않으면 그런 표시들을 감쪽같이 놓칠 수 있다.

화살표와 가리비 껍질 표시는 순례자들에게 눈 운동을 시킨다. 같은 곳에 있는 경우가 거의 없기 때문이다. 그 표시 중 어떤 것은 나무와 돌과 울타리 말뚝에, 그리고 건물의 꼭대기와 밑바닥과 옆과 귀퉁이에 페인트로 칠해 놓았다. 인도 타일에 새겨 놓은 것도 있고, 정지 표지판 밑에 흘려 써 놓은 것도 있다. 심지어 장작더미와 버려진 기계 위에 표시해 둔 경우도 있다. 정말이지 표시할 공간만 있다면 어디고 그런 방향 표지판이 있다. 순례자는 정신을 바짝 차리고 길이 갈라지는 곳을 잘 보아야 한다. 건널목, 교차로, 샛길, 오솔길 등 그야말로 사람의 발길이 닿는 곳 같으면 어디든 살펴야 한다. 늘 현재의 순간 속에 깨어 있어야 하며 갈림길에서는 모든 방향에 유념해야 한다. 곧장 가거나 혹은 돌아서 가라는 표시가 있는지 확실히 살펴보아야 한다. 기민함과 주의력이 대단히 중요하다.

표지판을 놓친 적도 몇 번 있었다. 간혹 우리는 말하느라 바빠서 혹은 멍하니 정적 속에 잠겨 있다가 그만 깜빡 잊고 길을 살피지 못했다. 방향 표지판이 우리를 혼란에 빠뜨린 적도 가끔 있었다. 푸엔타 라 레지나 대피소를 떠나던 날, 우리는 길가로 나서자마자 노란색 화살표 때문에 갈피를 잡지 못했다. 오른쪽의 짙은 노란색 화살표는 번잡한 큰길 쪽으로 나 있었으나 우리 왼쪽으로 나무 위에 작은 노란색 화살표가 하나 더 있었다. 나무에 까만 쓰레기 봉지가 둘려 있는데 화살표가 보이도록 약간 찢어져 있었다. 그쪽 길이 폐쇄되었다는 표시로 한때 표지판을 덮어 두었던 것이 분명했다. 그렇다면 쓰레기 봉지가 찢어져 있으니 이제 그 길이 열렸다는 뜻일까? 우리는 어느 쪽으로 가야 할지 난감했다.

자세히 보니 큰길가의 표지판에는 자전거가 그려져 있었다. 카미노를 자전거로 횡단하는 사람들을 위한 길이라는 표시였다. 그래서 도보로 걷는 우리는 작은 화살표를 따라 왼쪽으로 갔다. 대실수였다. 큰길을 따라 오른쪽으로 갔어야 했다. 간밤에 폭우가 내린 뒤라서 우리는 2킬로미터쯤 가서는 끈적끈적한 붉은 점토 길에 빠졌다. 대단한 진흙이었다. 거동하기가 그렇게 고역스럽지만 않았어도 꽤 재미있었을지도 모른다. 그렇게 우리는 30여 명의 다른 순례자들과 함께 가파른 언덕을 찍찍 미끄러지며 올라가고 있었다. 진창길을 넘어지지 않고 올라가려니 이만저만 힘든 게 아니었다. 우리는 몸의 균형을 유지하느라 안간힘을 썼다. 진흙이 들러붙은 신발 부피가 커졌고 발은 더 무거워졌다. 그렇게 한나절 이상 계속 진흙 속을 드나든 끝에야 비로소 자갈과 돌이 깔린 길이 나왔는데, 그때의 안도감이란 이루 말할 수 없었다. 질퍽거리고 끈적거리는 진흙이었지만 그것이 우리를 현재의 순간으로 이끌어 주었다. 진흙탕 속에 나자빠지지 않으려면 우리는 어쩔 수 없이 한걸음 한걸음에 주의를 기울여야 했던 것이다.

가장 큰 실수는 포르토마린을 향하여 걷던 날 화살표를 놓친 것이다. 그 길에 표시된 노란색 화살표는 눈에 띄도록 유난히 크고 선명했다. 톰이 말했다. "전체 카미노를 통틀어 이렇게 크고 확실한 화살표를 보기는 이번이 처음이오. 사진을 찍어 두었다가 나중에 돌아가서 사람들에게 보여줍시다. 우리가 길을 잃지 않는 데 화살표가 얼마나 큰 도움이 되었는지 말해 줄 때 말이오." 계속해서 모든 것이 순조로웠으나 그날의 길은 멀기만 했고 결국 우리는 몸도 마음도 지쳤다. 터벅터벅 걸으면서 우리는 둘 다 말이 없어졌다. 간혹 둘 중에 하나가 "얼마나 더 가야 되지?"라든지 "그 도시가 이렇게 멀 줄은 몰랐는데"라고 말하며 신음소리를 내곤 했다. 포르토마린에 도달하는 것에 집중할수록 현재에 대한 집중도가 떨어졌다.

어디에 가 닿을지 걱정하는 사이에 우리는 점점 부주의해졌다. 결국 나는 똑바로 전방에 있어야 할 도시가 우리 오른편에 있음을 알아차렸다. 나는 화살표를 유심히 찾기 시작했으나 하나도 보이지 않았다. 그래서 걱정이 되어 톰을 보면서 "우리가 화살표를 놓쳤나 봐요"라고 말했다. 하루 종일 표지판이 유난히 크고 선명했던 터라 톰은 내 말에 의문을 제기했다. 우리는 계속 걸었다. 15분쯤 지나서는 톰도 우리가 길을 놓친 것이 분명하다고 수긍했다. 톰은 오른쪽의 작은 숲으로 자진해서 들어가서 도시로 난 오솔길을 찾아보았으나 찾지 못하고 그냥 왔다. 우리는 돌아가야 할지 계속 가야 할지 몰랐다. 길이 휘어져 결국에는 도시로 닿아 있을 것 같아서 우리는 계속 걷기로 했다. 그때 차 한 대가 지나갔는데 운전자는 2-3킬로미터만 더 가면 정말 포르토마린이 나온다며 우리를 안심시켜 주었다.

톰은 우리가 어디서 화살표를 놓쳤는지 계속 알아내려고 했다. 포르토마린에 다 가도록 그는 계속 그 궁리였다. 나는 우리가 화살표를 어떻게 놓쳤는지는 상관없었다. 내 생각은 미래에 가 있었다. 나는 대피소에 가서 쉬어야겠다는 말만 했다. 우리 둘 다 현재의 순간을 떠나 과거와 미래에 치중했으므로 내면의 평안과 조화는 떠나 버렸다.

그러나 교훈은 그것이 끝이 아니었다. 그날 대피소에 도착한 우리는 다른 데서도 몇 번 마주친 적이 있는 어느 순례자를 만났다. 그녀는 가만가만히 불쑥 말하는 버릇이 있었는데 그 말투에서 어떤 초연함 같은 것이 느껴졌다. 우리는 그날 일에 대해 담소를 나눴다. 그러다 톰은 화살표를 놓친 일이 아직도 분했던지 다시 그 이야기로 돌아갔다. 그는 우리가 어디서 어떻게 어쩌다가 그것을 놓쳤느냐며 "어디서 길을 잘못 들었는지 그것만이라도 알았으면 좋겠소"라고 했다. 그러자 그 여자가 딱 잘라 말했다. "그런다고 달라지는 건 없잖아요. 당신은 이렇게 있어야 할 곳에 있잖아요."

쾅! 망치로 머리를 한 대 얻어맞는 것 같았다. 본인은 알았는지 모르지만 그녀는 톰과 나를 다시 현재 속에 데려다 놓았다. 그녀의 직언은 톰에게 한 말이었으므로 특히 톰의 심기가 불편해졌다. 그날 저녁식사 시간에 우리는 그녀가 해준 말에 대하여 이야기했다. 나는 그녀의 말에 교훈이 있다고 생각했으나 톰은 긴가민가했다. 그러나 이튿날에는 그녀의 메시지가 힘을 발휘했다. 포르토마린을 떠나면서 톰이 생각에 잠긴 듯 이렇게 말했던 것이다. "나는 늘 내가 어디서 왜 잘못되었는지 알려고 하거든. 그럴 필요가 없는데도 말이오. 우리의 주의력이 부족했다는 것과 앞으로 더 조심해야 한다는 것만 알면 되겠지요. 그러고는 전진해야 되겠지요. 놓친 화살표가 어디에 있었는지 알아내려는 집착은 이제 그만 내려놓아야 되겠소."

포르토마린 사건은 카미노의 일개 사건으로 끝나지 않았다. 그것을 통해 나는 누구라도 현재에 집중하고 주목하지 않으면 길을 잃는다는 것을 배웠다. 현재에 주목하지 않을 때 우리는 인생 여정의 방향을 놓치게 된다. 일이 우리의 희망이나 계획대로 풀리지 않을 때 우리는 과거나 미래 속에 쉽사리 길을 잃는다. 화살표와 가리비 껍질 표시는 우리의 일상생활 가운데 길러야 하는 습관과 훈련의 상징이다. 그런 습관과 훈련이 우리를 끊임없이 현재로 돌아오게 해준다. 과거사에 매달리거나 불안스레 미래를 내다보고 있으면 마음의 평화만 줄어들 뿐이다. 인생길의 에너지는 길 가는 중에 벌어지는 일에서 솟아난다. 바로 그 자리에 우리의 인생 교훈이 있다. 인생의 교훈은 우리가 남겨두고 온 것에 있지도 않고 장차 얻어야 할 것에 있지도 않다.

카미노 일정이 지속되면서 우리는 계속해서 현재 속에 살 필요성을 서로에게 환기시켜 주었다. 한 사람이 궤도를 벗어나는 것이 보이면 다른 사람이 부드럽게 상대방을 본 궤도로 돌아오게 해주었다. 우리는 또 각자 자신의 방법으로 그것을 연습했다. 내 경우에는 주변생활과 자연에 일부러 관심을 기울임으로써 끊임없이 현재로 돌아올 수 있었다. 톰의 실천 방법은 자신에게 짤막한 메시지를 자꾸 들려주는 것이었다. 근심이 되거나 불안해질 때마다 "나는 미래에 있지 않고 현재 속에 있다"고 말하는 습관을 기르려 한다고 그는 내게 말했다. 그는 또 날마다 "하나님의 임재 속에 깊이 들어가 거기서 쉬면서, 내 상처를 하나님께 치유받고 내 몸과 영혼도 그분의 위안에 맡기려" 한다고 고백했다.

톰의 말은 내가 더 깊은 차원으로 들어가는 데 큰 도움이 되었다. 현재 속에 살 때 나와 하나님과의 연합이 더 견고해지는 것을 나는 보았다. 현재 속에 살면 하나님의 은혜에 항상 마음이 열려 있기 때문이다. 현재에 주목할 때 내면은 더 개방적이고 수용적이 될 수 있다. 하나님은 현재의 순간 속에 나와 함께 계신다. 바로 이 현재라는 장 속에서 하나님은 나의 삶 속에 들어오시고 나를 부르신다. 내가 하나님과 삶에 전심으로 반응하는 데 필요한 모든 것이 현재 속에 있다.

8 몸에 귀를 기울이라

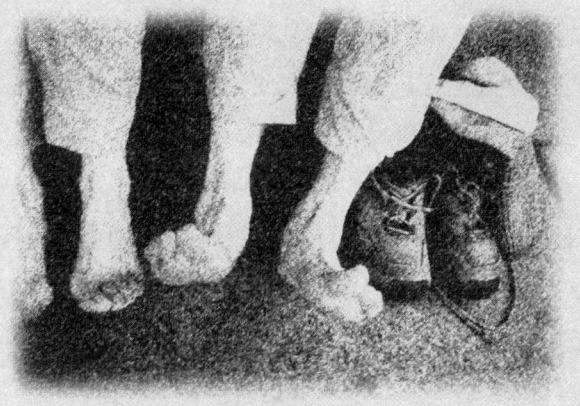

삶의 심장박동을 느끼는
우리의 발은 복이 있도다.
: 조이 미드

물집! 큰 물집! 이 고약한 불청객이 찾아올 가능성에 대해 나는 카미노 관련 서적에서 수도 없이 읽었다. 어떤 순례자의 발에서 1달러짜리 백동화만큼 큰 물집을 보았다고 한 저자도 있었다. 그러고도 내 발에 물집을 막아야겠다는 결심이 서기에 부족했지만, 다른 순례자들의 발에서 실제로 그런 물집을 보고는 결심이 확고해졌다. 긴 하루를 보낸 후에 자기 발을 문지르는 어느 미국인 청년을 보고는 나는 질겁했다. 누런 물이 꽉 찬 큼직한 물집이 그의 발뒤꿈치를 뒤덮고 있었는데 그는 신음소리를 내면서 그것을 바늘로 땄다.

발의 물집을 막는 확실한 조치로 톰과 나는 좋은 등산화를 수소문했다. 12월에 나는 할인 판매하는 등산화 한 켤레를 찾았다. 조금 불편했지만 신발이란 대개 길이 들 때까지는 그런 법이므로 내 신발도 그러려니 했다. 나는 석 달 동안 날마다 그 등산화를 신고 걸었다. 결국 나는 그 신발이 내 발을 죽이고 있음을 자인했다. 여기저기 옹이가 앉았고 내 작은 발가락의 마디마디가 더 딱딱해졌다. 기대는 불안으로 바뀌었다. 그 등산화를 계속 신다가는 카미노를 걸어보기도 전에 내 발이 망가지고 말겠다는 결론을 내렸다.

톰도 신발에 문제가 있었다. 우리는 장비 대부분을 비버데일 백 컨트리라는 매장에서 구입했는데 톰은 내게 그곳에 새 신발이 들어왔다고 말했다. 그 신발을 확인하러 가는 날은 내 발에게 기쁨의 날이었다. 나는 가몬츠라는 상표의 등산화 한 켤레를 발견했는데 앞쪽 볼이 넓은 새로운 스타일이라서 훨씬 편했다. 내 발가락은 그 등산화를 무척 좋아했다.

그러나 카미노에서 내 발에 물집이 생기지 않게 해준 것은 신발만이 아니었다. 내 친구 빌이 최근에 순례를 마치고 돌아온 애리조나 주의 어느 부부에 관한 기사를 나에게 보내주었다. 나는 그 내용을 읽으면서도 믿겨지지 않았다. 그 부인은 발에 바셀린을 썼던 것이다. 그녀는 3-4킬로미터마다 한 번씩 서서 신발과 양말을 벗고는 바셀린을 잔뜩 발랐다. 그렇게 해서 물집이 하나도 잡히지 않았다고 했다. 나도 바셀린을 좀 샀다. 뭐든 해볼 작정이었다.

그러던 중에 나는 더 이상한 말을 들었다. 우리보다 1-2년 먼저 카미노를 횡단한 디모인의 한 젊은 여자는 배관용 테이프를 사용했다는 것이다. 배관용 테이프가 만사에 두루 통한다는 거야 나도 알았지만 물집 예방까지 해줄 줄이야. 발의 어느 부위가 화끈거리기 시작하면 곧 물집이 생기려는 조짐인데 그녀는 그런 조짐이 올 때마다 서서 그 부위에 배관용 테이프를 붙여 더 심한 박피(剝皮)를 막았다고 우리에게 말해 주었다.

놀랍게도 우리는 720킬로미터를 걷는 동안 발에 물집이 하나도 잡히지 않았다. 이 행운은 다분히 우리가 그 두 여자에게서 받았던 요긴한 충고 덕이었다. 톰과 나는 5-6킬로미터마다 한 번씩 서서 신발과 양말을 벗어 발에 공기를 쐬어 주고는 바셀린을 바르거나 배관용 테이프를 붙였다. 미끌미끌한 바셀린 위에 빨간색 배관용 테이프를 조각조각 잘게 잘라 붙인 내 발을 보노라면 하도 가관이어서 웃음이 절로 났다. 하지만 효과는 좋았다! 아침마다 등산화를 신기 전에 그렇게 공들여 발을 관리하면서 나는 "내가 발한테 잘해주면 발도 나한테 잘해주겠지"라고 생각하곤 했다. 정말 그랬다.

물집 외에 나는 탈수 가능성도 우려되었다. 체내에 수분을 충분히 유지해 주면 물집이 잡힐 소지도 줄어들 뿐 아니라 체력과 기력도 확실히 더 좋아졌다. 내가 만난 어떤 순례자는 수분 부족으로 카미노에서 쓰러졌다. 그래서 나는 약간 강박적이리만큼 물을 충분히 가지고 다녔다. 700밀리리터 병으로 항상 세 병씩 가지고 다닌 것이다. 물병 때문에 배낭이 훨씬 무거워졌지만 그래도 괜찮았다. 물은 나에게 귀한 것이었다. 굳이 그렇게 많이 가지고 다니지 않아도 되는 날들이 대부분이었다. 거의 모든 마을에 공동 우물이 있어 거기서 물병을 다시 채울 수 있었다. 그러나 한나절이 넘게 걸어도 우물이 눈에 띄지 않는 날도 간혹 있었다.

 탈수는 무덥고 건조한 고원에서 특히 문제가 되었다. 그늘이 거의 없었기 때문이다. 일사병이나 수분 부족으로 쓰러지는 것이 얼마든지 현실적으로 가능했다. 나는 거의 항상 목이 탔다. 톰도 나도 유독 힘에 부친다고 하소연했더니 어떤 순례자가 우리에게 체내에 칼륨을 충분히 공급해 주라고 권했다. 걷는 것도 고된데 거기에 땡볕 더위까지 겹치면 우리 몸 안에 이 중요한 미네랄이 고갈될 수 있다고 그녀는 말했다. 대개 바나나는 구하기 어려웠으므로 우리는 이튿날 알약으로 된 칼륨을 좀 샀다. 그때부터 칼륨은 날마다 우리 식단의 일부가 되었다. 그래서 크게 달라졌는지는 모르지만 어쨌든 우리 둘 다 상태가 한결 나아졌다.

 고원을 지나던 그 몇 주 동안 우리는 강렬한 태양 광선에서 몸을 최대한 보호했다. 카미노에서는 얼굴 피부를 보호할 뿐 아니라 몸을 조금이라도 식히기 위해서 모자를 써야 한다는 안내책자의 조언을 그대로 따랐다. 나는 챙이 넓은 모자를 골라 보호 효과를 높였다. 톰의 모자는 훨씬 작았지만 요긴한 역할은 다하는 것 같았다. 그즈음은 날이 어찌나 무덥던지 톰은 가끔씩 모자를 벗어 그 안에 귀한 물을 부어서 머리를 식히곤 했다. 우리는 따가운 화상을 피하려고 몸에 자외선 차단제도 듬뿍 발랐다.

고원뿐 아니라 카미노 어디에서도 휴식은 필수였다. 몸 상태를 무시하고 계속 강행군을 해서는 안 되는데, 그것이 늘 쉽지 않았다. 느긋하게 걷는 것이 중요했다. 휴식을 취하면 속도가 느려졌고 그래서 그날의 목적지까지 그만큼 더 오래 걸렸다. 그러나 그 덕분에 우리는 좀더 기운차게 걸을 수 있었고 다리와 발이 아프고 쑤시는 것도 덜했다.

휴식은 미국인의 특성이 아니다. 낮잠은 우리의 삶의 방식이 아니다. 쉬어야만 한다면 그것은 기껏해야 약함으로 통한다("어, 낮잠을 자야 한다고? 그거 안됐군. 보나마나 뭔가 문제가 있는 게야"). 톰과 나는 10-20분씩 조용히 쉬면 몸도 개운해지고 마음까지 새 힘이 난다는 것을 배웠다. 그 덕분에 우리는 날마다 장거리를 한결 쉽게 걸을 수 있었고, 마지못해 참는 마음도 덜해졌다.

또 하나 큰 "몸의 교훈"은 수면 부족에 관한 것이다. 매일

20-30킬로미터씩 걷고 나면 몸이 녹초가 되었다. 하루가 저물 때면 다리가 아프고 발이 화끈화끈 쑤시고 등과 어깨가 배낭의 무게로 떨어져나갈 것 같았다. 밤에 이층침대에 들어가면 나는 그대로 쓰러져 "세상에 대해 죽은 자"가 되었다. 카미노에서는 거의 항상 적어도 8시간은 잤는데, 집에서 6시간 반씩 잘 때와는 사뭇 달랐다. 일단 베개에 머리가 닿으면 사람들의 코고는 소리, 머리 위의 강렬한 불빛, 이런저런 잡다한 소음도 좀처럼 나의 단잠을 막지 못했다. 아침에 잠에서 깨면 놀랄 정도로 피로가 말끔히 풀렸다. 몸이 여전히 굳어 있고 욱신거릴 때도 있었지만 그래도 다시 걸을 준비가 되어 있었다. 전날 밤의 기진맥진한 피로는 사라졌다. 숙면은 늘 나에게 회복과 새 힘을 선사해 주었다.

우리의 배낭도 우리에게 몸 관리에 관한 교훈을 가르쳐 주었다. 신발과 배낭은 우리의 으뜸가는 중심 장비였는데 우리는 이 두 가지를 다 제대로 골랐다. 그래도 배낭 때문에 불편했던 날이 있었다. 톰의 배낭은 지독히 불편했고 등에 통증을 유발했는데, 배낭의 압박 부위가 어디인지 알아내느라 거의 일주일이 걸렸다. 우리 둘은 마침내 그의 배낭을 적절히 잘 조정할 수 있었다.

그로부터 일주일쯤 후에는 내 배낭이 계속 문제를 일으켰다. 사흘 동안 내 어깨와 등에 통증이 가시지 않았다. 걸으면서 나는 등에 진 배낭을 자꾸 들썩여 위치를 옮겨 보았다. 끈을 더 세게 조였다가 느슨하게 풀어 보기도 했다. 걸음을 멈추고 배낭 안의 무게를 분산시켜도 보았다. 허리 벨트도 조작해 보았다. 배낭 밑을 손으로 받쳐 하중을 덜어 보기도 했다. 어깨 끈을 계속 손으로 들어 올려도 보았다. 조정 가능한 부분은 죄다 잡아당겨 보았다. 안 해본 일이 없었다. 그래도 내 고생은 끝나지 않았다. 어떻게 해도 배낭이 편하게 느껴지지 않았다.

어깨와 등의 쑤시는 아픔이 내 영혼에까지 스며들었다. 이번에도 나는 심기가 뒤틀리고 뾰로통해져 투덜거렸다. 그렇게 고생한 지 사흘째 되던 날, 아침에 일어나니 배낭을 다시 멜 생각이 눈곱만큼도 없었다. 옷을 입고 있는데, 우리를 **짜증나게 하는 것이 무엇이든 그것과 친구가 되어 거기서 배워야 한다는 지혜가** 기억났다. 나는 내 배낭에 "소피시타"(Sophicitta)라는 이름을 붙여 주기로 했다. 이는 그리스어와 스페인어가 합성된 말로 "작은 지혜"라는 뜻이다. 그날로 내 배낭 문제는 사실상 종결되었다. 끈과 내용물을 다시 한번 조정했을 뿐인데 그것으로 문제가 해결되었다.

그 후로도 내 배낭이 너무 무겁게 느껴진 날은 많았지만 전처럼 그렇게 균형을 잃고 연신 발버둥친 일은 한번도 없었다. 배낭에 이름을 붙여 줌으로써 나는 배낭과의 대결 구도를 화해 구도로 바꾸었다. 배낭과 친구가 되자 배낭은 더이상 나의 적이 아니었다. 그렇게 함으로써 나는 좀더 참으며 에너지를 긍정적으로 쓸 수 있었고, 그러자 조정이 필요한 부분이 환히 보였다. 배낭에 이름을 붙여 주던 날 아침, 그동안 쭉 내 운동화를 두었던 위치가 잘못되었음을 알게 되었다. 나는 그간 위아래로 포개 놓았던 운동화를 양쪽 옆에 하나씩 놓기로 했다. 그렇게 조정하고 나니 균형감이 훨씬 나아졌다. 내 몸을 불편하게 했던 것은 배낭 자체가 아니라 내가 짐을 꾸린 방식이었던 것이다.

배워야 할 몸의 교훈은 또 있었다. 톰과 내가 한바탕 웃었던 일 중에 이런 일이 있다. 각별히 몸에 신경을 쓰고 관심을 쏟으면서도 우리는 몸이 우리에게 하고 있는 말을 여정 중반까지 완전히 놓치고 있었다. 어느 날 우리는 숨을 돌리려고 걸음을 멈추었다. 톰이 자기 다리를 가리키며 큰 소리로 말했다. "봐요! 내 안짱다리가 없어졌어요. 계속 걷다보니 드디어 내게도 근육이 생긴 거요." 톰은 그 신체 변화에 대하여 침이 마르도록 말했고 우리는 둘 다 웃음을 터뜨렸다.

그러다 문득 내 다리를 본 나는 화들짝 놀랐다. 내 다리도 잔뜩 근육이 생겨 단단해져 있었던 것이다. 다만 내 다리는 둥그렇고 펑퍼짐한 담장 말뚝 같아 보였다. 나는 탄식하며 신음소리를 냈고 우리는 한참을 더 웃었다. 금세 우리는 다리 근육 따윌랑 깨끗이 잊고 계속 걸었다. "근육"인 줄 알았던 것이 실은 무더운 고원을 오래 걸어서 부어 오른 것임을 우리는 몇 주가 지나서야 알았다. 산티아고에 다다를 때에는 톰의 안짱다리도 원래대로 돌아왔고 나의 담장 말뚝도 다행히 사라졌다.

이렇게 우리는 우리 몸에 벌어지는 일을 정확히 감지할 줄 몰랐거니와 이는 놀랄 일이 아니었다. 톰도 나도 집에서 자랄 때, 몸을 잘 보살피고 몸의 필요를 채워 주는 것을 배우지 못했다. 내가 어렸을 때 몸을 대하는 우리 집의 무언의 모토는 "꾹 참아라. 계속 무시하면 저절로 낫는다"였다. 농부였던 내 아버지는 감기나 독감에 걸려도 다른 식구들처럼 아프다고 자리에 누운 적이 단 하루도 없었던 것 같다. 한번은 내가 십대였을 때 아버지와 함께 트랙터를 타고 가는데 커다란 땅벌 하나가 어쩌다 내 소매 속에 들어와서는 나를 네 방이나 쏘았다. 나는 비명을 지르며 눈물을 찔끔거렸다. 아버지는 나를 넘겨다보며 말했다. "그렇게 아프지는 않을 텐데?"

그래서 나는 내 몸의 상태와 필요를 기본적으로 무시하면서 자랐다. 나 자신의 중요한 부분인 몸에게 친절을 베푸는 것이 중요하고 가치 있는 일임을 나는 성인이 되고도 한참 지나서야 알았다. 카미노로 떠날 때쯤에는 나도 잘 먹고 시간을 내서 운동하는 것을 중요하게 여겼지만 아직도 성전인 내 몸을 무시하는 면이 있었다. 충분한 잠과 휴식은 나의 신체 관리 목록에서 아랫단에 처져 있었다.

몇 주간 카미노를 걸으면서 나는 평소에 내가 충분히 자지 않았음을 알게 되었다. 스페인에서 돌아온 뒤로 나는 의식적으로 잠을 늘렸다. 카미노 이후로 내 평온함과 활력의 일부는 "나" 전체를 보살피는 이 교훈에서 온 것이다. 잠은 신기한 치료제요 활력의 회복제이며 절대로 당연시해서는 안 될 선물임을 나는 배웠다. 잘 쉰 날에는 하루의 문제를 보는 나의 태도가 긍정적이 된다. 그러나 피곤하고 졸릴 때는 의욕도 금세 떨어지고, 그러다가 일이 계획대로 풀리지 않기라도 하면 불평이 훨씬 쉽게 나온다.

여러 연구에 따르면 미국인들의 태반은 수면이 부족하다. 여전히 그들은 너무 빡빡한 스케줄로 몸을 혹사시키고, 패스트푸드를 너무 자주 먹고, 시간에 쫓겨 운동을 생략하고, 좀처럼 충분한 수면으로 육체적 활력의 균형을 되찾지 않는다.

몸이란 용기(容器)나 영혼의 집 이상임을 카미노는 내게 가르쳐 주었다. 몸이 없으면 우리도 없다. 우리가 너무 오랫동안 몸을 휘두르고 혹사한다면, 또는 기분 내키는 대로 과로와 여가 부족에 몸을 내어 맡긴다면, 우리는 정신적 역량과 정서적 역량에 있어서도 점점 더 균형과 건강을 잃게 된다.

몸의 필요에 주목하는 것은 카미노에서 배운 아주 중요한 인생 교훈이었다. 순례중에 나는 내 몸을 "한 인격"으로 대하려 했다. 아프고 욱신거릴 때는 긍휼을 베풀었고, 건강하고 활력이 있을 때는 고마워했다. 내 몸의 유용성과 복원력을 존중하는 마음도 날로 깊어졌다. 우리가 몸을 부실하게 관리하거나 또는 아예 관리하지 않을지라도, 인간의 몸은 최선을 다해 우리를 물리적으로 지원한다. 나는 거기에 대해 새로운 경이감을 얻게 되었다.

나는 몸 상태가 내 정신적·정서적·영적 건강에 얼마나 큰 영향을 주는지 나 자신이 알고 있는 줄 알았다. 그러나 그 중요한 진리를 카미노에서 다시 배워야 했다. 내 몸과 영혼이 서로 적이 아니라 친구임을 나는 더욱 확신하게 되었다. 몸과 영혼은 서로 영향을 주며, 서로를 살아 있고 깨어 있게 해준다. 내 몸의 상태는 내 존재의 다른 차원에 영향을 끼친다. 내 자아는 많은 개별적인 부분으로 따로 존재하는 자아가 아니라 전인적 자아다. 나에게 평안과 건강이 있으려면 인생 여정에서 몸도 영혼도 무시해서는 안 됨을 이제 나는 안다.

카미노에서 집에 돌아오자 내 양쪽 발바닥 허물이 대부분 벗겨졌다. 뜻밖의 일은 아니었다. 마지막 두 주 동안의 보행으로 내 발바닥은 빨갛게 부어올라 화끈거렸었다. 이 허물벗기가 내게는 하나의 상징으로 보였다. 내 발바닥이 죽은 옛 살갗을 떠나보내듯이 나도 내 자신을 대하고 보살핌에 있어 죽은 옛 방식들을 떠나보내고 있었던 것이다.

9
모르는 사람들의 친절을 받아들이라

인류의 참된 정수는 친절이다.

교육이나 지식에서 오는 다른 특성들도 있지만,

인간다운 인간이 되어 자신의 실존에 만족스런 의미를 부여하려 할진대,

선한 마음을 품으려 할진대,

친절은 필수다.

: 14대 달라이 라마

카미노에서 친절은 여러 모양과 크기로 찾아왔다. 필요할 때마다 여러 다양한 사람들이 톰과 나에게 관심과 도움을 베풀어 주었다. 다른 사람들의 호의를 자주 경험하면서도 나는 매번 놀라고 감사했다. 수많은 사랑의 몸짓 가운데 첫 번째는 우리가 카미노로 출발하기 전부터 찾아왔다. 그날 저녁 우리는 디모인에서 스탠 컬드웰과 린다 리드버그를 만났다. 산티아고 순례를 다녀온 그들에게서 정보를 얻기 위해서였는데, 그 둘은 전부 내게 생면부지의 사람이었다. 헤어지기 전에 린다는 자신의 배낭과 우비를 빌려주겠다고 했다. 전혀 모르는 사람을 믿고 그렇게 후한 제의를 하는 그녀에게 나는 감탄했다.

카미노에서는 날마다 모르는 사람들이 도움의 손길을 내밀었다. 순례자들도 현지인들도 우리에게 끊임없이 친절을 베풀었다. 아레스의 한 젊은 점원은 톰이 아사도르 식당으로 가는 길을 묻자 아예 금전등록기 앞의 자기 자리를 뜨기까지 했다. 그녀는 기꺼이 톰의 소맷자락을 잡고는 우리를 가게 밖으로 데리고 나가더니 길 끝까지 걸어가 식당 쪽을 가리켜 보였다. 그러고는 그쪽으로 향하는 우리에게 미소를 지으며 손을 흔들었다.

하루는 우리가 벤토사에서 아소프라로 걷고 있는데 땅딸막한 노인이 포도원에서 몸을 굽히고는 포도덩굴이 익어 가는 이랑 사이에서 열심히 일하는 모습이 눈에 띄었다. 그때가 아침 8시 반쯤 되었는데 우리는 아침도 먹지 않고 이미 한 시간 넘게 걸어온 터였다. 탐스런 포도를 보기만 해도 내 입에 군침이 돌았다. "저 분이 무엇을 하고 계신 걸까요?" 톰이 묻기에 나는 "나한테 묻는 거예요? 나는 포도 농사에 대해서라면 완전히 문외한인걸요. 아이오와의 끝없는 옥수수 밭 말고는 몰라요!"라고 대답했다. 톰은 웃으면서, 가서 노인한테 직접 물어보자고 했다. 그래서 우리는 길을 벗어나 포도원으로 들어가 노인이 바쁘게 일하고 있는 쪽으로 갔다. 노인은 고개를 들다가 우리가 보이자 활짝 웃었다. 인심 좋게 "올라"(안녕하시오) 하고 인사를 건네는 그의 입 안에는 이가 하나밖에 없었다. 열심히 일하는 그 농부는 우리가 다가와 일을 방해해도 개의치 않는 것 같았다.

우리는 쭈글쭈글한 노인 곁에 섰다. 노인은 이랑 사이에서 포도송이를 잘라 땅바닥에 버리고 있었다. 톰이 물었다. "지금 무슨 일을 하고 계시는 겁니까? 길 가는 중에 지켜보다가 왜 가지의 포도 열매들을 잘라내시는지 궁금해졌습니다. 저희가 보기에는 멀쩡한데 말입니다. 뭔가 문제가 있는 겁니까?" 작은 노인은 이제 1-2주면 수확 철인데 그전에 상하고 설익은 포도를 쳐내는 중이라고 설명했다. 자신의 포도원에 대한 이야기로 우리를 깨우쳐 주는 노인의 얼굴과 목소리에 그처럼 온화함과 자부심이 넘쳐날 수가 없었다. 그러다 그는 탐스런 가지 하나로 손을 뻗어 잘 익은 자주색 포도를 큼직한 것으로 두 덩이를 땄다. 그것을 우리에게 내미는 그를 보며 나는 이런 생각이 들었다. "굳이 이러실 필요가 없는 분인데. 생판 모르는 우리가 일을 방해했는데도 자신의 땀의 열매를 나누어 주시다니." 원래 우리는 그 친절한 분에게 먹을 것을 얻으러 갔던 것은 아니었다. 맛있는 아침식사를 손에 들고 그곳을 떠나면서 우리는 그에게 고마워 어쩔 줄 몰랐다.

풍요로운 포도원은 스페인 북부에서 자라는 탐스럽고 푸짐한 먹거리의 한 예에 지나지 않는다. 평소 야채를 아주 좋아하는 나는 채소가 널린 푸르른 밭을 지날 때면 동경의 눈초리로 쳐다보곤 했다. 하루는 정오 직전, 개울가 평지의 제법 큼직한 밭에 풍작을 이룬 채소가 우리 눈에 띄었다. 밭 건너편은 높은 언덕이었는데 또 다른 스페인 노인이 신선한 야채를 넘치도록 담은 큰 자루 둘을 천천히 져 나르고 있었다. 날은 푹푹 찌고 길은 가팔랐으므로 노인은 자주 멈춰 서서 무거운 자루를 바닥에 내려놓았다.

언덕 위로 무거운 채소자루를 나르는 지친 노인을 보니 나는 딱한 마음이 들어 거들고 싶어졌다. 스페인어 회화를 연습할 좋은 기회가 되겠다는 생각도 들었다. 내가 인사를 건네자 노인은 돌아보며 씩 웃었다. 그는 돕고 싶다는 내 제의를 사양하기는 했지만 그 참에 잠시 쉬었다. 그가 자루를 내려놓으니 주먹 두 개는 될 만큼 굵은 노란색, 빨간색 토마토가 다른 야채들 사이에 섞여 있는 것이 보였다. 함께 날씨 얘기를 하던 중에 그는 윗부분이 크게 터진 토마토 하나를 꺼내 보이며 "수분이 너무 많아서"라고 설명했다. 그러고는 말씨가 가만가만한 그 점잖은 노인은 가장 큰 토마토 하나를 골라서 내게 주었다. 나의 본능적인 반응은 들고 다니기 무거울 그 선물을 사양하는 것이었다. 그러나 노인의 친절이 너무 진지하여 차마 사양할 수 없었다. 큼직한 토마토를 들고 일어서는 나를 보며 그 인심 좋은 이방인은 희색이 만면했다.

우리가 레온으로 가는 버스에 탔을 때는 예쁜 자주색 꽃무늬 드레스에 털 스웨터를 입은 한 할머니가 통로를 사이로 내 맞은편에 앉았다. 할머니는 계속 나를 쳐다보며 웃음을 지었다. 10분쯤 가다가 할머니는 내 좌석 옆의 팔걸이를 위로 올리는 법을 손짓으로 나에게 가르쳐 주었다. 과연 팔걸이를 올렸더니 자세가 훨씬 편했다.

레온 버스 정류장 근처의 카페 주인은 톰과 내가 어떤 샌드위치를 먹을지 마음을 정하지 못하고 있을 때 대단한 인내심을 보여 주었다. 우리가 그 카페를 나와 반 블록쯤 갔을 때 그 사람이 나를 부르며 달려와서는 내가 놓고 온 지팡이를 가져다주었다. 나는 나중에 톰에게 말했다. "와! 이렇게까지 하지 않아도 되잖아요. 한 순례자의 지팡이가 그에게는 아무것도 아닐 텐데." 그 단순한 친절의 몸짓은 내게 큰 의미가 있었다. 산을 오르고 거친 돌밭을 지나려면 나는 지팡이가 꼭 필요했기 때문이다. 그 단순한 선행 덕에 내가 혹시라도 발목을 삐거나 실족하여 뼈가 부러질 일이 없게 되었다.

트리아카스텔라 대피소에서 우리는 거기에 세탁기가 있다는 사실을 알고는 흥분했으나 생각해 보니 우리에게는 세제가 없었다. 대피소 관리인이 우연히 우리의 대화를 듣고는 세제 두 덩이를 주었다. 나중에 그는 방들을 점검하러 다녔다. 마침 톰은 이층침대에서 쉬고 있었는데, 안에 들어온 관리인은 톰이 떨고 있는 것을 보았다. 그날은 이상하게 추웠다. 잠시 후 관리인은 담요를 가지고 돌아와 쾌활하게 톰을 덮어 주었다. 톰이 "꼭 우리 어머니 같습니다"라고 스페인어로 감사를 표하자 그 남자는 씩 웃으며 "당신은 순례자가 아닙니까"라며 자신의 친절에 대해 겸양을 보였다.

다른 현지인들도 우리에게 똑같이 도움을 주었다. 식당 종업원들은 팁을 주어야 할 때와 그렇지 않을 때에 관한 현지 풍습을 우리에게 귀띔해 주었다. 상점 주인들은 일용품을 파는 곳을 일러주었다. 그 밖에도 사람들은 우리에게 은행, 우체국, 교회, 약국의 위치를 가르쳐 주었다. 지나가는 행인들이나 차에 탄 사람들은 "좋은 여정 되십시오!"라며 우리에게 인사를 건넸는데,[9] 피로가 밀려올 때면 그것이 우리의 심령에 격려와 새 힘이 되었다. 어디서나 우리는 스페인 사람들의 친절을 경험했다.

톰과 나는 다른 순례자들에게서도 늘 친절한 대우를 받았다. 흔히 순례자들의 친절은 실제적인 도움으로만 아니라 너그러운 관심과 배려의 몸짓으로도 나타났다. 찌는 듯이 덥던 어느 날 우리는 토산토스에서 아타푸에르카로 걷고 있었다. 무더위 때문에 대부분의 순례자들은 아타푸에르카에 닿기 전에 일정을 마치고 산 후안 데 오르테가에서 묵었다. 그러나 톰과 나는 아직 오후 중반밖에 안 되었기에 아타푸에르카 마을까지 5-6킬로미터를 더 가서 그날의 여정을 마치기로 했다. 우리가 산 후안 데 오르테가 읍내를 벗어나려는데 콜레트라는 이름의 뉴질랜드 사람이 달려 나와 우리더러 더 가지 말라고 권했다. 우리가 열 때문에 쓰러질까봐 우려된다는 것이었다. 우리는 고온다습한 아이오와 주에서 훈련을 했기 때문에 이런 보행에 잘 준비되어 있다고 그녀를 안심시켰다. 그녀의 동정 어린 만류를 무릅쓰고 우리는 계속 걸었다.

아타푸에르카에 도착하자마자 나는 톰에게 "콜레트의 충고를 들었어야 했어요"라고 말했다. 우리가 도착할 즈음에는 22개의 침상이 있는 작은 대피소가 이미 만원이었던 것이다. 대피소에 들어가 보니 우리가 묵을 곳은 없었다. 그때 톰과 나는 이미 무더위로 탈진 상태였다. 그런 몸 상태로 다른 소읍까지 더 걷는다는 것은 불가능했다. 대피소의 순례자들, 특히 카를이라는 자상한 스위스 청년이 우리를 걱정해 주었다. 카를은 "식당에 가 보시지 그래요. 거기라면 위층에 방이 있을지도 모릅니다. 묵을 곳을 찾으시도록 저희가 도와드리겠습니다. 걱정하지 마십시오"라고 말했다. 우려하는 얼굴 표정으로 보아 카를은 우리를 위해 무엇이든 할 태세였다. 톰과 내가 길을 걸어 식당에 가 보니 1인용 침대 셋이 아직 남아 있었다. 우리가 그것을 막 알아보고 있는 참에 카를이 우리를 살피러 문간에 나타났다. "두 분이 묵으실 곳을 찾으셨는지 확인해야 되겠기에" 왔다는 것이었다. 그도 우리 못지않게 안도의 빛이 역력했다.

수많은 다른 순례자들도 우리에게 도움의 손길을 내밀었다. 톰이 비야마요르 데 몬하르딘 대피소에서 지갑을 잃어버렸을 때는 모든 사람들이 나서서 결국 찾아내고 말았다. 내가 깜빡 잊고 테이프를 어디다 두고 왔을 때 영국에서 온 간호사들은 우리의 아픈 발에 붙이도록 자기네 의료용 테이프를 나누어 주었다. 우리가 선택과 결정의 기로에 설 때면 노련한 순례자들이 어느 길로 가야 할지 조언해 주었다. 하루는 내가 무심코 어떤 우물에서 물병에 물을 담고 있는데 한 순례자가 안 된다며 내게 소리쳤다. 그 우물물을 마시면 위험하다는 안내문이 붙어 있었던 것이다. 한 젊은 독일인 순례자는 하루 종일 들고 온 비싸고 진한 초콜릿 바를 뜯어 그 맛있는 것을 우리에게 나누어 주었다.

대피소 관리인들도 우리에게 작은 친절을 베풀어 주었다. 그들 중 다수는 자원봉사자였는데, 그들 자신도 카미노를 걷던 때에 다른 사람들의 자상한 배려를 경험한 사람들이었다. 같은 길을 걷는 신참 순례자들에게 비슷한 대접을 베풀려고 다시 돌아온 선배 순례자들이었던 것이다. 라바날 델 카미노에 있는 영국에서 운영하는 대피소에서 일하는 세 자원봉사자는 우리의 등록을 도와주었을 뿐 아니라 이층침대가 어디에 있는지 안내해 주었다. 그 과정에서 그들은 우리의 순례 여정에 대해 물었고, 필요한 것들이 있으면 도와주겠다고 했고, 음식물을 살 만한 곳을 일러주었다. 자신들이 우리와 우리의 여정을 소중히 여긴다는 것을 자상한 배려로 확실히 보여준 것이다. 이 세 사람의 친절한 마음은 우리의 지친 심신을 아물게 해주었다.

호스텔 관리인들도 직접 카미노를 걸었던 경험을 바탕으로 유익한 정보를 자원해서 들려주었다. 하루는 트리아카스텔라에서 사리아로 떠나기 전에 우리는 인터넷을 사용하려고 읍내의 다른 대피소에 들렀다. 우리는 안내책자에 나와 있는 고대의 대수도원인 사모스 수도원을 보기 위해 우회로를 택할 것인지를 놓고 의논했다. 자원봉사자에게 그곳에 대해 묻던 중에 우리는 마침 그가 건축가임을 알게 되었다. 그의 조언을 들어 보니 그 수도원의 구조적 설계가 뛰어나다는 칭찬은 지나치게 과대평가된 것이라는 확신이 생겼다. 그 정보를 바탕으로 우리는 우회로를 택하지 않기로 결정했고 그리하여 8-9킬로미터의 추가 보행을 면했다.

비알카사르 데 시르가에서는 내가 칫솔 살 곳을 묻자 대피소를 관리하던 여자가 직접 비품 창고로 가서 나에게 칫솔을 내주었다. 나는 그전 대피소의 화장실에 내 것을 두고 왔고, 마침 그날은 일요일이라서 가게가 문을 닫았다는 것을 그녀는 알았던 것이다. 내가 칫솔값을 내겠다고 하니 그녀는 그냥 웃으며 "아뇨, 선물로 드리는 겁니다"라고 했다.

톰은 숙박 등록 시에 대피소 관리인들에게 이층침대의 아래 칸이 있느냐고 묻곤 했는데 그때에도 비슷한 친절이 베풀어졌다. 밤중에 자주 화장실에 가야 하는 톰으로서는 69세의 몸으로 캄캄한 밤에 이층침대의 위 칸을 오르내린다는 것이 무리였다. 한번은 관리인이 그를 간이침대가 딸린 작은 방으로 안내하여 쓰게 했다. 또 한번은 관리인이 톰을 별도의 구역으로 안내했는데 그곳에는 화장실 바로 옆에 방이 있었다. 나는 "당신은 유창한 스페인어 실력과 하늘색 눈동자 덕에 이 모든 특혜를 받는 겁니다"라며 톰을 놀렸으나, 이 작지만 필수적인 삶의 요건들을 그에게 베풀어 준 것은 호스텔 관리인들의 선량한 배려였음을 그도 나도 알았다.

카미노에서 겪은 순례자의 친절로 내 기억에 가장 깊이 새겨진 것은 나를 도와준 카를로스라는 호리호리하고 얌전한 중년의 스페인 사람이다. 가늘고 긴 다리와 안짱다리 걸음 덕에 카를로스는 우리가 천천히 걸을 때보다도 더 느리게 걸었다. 연달아 며칠간 우리는 그의 곁을 지나갔는데, 그때마다 그 약한 체구로 카미노를 끝까지 횡단하려 하는 그의 용기에 대해 우리끼리 말하곤 했다. 카를로스는 좀처럼 길게 대화하는 법이 없었고 혼자만의 순례를 즐기는 듯 보였다. 말은 없었지만, 우연히 우물에서 함께 물병을 채우거나 저녁 때 대피소에서 만날 때면 그는 늘 공손했고 얼굴에 웃음이 가득했다.

보아디아에서 묵던 날, 톰과 나는 먼동이 트기 한참 전에 일어나 걷기 시작했다. 그 지방은 아주 더웠기 때문이다. 다른 순례자들을 깨우지 않으려고 우리는 어둠 속에서 옷을 입었다. 그러고는 신발과 배낭을 들고 약간의 빛이 있는 다른 방으로 가서 준비를 마쳤다. 카를로스가 나무 원탁에 앉아 아침을 먹고 있었는데, 날마다 자신이 직접 만드는 일종의 오트밀 죽이었다. 나는 그에게 아침 인사를 건넨 뒤, 앉아서 발의 물러진 부분에 바셀린을 발랐다. 곧 우리는 그에게 "좋은 여정 되십시오!"라고 소리 죽여 말하고는 조용히 떠났다.

오전 중반쯤에 우리는 어느 마을에 서서 오래된 벽돌담 위에 앉아 쉬었다. 세 시간쯤 걸었으므로 신발을 벗고 발에 바람을 쏘일 시간이었다. 나는 발가락에 바셀린을 좀 바르고 싶었다. 배낭 속을 한참 찾고 뒤지다가 충격에 빠졌다. "톰, 내 바셀린과 테이프가 없어요!" 그는 좀더 찾아보라고 했다. "아뇨, 다 찾아봤어요. 없어요. 그걸 두고 오다니, 나도 참 미련하지요. 이제 어떻게 해요?" 이후의 작은 마을에서는 나에게 필요한 물건들을 잘 찾을 수 없을 터였으므로 그 상실은 나에게 더욱 아픔으로 다가왔다. 그러나 좋게 넘어가든 비관하든, 계속 가는 수밖에는 없었다. 물집 생각만으로도 나는 겁이 났다. 톰은 나를 안심시키려 했다. "분명히 누군가 그것을 찾아서 가져올 겁니다. 그 물건은 다시 나타날 겁니다. 성 안토니에게 기도하면 어떨까요?" "좋아요, 뭐든 해보지요." 나는 중얼거렸다. 하지만 내 소중한 짐이 행여 다시 돌아오리라고는 믿지 않았다.

한나절의 휴식을 원하던 우리는 오후 일찍 비알카사르 데 시르가에서 걸음을 멈추고 숙소를 찾았다. 우리가 자리를 잡자마자 대피소를 감독하는 자원봉사자가 방으로 들어와서는 "미국인 2인조를 찾는 전화가 와 있습니다"라고 알렸다. 나는 혹시 고향 집의 사랑하는 누군가에게 무슨 일이 생겼나 싶어 덜컥 겁부터 났다. 아는 사람도 없는 그곳에서 그것 말고는 달리 전화를 받을 일이 무엇이겠는가? 전화기가 있는 곳을 찾아갔더니 전화를 건 사람은 이미 메시지를 남긴 뒤였다.

메모를 보니 카를로스가 내 발 관리 물품이 든 작은 봉지를 가져오고 있다고 했다. 카를로스는 우리가 멈춘 비얄카사르 데 시르가에 멈추지 않았고, 따라서 부지중에 우리를 지나쳐 더 갔다. 다음날 그는 칼사디야 데 라 쿠에사 대피소에 가면 "미국인 여자 분의 분실물"이 있을 것이라는 메시지를 남겼다. 나는 너무나 놀랐고, 한없이 마음이 낮아졌고, 나를 위한 카를로스의 수고가 한없이 고마웠다. "생각해 보세요, 톰." 나는 감탄하며 말했다. "우리에게 이 메시지를 남기려고 카를로스는 이곳 이름과 전화번호를 알아내는 수고를 했던 거예요."

이튿날 우리는 칼사디야 데 라 쿠에사에 들렀으나 관리인은 맡겨진 물건이 없다며 꽤 무뚝뚝하게 나를 쫓아냈다. 실망스러웠지만 계속 걷는 수밖에 달리 도리가 없었다. 5킬로미터쯤 더 가자 나는 발이 심하게 아팠고, 오후 늦게 레디고스에 도착했을 때는 더 이상 걷기조차 힘들었다. 대피소에 들어선 나는 제일 가까운 매트리스를 찾아 그 위에 풀썩 쓰러졌다. 겨우 위층으로 올라가려는데 카를로스가 내 분실물을 들고는 내게 다가와 인사를 건네는 것이 아닌가! 나는 그를 끌어안고 울음을 터뜨렸다. 딱한 처지에 있던 내가 그의 친절한 마음에 그만 마음이 무너져 버린 것이다.

카미노에서 모르는 사람들이 베풀어 준 친절은 나에게 늘 교사가 되어 주었다. 선한 몸짓 하나하나가 사랑의 교훈으로 다가왔다. 관심이라는 뜻밖의 선물을 받을 때마다, 그런 단순한 몸짓이 정말 강력한 힘을 발휘할 수 있다는 사실에 감탄했고 의식이 깊어지는 계기가 되었다. 그 몸짓은 필요를 채워 주었을 뿐 아니라 또한 마음에 희망을 가져다주었다.

카미노에서는 다른 사람들의 친절에 온전히 집중하기가 한결 쉬웠다. 그만큼 삶이 복잡하지 않았고 기본적으로 하루 일과에 방해거리가 없었기 때문이다. 나는 나에게 도움이 베풀어지는 순간에 훨씬 수월하게 주파수를 맞출 수 있었다. 집에 돌아와 스케줄이 훨씬 바빠진 지금은, 매일의 친절에 깨어 있으려면 일부러 노력을 해야만 한다. 그래야 매 순간 그 친절을 무시하거나 그냥 지나치지 않을 수 있다. 내 활동, 내 일, 내 쇼핑, 내 일정, 내 삶에 완전히 몰두해 있을 때 나는 타인이 베풀어 주는 선을 얼마나 쉽게 무시하는지 모른다. 누군가 나를 위해 문을 열어 주거나 미소의 선물을 건넬 때도 나는 딴 데 정신이 팔려 그것을 못 볼 수 있다. 나는 고마운 편지를 받고도 급히 읽어 치운다든지, 기쁜 소식이나 지원의 메시지를 전하는 전화를 받고도 건성으로 들을 때가 비일비재하다.

바쁜 삶에 과도히 몰두할 때 우리는 얼마나 많은 것을 놓치는지 모른다. 많은 경우 친절은 우리 앞에 있다. 의식하고 받기만 하면 된다. 고단한 날이면, 단순한 배려의 선물이야말로 우리에게 꼭 필요한 것인지도 모른다. 그것은 우리가 활동에 찌들어 있을 때 원기를 돋우어 주고, 낙심 중에 우리에게 희망을 주고, 속상하고 지쳐 있을 때 누군가 우리를 사랑하는 이가 있음을 일깨워 주고, 다른 사람들의 선에 대한 우리의 믿음을 회복시켜 준다.

모르는 사람들이 베풀어 주는 친절은 우리를 삶의 더 큰 반경으로 데려간다. 날마다 만나는 사람들을 인생이라는 순례길의 동반자로 인식하게 된다. 그들의 배려의 몸짓은 더 깊은 차원에서 우리를 하나로 묶어 준다. 우리에게 베풀어지는 도움이라는 선물은 인간의 마음이 사랑의 저수지임을 일깨워 준다. 친절을 의식하고 받을 때 우리는 인류라는 하나의 커다란 가족의 일원이 되는 것이다. 친절은 가장 어두운 곳에 빛을 비추어 주고 가장 깊은 슬픔을 달래 주는 선물이다. 우리 각자는 이 값진 선물을 주고받도록 부름받았다.

10
역경에 굴하지 말라

고백컨대 우리는 조금씩 두려워한다.
우리는 카미노의 역경은 너무나 잘 알면서
이 길의 기쁨과 축복은 잊어버린 것 같다.
; 오스틴 리패스

난감한 역경이 카미노에서 숱하게 닥쳐왔다. 단순한 불편에서 생겨나는 문제도 있었다. 예기치 못한 상황에서 비롯되는 문제도 더러 있었다. 내가 겪은 역경의 태반은 신발 속의 귀찮은 돌멩이 같은 것이었다. 경우에 따라 돌멩이가 바윗덩이처럼 느껴질 때도 있었지만 어느 것도 카미노의 정말로 큰 역경에 비견할 바 아니었다. 큰 역경이란 바로 중한 병, 실족으로 인한 골절, 심장발작, 지나가는 차에 치이는 일, 때로 죽음까지 부르는 기타 비참한 상황 등이다.

일기장을 다시 보면서 나는 역경의 대다수가 귀찮은 돌멩이 수준이라서 놀랐다. 그렇다고 카미노가 순례자에게 마구 떠안긴 고충을 내가 잊은 것은 아니다. 잊어버리기에는 너무 끈질긴 고충이었다. 다만 고충이 가져다준 영적 교훈에 비추어 보면 이제는 다르게 보인다. 순례길의 방해물은 이제 보다 긍정적인 색조를 띠게 되었다. 순례자를 변화시키는 카미노의 힘을 알기 때문이다. 고생은 영적 성장의 비료다.

카미노에는 정말로 고충이 넘쳐난다. 원치 않는, 예기치 못한 고생은 일상생활에서 그냥 지나칠 수 없는 것만큼이나 산티아고 보행중에도 절대 피할 수 없다. 아무리 자기 삶의 방식을 고수하고 통제한다고 해도 매 순간을 흠 없고 질서정연하게 다잡을 수는 없다. 황당하고 난감한 순간들은 반드시 오게 마련이다. 이런 역경의 대다수는 여정의 특성상 피할 수 없다. 영적 성장에 주안점을 둘진대, 순례자는 이런 원치 않는 교사를 무시해서는 안 된다. 역경은 날마다 생겨나 그네에게 들이닥치며, 늘 노상에서 또 다른 인생 교훈을 전해 주기 때문이다.

큰 역경 중에 뜻밖이 아닌 것이 하나 있었다. 카미노 길에 오르기 전부터 나는 음식이 문제가 되리라는 것을 예감했다. "건강식의 부재"는 순례를 준비할 때 작성한 내 두려움의 목록 중에 들어 있었다. 잠자리를 계속 옮겨 가며 걷는 나에게 두려웠던 음식 문제란 비단 먹을 것을 찾고, 충분히 확보하고, 배가 고프거나, 굶거나 하는 것만이 아니었다. 음식의 종류도 똑같은 관심사였다. 평소 집에서 나는 매일의 영양소를 고려하여 야채와 과일과 저지방 음식을 충분히 먹고 붉은 육류는 거의 먹지 않았다. 카미노에 간 지 얼마 되지 않아서 나는 내 식습관을 바꾸어야 함을 깨달았다.

"오늘의 메뉴"로 오른 대부분의 음식, 즉 식당이나 간이

식당에서 순례자들에게 내놓는 식사는 기름에 튀기다 못해 때로는 기름에 푹 절인 붉은 육류(송아지고기, 쇠고기, 돼지고기)였다. 서쪽으로 좀더 이동하자 생선이 대안으로 등장했다. 이런 식사는 실속도 있고 배도 불렀으며 순례자들에게 저렴하게 제공되었다. 그러나 몇 주간을 끼니마다 똑같은 서너 가지 식단으로 먹다 보니, 무엇이든 그 맛이 그 맛으로 느껴지기 시작했다. 좀더 비싼 식당에서 남다른 음식을 먹지 않는 한에는 그랬다.

총 37일 동안 톰과 나는 딱 한번 호텔에서 거하게 저녁식사를 한 적이 있다. 불행히도 하필 그때 나는 지독한 감기에 걸려 맛있는 음식을 앞에 두고도 통 즐기지 못했다. 또 한번은 점심 때 카카벨로스에 들러 근사한 점심을 먹었다. 음식이 푸짐하여 우리는 배가 터지도록 먹었다. 1차 코스는 감자와 계란을 얇게 썰어 감칠맛 나는 토르티야(토마토 소스를 얹은 둥글넓적한 빵)였다. 다음 코스는 양배추, 양파, 작은 콩, 감자를 곁들인 콘비프였다. 양념이 딱 맞았다. 마지막으로 그 지방의 특식인 진한 밤 소스를 얹은 바닐라 아이스크림을 후식으로 먹었다. 불행히도 우리는 식후에 다음 대피소까지 몇 시간을 더 걸어야 했다. 그날 우리는 몸을 질질 끌다시피 하며 걸었고, 뱃속에 기름진 음식이 가득한 채로 걷는다는 것이 얼마나 힘든 일인지 우리는 배웠다.

카미노를 걷는 남은 시간 동안 우리의 식사는 단출했다. 나는 배낭 속에 가볍게 혹은 너끈히 담고 다닐 만한 신선한 야채를 많이 찾지 못했다. 당근과 토마토를 용케 넣고 다닌 정도였다. 영양가 있는 아몬드와 호두는 훌륭한 에너지원이었으나 파는 가게가 얼마 없었다. 나는 배낭에 추가되는 사과나 복숭아 한 알의 무게를 받아들였다. 아침식사는 또 하나의 도전이었다. 든든한 한 사발의 시리얼이나 오트밀은 어디서도 찾을 수 없었다. 토스트 빵을 만나면 진기한 별미였다. 토스트에 버터와 잼까지 나온 적이 몇 번 있었는데 그것은 작은 기적과도 같았다. 대부분의 경우 아침식사는 마른 빵이나 종이에 싼 애플파이처럼 단 음식이었다. 간이식당이 문을 열지 않았거나 우리의 부실한 계획으로 음식이 없을 때면 우리는 아예 아침을 굶기도 했다.

프라이버시의 부재는 음식과는 달리 역경이라기보다는 오히려 불편함 쪽에 가까웠다. 프라이버시의 부재를 큰 문제로 여길 수도 있고 아니면 대피소 생활의 자연스런 일부로 여길 수도 있음을 나는 금세 배웠다. 합숙소에 묵기 전까지만 해도 나는 거기서 옷을 벗고 입는다는 것이 어떤 것일지

별 생각이 없었다. 생각하고 싶지 않았는지도 모른다. 대피소 안에는 어디에도 프라이버시가 없고, 정말 혼자 있을 수 있는 공간이 전무하다. 순례자들로 꽉 차 있기 때문이다. 대개 서너 명의 순례자들이 세면대나 샤워장 옆에서 기다리는 화장실에도 프라이버시는 물론 없다. 세수하고, 탈취제를 바르고, 양치질을 하고, 치실로 잇사이에 낀 것을 빼고, 개인적인 몸단장을 하는 것을 전부 만인이 보는 앞에서 해야 한다.

순례자가 되면 몸에 관한 프라이버시도 전혀 없다. 모든 사람들 앞에서 옷을 갈아입고 화장실을 함께 쓰는 것 말고도 질병의 문제가 있다. 목의 통증과 가래, 구토와 설사, 변비와 대변에 관한 대화가 오간다. 한 순례자가 감기에 걸려 기침을 시작하면 같은 방에서 자는 나머지 순례자들도 결국 똑같은 바이러스에 감염되는 것은 거의 기정사실이다.

카미노를 걷는 첫주의 어느 밤, 나는 내가 수녀원에 입회한 후의 첫 몇 해가 생각나서 혼자 웃었다. 1960년대 초반, 그때는 침묵 시간 중에 다른 회원들과의 대화를 일절 금하는 규정이 엄격히 지켜졌다. 다른 사람과 침묵의 대화도 해서는 안 되므로 우리는 "눈을 간수해야" 한다고 배웠다. 시선을 아래로 깔아서 시선이 직접 마주치는 것을 피해야 한다는 뜻이었다.

대피소 생활 첫주간에 나는 그 규정의 가치를 마침내 깨달았다. 침대와 침대 사이에 공간이 별로 없었으므로 설령 침대에 올라가서(혹은 침대 안에서) 옷을 갈아입는다 해도 사실상 프라이버시는 없었다. 카미노에서 처음 몇 밤을 지내면서 알았지만 그곳에 남을 구경하는 일 따위는 없었다(물론 나는 상황을 파악하려고 조심조심 약간 둘러보기는 했다). 누구도 정도 이상으로 주목의 대상이 되지 않았다. 실내에 있는 사람이 80명이든 네 명이든, 순례자들은 트인 공간 안에 살면서 각자 자기 할 일을 하는 데 적응했다. 얼마 후부터 나는 프라이버시의 부재를 더 이상 문제 삼지 않았다. 그것은 단순히 순례자의 삶의 한 부분이었던 것이다.

화장실 사정도 나에게 어려움을 주는 또 다른 요인이었다. 더러운 화장실에 나는 끝내 다 적응하지 못했다. 설령 화장실이나 변기 부근에 약간의 프라이버시가 있다 해도 어떤 순례자도 꼭 필요한 시간 이상으로 그곳에 더 있으려 하지 않았다. 더러운 세면장의 모습은 정말 충격이었다. 샤워기에서 떨어진 물이 몇 센티미터씩 바닥에 고여 있었고, 세면대에는 비누나 손 닦는 수건도 없었다. 이전에 외국을 여행하면서 나는 미국인들이 위생에 지나치게 신경 쓰는 경향이 있음을 느낀 적이 있다. 그래서 나는 더러움에 대한 나의 반감이 내 미국인 기질의 최악의 발동인지 아니면 대피소의 책임을 맡은 이들이 위생 상태를 개선할 필요가 있는 것인지 자문해 보았다. 결국 나는 내 쪽에서도 덜 까다롭게 굴어야겠지만, 전반적으로 볼 때 더러움은 불필요하며 건강에 해롭다는 결론을 내렸다.

대피소의 지저분한 화장실은 기본적인 청결함에 대한 문제를 제기했다. 오 세브레이로의 한 샤워장과 욕탕에는 창문이나 통풍 장치가 전혀 없었다. 게다가 문을 항상 닫아 두라는 안내문까지 붙어 있었다. 두 주째에 나는 독일에서부터 걸어온 30대의 한 여자를 만났다. 그녀는 내게 "저는 스페인의 대피소는 질색이에요. 다른 어느 곳보다도 훨씬 열악해요"라고 털어놓았다. 그 말이 나에게 약간 위로가 되었지만 (동병상련이라 했던가), 동시에 나는 불평을 그치고 상황에 적응해야 된다는 생각이 들었다. 이 역경도 카미노가 나의 성장을 돕는 하나의 방법이라고, 내 내면의 세미한 목소리가 말했다.

또 하나 신경에 거슬리는 것은 화장지의 부족이었다. 아침에 대피소 문을 열 때는 대개 화장실에 얼마간 종이가 있었다. 그러나 순례자들 무리가 도착하여 짐을 풀고 다들 화장실을 사용하고 나면 화장지가 다 떨어졌고 다시 채워지는 일은 거의 없었다. 어느새 나는 주머니에 화장지를 챙겨 두어야만 혹시 밤중에 화장실에 갈 일이 생기더라도 탈이 없으리라는 것을 확실히 깨달았다. (공중화장실에 들어갈 때마다 주머니에 여분의 화장지를 챙겨 두는 내 습관은 미국에 돌아와서도 몇 달이 지나서야 없어졌다.)

더러운 화장실로 인한 어려움은 산티아고까지 가는 내내 거의 줄어들지 않았다. 상황이 좀 나아졌다 싶으면 역겨운 화장실이 또 나타났다. 아르카의 경우가 그랬다. 어느 순례자가 나에게 대피소의 개인용 화장실이 어디 있는지 가르쳐 주기에 나는 "와! 여기는 도시네!"라고 생각했다. 그러나 가 보니 다른 곳과 전혀 다르지 않았다. 사실은 더 심했다. 몇 주째 청소라고는 하지 않은 듯 빙 둘러 가장자리에 오물이 작은 더미를 이루고 있었다. 세면대의 물을 트니 바닥 배수관에서 하수구 냄새와 갈색 물이 뿜어 나왔다. 내 발 근처의 물에는 큼직한 머리카락 뭉치들이 떠다니고 있었다.

샤워 또한 그 나름대로 곤욕이었다. 샤워장 주변을 보면서 나는 내 고무 슬리퍼가 얼마나 고마웠는지 모른다. 대피소마다 나름의 샤워 시스템이 있었다. 샤워장이 남녀 공용인 곳이 한두 군데 있었으나 그래도 각 칸만은 개인용이었다.

대부분 뜨거운 물이 나왔으나 한 대피소는 동전을 넣어야 온수가 나왔다. 어느 날 나는 일기장에 이렇게 썼다.

> 오늘의 샤워는 압권이었다. 샤워장에 들어갔다. 준비를 마치고 막 물을 틀려고 하는데 불이 꺼졌다. 불은 2분 단위로 꺼졌다! 연신 어둠 속에서 샤워장을 나와 문을 열고는 손을 뻗어 불을 켜야만 했다. 뿐만 아니라 뜨거운 물도 2분 단위로 끊겼다. 그래서 수도 꼭지를 끄고 기다렸다가 다시 켜야 했다. 게다가 샤워장 자체, 그 구중중한 때, 바닥 사면의 녹슨 테두리는 또 어떤가. 유쾌하지 않다.

숙박은 또 다른 역경을 야기했다. 대피소는 예약을 받지 않았다. 톰과 나는 최대한 노력하느라고 했지만, 막상 숙소에 들어가 그날 밤을 보낼 이층침대나 매트리스를 얻기까지는 어디서 묵어야 할지 자못 긴장될 때가 많았다. 잠자리를 찾는 문제는 비단 숙소를 정하는 것만이 아니었다. 날이 가고 주가 지나면서, 밤에 방에서 나는 냄새가 갈수록 심해졌다. 화장실에 가려고 밤중에 일어나면 퀴퀴하고 죽은 듯한 실내 공기가 느껴졌다. 내가 문이나 창을 열어 놓으면 꼭 누군가가 외풍 때문에 창을 닫거나 일어나 문을 닫았다.

산소의 부족과 아울러 합숙소 방에는 사람들의 체취며 배낭 속의 음식 냄새도 났다(내 배낭에서도 때로 내가 넣고 다니던 염소 치즈 냄새가 새어 나오곤 했다). 규정상 신발을 현관에 내놓아야 하는 경우도 몇 번 있었지만, 대부분의 경우 순례자들은 숙소 안에까지 신발을 신고 다녔다. 그러면 불쾌한 냄새에 발 냄새와 신발 냄새까지 더해졌다. 순례자들이 소와 양의 똥을 밟으며 걸어온 날이면, 그야말로 실내의 고약한 냄새가 코를 찔렀다.

숙박 사정 외에도 우리는 날마다 먼 길을 걸었다. 험한 돌밭 길도 걸었고 폭우나 폭염 중에도 걸었다. 거름을 잔뜩 뿌린 밭을 지날 때면 냄새가 너무 지독해서 골치가 아플 지경이었다. 일부 순례자들이 겪는 발 문제에 비하면 우리는 아무 탈이 없었지만 그래도 발이 아프고 노곤한 날이 대부분이었다. 한 순례자는 발가락 안쪽에 염증이 생겨서 등산화를 신을 수 없었다. 그녀는 걸핏하면 피가 나는 발에 밴드를 붙이고는 날마다 샌들 바람으로 뾰족한 돌밭이나 바위투성이 도랑을 걸었다. 그 발로 어떻게 그런 위용을 보이는지 나로서는 알다가도 모를 일이다.

하루의 보행이 끝나면 우리는 직접 옷을 빨았다. 이것은 역경까지는 아니고 그냥 귀찮은 일 정도였지만, 그 나름의 문제를 야기한 적도 몇 차례 있었다. 척척 들러붙는 적토(赤土) 바로 위의 쳐진 빨랫줄에 빨래를 널던 날이 그랬다. 우리가 저녁을 먹으러 나간 사이에 비바람이 몰아치는 바람에 빨래가 흙 속에 처박혀 그야말로 난장판이 되고 말았다. 해가 진 지 이미 오랜 후였지만 우리는 전부 다시 빨아서 혹시라도 마르기를 바라며 침대 위에 널었다. 빨래는 아침에도 여전히 척척하여 우리는 젖은 속옷이며 셔츠를 배낭에 핀으로 꽂고는 햇빛 속을 걸었다.

그라뇬에 있을 때 우리는 먼지 투성이인 캄캄한 교회 종탑 안에 쳐진 줄에 젖은 빨래를 널어 말렸는데 그곳은 거미줄 천지였다. 나는 그 오싹한 곳으로 들어가는 좁은 문을 찾느라 애를 먹었다. 일단 안으로 들어가니 빛이 흐릿하여, 이번에는 문을 찾아서 나오기도 똑같이 힘들었다. 소리를 질러 도움을 청할까도 생각해 보았지만 누구에게 들릴 것 같지도 않았다. 처음에 출구를 찾을 수 없었을 때 나는 혼자 거기서 공포에 질렸다.

세탁은 언제나 약간의 도전이었다. 에이레그세에서 어떤 순례자는 입고 있는 옷만 빼고 전부 다 빨았다. 그녀는 길을 가로질러 걸려 있는 빨랫줄에 빨래를 널었다. 나중에 현지의 한 농부가 빨랫줄 바로 밑으로 소메를 몰고 갔는데, 진흙과 파리로 덮힌 소들이 그녀가 막 빨아 널은 옷가지에 몸을 스치고 지나갔음은 물론이다.

결국 나는 짜증을 유발하는 작은 역경 속에서 가치를 보았다. 카미노에서 부닥친 그 어떤 고충도 내가 자진하여 택하지는 않았지만, 그러나 돌아보면 교훈은 분명하다. 크기에 관계없이, 문제마다 삶을 보다 보편적인 정황에서 볼 수 있는 기회, 내가 누리는 삶이 특권임을 인식할 수 있는 기회를 가져다주었다.

음식 문제는 나를 더 넓은 세계와 결속시켜 주었다. 어느 저녁, 우리는 배가 고파 저녁을 먹으려고 식당이 문을 여는 8시가 되기만을 기다리고 있었다. 그때 내가 일기장에 쓴 글이다.

배가 너무 고프다. 제대로 먹지도 못하고 온종일 걸었다. 오늘 먹은 거라고는 빵과 커피, 하루 지난 베이컨과 치즈 샌드위치, 사과와 복숭아, 땅콩 몇 개가 전부다. 아무래도 덜 먹고 배고프게 사는 법을 배워야 할 것 같다. 날마다 아주 멀리까지 걸어가서 일하는 이곳 사람들, 그들은 매우 적게 먹는다. 나도 그들과 연합할 수 있다. 먹을 것이 별로 없는 다수의 사람들과 하나가 될 수 있다.

프라이버시의 부재에서도 이와 관련된 교훈을 배웠다. 대피소마다 모든 순례자들이 처하는 상황은 같았다. 우리 각자가 비슷한 도전에 직면하고 있음을 알자, 연대감이 더 견고해졌다. 프라이버시의 부재는 사적인 방어 공간과 개인성에 강하게 집착하는 내 태도를 누그러뜨리는 데도 도움이 되었다. 지구상에는 내가 고향 땅에서 누리는 사적 공간이라는 호사를 누리지 못하는 사람들이 수십 억에 달한다. 그들에 대한 나의 인식이 자라났다. 그런 호사가 없는 세상에 들어오니 좋았다. 그것을 통해 나의 긍휼의 마음이 갈고 닦였다.

흐릿한 조명, 샤워장의 제한된 급수, 화장지가 없는 것 등을 통하여 나는 나 자신을 비롯한 대다수 미국인들이 생각 없이 함부로 사용하고 있는 우리 지구별의 소중한 자원들을 아낄 수 있게 되었다. 필수품 없이 살아 본 경험은 지구의 천연자원을 더 보호하고 신중하게 사용하도록 이끈다.

카미노의 역경이 가르쳐 준 진한 교훈을 잘 보여주는 기록이 있다. 매일의 도전에서 의미를 찾아보려 하던 그때, 내 일기장에 쓴 글이다.

어쩌면 우리는 한 바퀴 돌아 제자리로 다시 와서, 여태까지 시시해 보이던 것에 대한 미각을 되찾아 집에 돌아가게 될 것이다. 오늘 톰이 이런 말을 했다. 안락의자에 물러 앉아 아무것도 하지 않고 삶을 온전히 누리고 싶을 뿐이라고. 나도 그렇다. 어쩌면 나는 여태까지 불평하고 한탄하던 것에 대해 더 깊은 감사의 마음을 가지고 내 일터로 돌아가게 될 것이다. 지금은 육체의 기본적 안락을 바라는 생각이 내 안에 강렬하다. 카미노를 걷는 동안 나에게 그런 안락이 얼마나 적었는지 평생 잊지 않았으면 좋겠다.

카미노 내내 내가 고생했던 난공불락의 바윗돌 같은 역경은 더러운 화장실이었다. 지저분한 화장실을 만날 때마다 내 입에서 불평과 푸념이 새어 나왔다. 나의 그 부족한 수용력을 통해 카미노가 나에게 가르쳐 준 것이 있다. 내가 힘든 상황에 치중하여 생각과 감정을 거기에 빼앗기면, 그 저항심이 다른 좋은 것을 방해하고 압도하여 결국 그것을 쉽게 놓치게 된다는 것이다. 대피소의 오물에 집착했을 때 나는 순례길의 기쁨과 풍요로움은 물론 밤을 지낼 쉼터를 얻었다는 축복마저 금세 잊어버렸다. 오물의 문제가 나에게 가르쳐 준 것은, 어려운 점을 인정하되 거기에 지나치게 집착하도록 자신을 내어주지 말라는 것이었다.

카미노를 걸으며 만난 각각의 역경은 내 눈을 뜨게 해주었고, 성장할 것을 도전해 왔고, 감사가 소명임을 일깨워 주었다. 1년이 지난 지금도 깨끗한 화장실에 들어가거나 먹고 싶은 음식을 먹거나 푹신한 의자에 몸을 누이거나 욱신거리는 느낌 없이 발을 움직일 때면, 전에 카미노에서는 누리지 못했던 것이 생생하게 다가온다. 카미노의 돌멩이와 바윗돌을 상대하던 날을 떠올리노라면 내 입에서 더없는 자족의 숨소리가 터져 나온다.

11
아름다움을 끌어안으라

황량하고 어려운 시절에는
늘 뭔가 아름다운 것을 마음에 두어야 한다.
;   파스칼

어려운 때면 아름다움이 나를 지탱해 준다. 그것이 카미노를 걸을 때만큼 분명했던 적은 없다. 순례란 "황량한" 시절과는 거리가 멀지만 그래도 그 성격상 고된 도전이다 보니 내 마음은 날마다 아름다움의 힘을 들이마셔야만 했다. 카미노 경로를 처음 정한 사람들은 직관적 지혜에 이끌렸음에 틀림없다. 그 길이 이제 산티아고 데 콤포스텔라로 가는 전통적 순례 행로로 굳어졌다. 그들은 풍치가 다채롭고 헤아릴 수 없이 아름다운 스페인 북부의 땅을 택했거니와 이는 순례자의 내적 평정에 필요한 요건을 채워 준다. 끝이 없는 800킬로미터의 노정을 걸어야 하는 육체적 짐과 균형을 이루는 것이 이 아름다움이다. 카미노의 언덕을 내려가고 모퉁이를 돌 때마다 늘 뭔가 새롭고 멋있는 것이 있어 순례자의 눈과 마음을 축복해 준다.

아름다움은 어디에나 있었다. 안개가 자욱한 겹겹의 산자락, 마을 사람들의 목소리와 얼굴, 올리브 과수원, 새벽을 알리는 도도한 수탉, 하늘을 찬미하는 성당의 첨탑, 누군가 건너 주기를 기다리는 중세의 다리, 초원에서 딸랑거리고 뎅그

렁거리는 소의 목에 걸린 방울, 바람에서 전력을 얻는 농가들의 높고 흰 프로펠러, 유칼리나무, 굽이굽이 휘도는 강, 높은 산 아래 시원한 마을 풍경, 끝없이 이어진 밭에 맺힌 탐스런 곡식과 채소, 즙이 많은 산딸기를 비롯한 각종 실과.

걷다 보니 다리와 발이 아프고 등에 맨 배낭 때문에 어깨가 뻐근할 때가 수없이 많았지만, 그때마다 아름다움이 위안과 힘을 주었다. 몸이 아파서 축 늘어질 때는 카미노의 멋이 나를 일으켜 세워 주었다. 비위생적인 화장실 상태로 인하여 투덜댈 때면 아름다움이 자족을 되찾아 주었다. 내 굶주린 영혼이 열정의 손길을 갈망할 때면 주변의 수려한 자연이 희망을 주었다. 카미노의 온갖 아름다움은 언제나 나에게 손을 내밀었고, 그저 그 선물을 끌어안는 것 외에는 나에게 아무것도 요구하지 않았다.

나는 그런 아름다움을 예상하지 못했다. 톰과 내가 카미노에 오른 것은 하필 지난 몇 년 만에 가장 더웠다는 스페인의 여름의 끝자락이었다. 프랑스의 포도 수확도 예년보다 일러질 것이라는 뉴스가 자주 들려왔다. 우리가 도착하는 9월 초쯤이면 스페인의 매력적인 꽃과 열매를 볼 수 있을 것 같지 않았다. 나는 메마르고 밋밋한 갈색 풍광만 예상했다. 내 예상은 완전히 빗나갔다.

침엽수의 신록과 숲의 촉촉한 향기가 내 오감을 가득 채우던 첫날, 나는 얼마나 놀랐는지 모른다. 피레네 산맥을 내려가는 길에 내 영혼은 춤을 추었다. 셀 수 없이 많은 꽃 무더기가 길가에 늘어서 있고 초원을 점점이 수놓고 있었던 것이다. 죽어서 잠들어 있을 줄 알았던 색채들이 생생하고 풍요롭게 물이 올라 있었다. 그 아름다움이 나를 앞으로 떠밀었다. 그곳을 벗어나 꽃이 흐드러진 팜플로나의 공원 사이를 지나서 시골 지역의 드넓은 벌판에 들어서자 내 마음이 펄쩍 뛰었다. 탐스러운 자주색과 초록색 포도가 주렁주렁 달린 포도원이 보였던 것이다. 날이면 날마다, 길이면 길마다, 나는 그 멋에 흠뻑 취했다. 길동무가 되어 주는 비옥한 포도원이 한번도 물리지 않았다.

갈리시아의 신록이 푸르른 산과 참나무 고목의 아름다움을 제외하고는, 끝없는 포도밭보다 나에게 기쁨과 힘을 가져다준 것은 없다. 포도원은 몇 날 며칠이고 양편으로 우리와 맞닿아 있었다. 때로 나는 걸음을 멈추고, 풍성한 열매가 달린 건강하고 푸른 가지를 즐거운 마음으로 물끄러미 바라보았다. 내가 그럴 때마다 톰은 "당신한테 읽어 줄 것이 있는데 지금은 때가 아닌 것 같소"라고 말했다. 그는 계속 그 말로 나를 놀려댔다. 그러던 어느 날 우리는 벤토사 근처에서 그야말로 천하의 절경이라 할 만한 포도원을 만났다. "잠깐!" 톰이 소리쳤다. "바로 이거요! 여태까지 나는 최고로 아름다운 곳이 나오기를 기다렸소. 집에서부터 가져온 것을 거기서 읽어 주려고 말이오."

그러더니 그는 주머니에서 조그만 종이쪽지 하나를 어렵사리 꺼냈다. 우리 두 사람은 잘 익은 자주색 포도송이가 온통 보석처럼 반짝이는 산비탈을 마주보며, 거기 따가운 햇살 아래 나란히 서 있었다. 톰이 내게 시를 읽어 주었다.

> 포도나무 뒤에는 포도주 빚는 이가 있고
> 그 뒤에는 세월을 이어 온 그의 기술이 있고
> 그 모든 것 뒤에는 포도나무를 키우는
> 햇빛과 비 그리고 창조주의 뜻이 있다네.

저자가 누구인지는 모르지만 톰이 그것을 읽어 주었을 때 내 마음은 녹아내려 포도, 파란 하늘, 흙, 햇빛, 우리의 우정, 그리고 창조주와 하나가 되었다. 톰의 짤막한 시는 성(聖)과 연결되는 중심 근원이 미(美)임을 잘 일깨워 주었다. 보행 아홉째 날, 우리는 말없는 경외감에 싸여 그렇게 서 있었다. 그 순간, 지난 8일간 카미노에서 만난 아름다움 하나하나가 조용히 나를 훨씬 큰 아름다움이신 그분과 하나로 묶어 주었다. 톰도 나도 웃음을 머금고 평화로이 서서, 하나님과의 교감, 우리 서로의 교감, 눈앞의 결실과의 교감을 말없이 느끼고 있었다. 사흘 후에 나는 일기장에 이렇게 썼다.

> 분명히 힘든 시간들이 닥쳐 오겠지만 여태까지 내가 본 모든 아름다움, 이미 만난 귀한 사람들, 그 모두가 하나님이 나와 함께 계심을 확인해 준다. 이 길이 내가 꼭 걸어야 할 길이라는 것도.

「할머니의 선물」(*Gifts of the Grandmother*)을 쓴 조앤 다지슨(Joanne Dodgson)은 "아름다움은 존재의 축제다"라고 썼다. 아름다움이 매 순간 속에 머물고 있음을 그녀는 강조한다. "아름다움이란 지금 여기서 느끼는 것이다. 거기에는 만약이라는 단서도 없고, 어떠해야 한다는 당위도 없고, 언젠가 그럴지도 모른다는 가정도 없다." 얼마나 맞는 말인가! 나는 카미노의 아름다움을 통해서 비로소 그 실체로 돌아갈 수 있었다. 아름다움은 내게로 튀어나와서 나를 "존재"의 한복판에 똑바로 세워 주었다. 카미노의 넘치는 아름다움은 피할 방도가 없다.

그날의 길은 채소밭과 과수원 사이로 이어졌다. 저 멀리 길 양편으로 산자락이 펼쳐져 있었다. 우리는 줄줄이 이어지는 키다리 아스파라거스 밭, 해바라기 들판, 사과 과수원, 호두와 아몬드 동산을 지났다. 오른쪽으로 한 농부가 추수를 마친 비탈진 산허리 밭에서 인상적인 곡선을 그려 가며 쟁기질을 하고 있었다. 가늘고 높다란 원형 굴뚝을 수북이 덮고 있는 커다란 둥지 안에 황새도 한 마리 보였다. 이러한 평범한 아름다움 속을 거닐고 모든 "존재" 가운데로 다니노라면 이상하고 신비로운 기분이 들었다. 생기가 되살아났다. 이런 생각이 들었다. "나에게는 내 마음을 계속 살아 있게 해 줄 아름다움만 있으면 되고, 아름다움에게는 내 주목만 있으면 된다."

스페인 북부 최고의 절경을 보았구나 싶으면 그때마다 다른 지역이 열리면서 새로운 경치와 초목이 나타났다. 아스토르가를 떠나 갈리시아 지방의 산지를 향해 걷던 날, 내 영혼은 창공으로 치솟았다. 여러 날 동안 우리는 250킬로미터에 달하는 고원의 평지를 걸어왔다. 그 건조하고 무더운 곳을 떠나자 곧 상쾌한 공기가 내 목마른 살갗을 간질이며 적셔 주는 것이 느껴졌다. 앞으로 갈수록 초록빛이 점점 더 많아졌다. 고원에서는 거의 잠잠하던 새들이 수시로 우리에게 소

야곡을 불러 주었다. 작은 참나무, 소나무, 콩처럼 생긴 풀, 노간주나무, 무성한 라벤더 덤불, 히스 관목, 로즈메리, 회향 따위가 길가의 산비탈을 가득 덮고 있었다. 멀리 겹겹이 둘린 자줏빛과 푸른빛의 산자락이 우리를 불렀다.

날마다 길목에 나타나는 "새로운 얼굴"이 나는 좋았다. 어느 가파른 언덕을 내려갈 때는 장미, 하이비스커스, 수령초, 글라디올러스, 루피너스 등 찬란한 꽃 무리가 나타났다. 나는 자주 걸음을 멈추어 꽃향기를 맡았다. 내리막의 경사가 심하여 내 무릎이 삐걱거렸지만 꽃향기가 고통을 덜어 주었다. 그날 우리는 작은 사슴 두 마리를 보았다. 사슴들은 껑충껑충 길을 가로질러 푸른 산비탈로 올라갔다. 카미노에서 야생동물을 처음 본 우리는 전율했다. 그 다음주에는 여우 한 마리를 보았다. 여우는 잽싸게 길을 가로질러 밤나무와 포플러나무 사이로 들어갔다(그것 말고는 카미노에서 야생동물을 별로 보지 못했다).

간혹 아름다움은 숨어 있었다. 오 세브레이로에서 나는 아름다움이란 자칫 놓치기 쉬운 것임을 보았다. 종일 힘들게 걸은 뒤라서 나는 피곤했고 마음이 조급했다. 그날은 지독히도 안개가 많이 끼었다. 우리는 대피소가 문을 열기를 기다리며 현지의 카페에서 점심을 먹었는데, 나는 바가지요금에 기분이 상했다. 침대에 쓰러지고 싶은 심정이었다. 카페에서 잠시 기다리고 있는데 자욱한 안개가 한순간에 걷히면서 구릉성 지형에 밝은 햇살이 쏟아졌다. 카페 안에 있던 사람들 모두가 창가로 달려가, 눈앞에 열리는 경치를 보며 일제히 감탄을 쏟아 냈다. 끝없이 뻗은 산과 계곡은 짙푸른 신록으로 덮여 있었다. 가지런히 구획 정리된 농지에서는 소 떼와 양 떼가 평화로이 풀을 뜯고 있었다. 그야말로 장관이었다. 그 아름다움이 주는 선물을 알아차리지 못할 도리가 없었다. 한순간에 기분이 바뀌면서 피곤이 풀렸다.

대개 카미노의 아름다움은 확연히 눈에 띄었다. 어떤 형태이든 아름다움이 없는 곳이 정말로 하나도 없었다. 우리는 날마다 수려한 미술관에 들어가는 것 같았다. 최고의 절경 중의 일부는 여정 막바지에 아르카로 가는 길에 나타났다. 그 길은 참나무 고목들이 빽빽하게 들어찬 숲 속으로 나 있었다. 그 부근에서 우리는 내 표현으로 "터널"을 지났다. 숲 속으로 오솔길이 나 있는데 때로 길이 지표면보다 낮아서 거의 나무의 속뿌리 부위에 닿을 정도였다. 지붕이 없는 이 널따란 흙 터널 속에는 담쟁이, 이끼, 코를 찌르는 흙냄새가 가득했다. 나뭇잎들이 우산처럼 우리 위에 펼쳐져 만들어진 시원하고 그늘진 "터널"이 몇 킬로미터나 뻗어 있었다. 우리가 이 아름다움을 끌어안자 그 아름다움도 우리를 끌어안았다. 온종일 나는 흙으로 지은 성당 안에 있는 기분이었다. 그 길은 깊은 경외감을 자아냈다. 대화도 그쳤다. 사방을 에워싼 아름다움만이 우리를 성스러운 존재와 연합시켜 주었다.

나는 빗속에서도 아름다움을 발견했다. 카미노 횡단 37일 중에서 최소한 2주 동안은 어떤 식으로든 습기를 머금은 날씨였다. 안개가 낄 때도 있었고 비가 가볍게 내리거나 계속 쏟아질 때도 있었다. 폭우만 빼고는 비는 나에게 짐보다는 오히려 축복이 되었다. 수풀과 농지는 손을 뻗어 물기를 흡수했다. 열기를 참고 견디던 흙과 초목이 안도의 한숨을 내쉬는 소리가 들리는 듯했다. 그 촉촉한 나날 속에는 적막과 차분한 위안이 있었다. 그 물기가 부드러운 팔로 나를 감싸며 지친 나를 소생시켜 주었다.

하룻밤은 대피소에 강풍을 동반한 폭우가 억수같이 쏟아졌다. 이튿날 아침에 길을 나서면서 나는 우리를 기다리고 있을 진창길을 걸을 생각에 아찔했다. 그러나 일단 길에 들어서자 진창에서 상큼한 공기와 반짝이는 빗방울로 초점을 얼른 바꾸었다. 그날은 우리에게 가장 멋진 날들 중에 하루가 되었다. 강한 폭풍에 무더위와 습도는 물러가고 파란 하늘이 눈부시게 환했다. 그 아름다움은 나에게 감화와 새 힘을 주었고, 고단한 몸에도 불구하고 순례길을 향한 새로운 열의가 내 안에서 노래하는 것을 볼 수 있었다. 초원의 웃자란 풀마저도 그날은 열정을 속삭였다.

어둠 속에 길을 떠나는 아침이 나는 무엇보다 좋았다. 그런 날이면 우리는 별빛을 이고 말없이 걸었다. 동트기 전 시골은 고즈넉하고 평화로웠다. 차츰 첫 새가 지저귀기 시작했다. 마침내 어둠 속에 빛이 새어 들면 우리는 수시로 돌아서서 일출의 자취를 추적하곤 했다. 먼동이 트면서 동녘의 지평에 색조가 퍼지면, 때로 걸음을 멈추고 경외감에 젖어 서 있기도 했다. 어느 이른 새벽에는 지구별의 두 길동무 사이를 걸으며 그 장엄함에 압도된 적도 있다. 동편에는 붉은 태양 덩어리가 자욱한 안개를 뚫고 우리 어깨 위로 떠올랐고, 우리 앞쪽 서편에는 보름달이 우아하게 걸려 있었던 것이다. 그 순간 내가 다른 어느 곳도 아닌 그곳에 있다는 사실이 너무나 기뻤다. 내 마음은 여명을 끌어안았다. 아름다움이 우리에게 얼마나 힘이 되는지 새삼 느껴졌다. 때로 졸리고 느릿느릿한 우리의 아침 걸음은 그 덕에 한결같이 힘이 났다.

카미노의 아름다움은 일출의 영광과 안개 낀 겹겹의 산자락에서만 그 자태를 드러낸 것이 아니다. 때로 우리는 가장 투박한 곳에서도 아름다움을 만났다. 갈리시아 지방의 라 라구아나 변경에 있던 한 낡은 헛간이 그러했다. 톰과 나는 몇 시간째 빗속에서 오르막길을 걸었다. 그래서 우리는 쉬면서 간식을 먹으려고 걸음을 멈췄다. 우리는 비를 가려 주는 꺼끌꺼끌한 건초 더미 위에 앉았다. 농기구와 가축 냄새가 싸했고 지붕에는 빗방울 떨어지는 소리가 들렸다. 이것이 어찌 아름다울 수 있을까? 하지만 아름다웠다. 밀짚의 색깔, 억수같은 비를 가려 주는 은신처, 빗방울의 음악소리, 친구라는 선물. 이 모든 것이 어우러져 몸과 마음에 평안과 자족의 순간을 가져다주었다. 가파른 오르막길을 마저 걸으려고 건초 더미에서 일어났을 때, 나는 새삼 영혼에 생기를 느꼈다.

아름다움은 자연을 통하여 나를 끌어안았지만 또한 중세의 다리와 멋진 성당을 통해서도 내게 다가왔다. 레온에는 백 개의 스테인드글라스 창이 있는 13세기의 아주 아름다운 성당이 있는데, 그 안에 앉으니 마치 내가 만화경의 한가운데에 있는 듯했다. 그와 비슷하게, 고딕 첨탑이 많은 부르고스의 성당을 바라볼 때도 나는 인간의 손이 창조해 낸 아름다움에 압도되었다.

개인이든 무리이든, 사람들도 또 다른 종류의 아름다움으로 카미노를 채워 주었다. 단 하루도 우리는 인간의 경이를 마주치지 않고 그냥 지난 적이 없었다. 농가의 가족들은 마을을 지나 우유 짜는 곳으로 소 떼를 몰고 갔다가 다시 초장으로 나갔다. 장사하는 여인은 자기 집 앞에서 따뜻한 팬케이크를 팔고 있었다. 한 늙은 목자는 심하게 저는 다리를 이끌고 양 떼를 치고 있었다. 부르고스에서는 낮잠이 끝나자 집집마다 가족들이 쏟아져 나와 강가에 모여 함께 음식을 나누며 여가를 보냈는데, 그들은 아를론손 강변의 나무 그늘이 우거진 넓은 길을 오르락내리락하며 휠체어를 탄 노인들과 유모차에 태운 갓난아기들까지 밀고 갔다. 심리학과 영어를 전공한 한 젊은 식당 종업원도 우리가 식사를 하는 동안 자신의 영어 실력을 시험해 보면서 톰과 나와 함께 쾌활하게 웃었다.

나는 사람들의 얼굴에서, 시골 사람들의 단순하고 흥겨운 축제 방식에서 아름다움을 발견했다. 그들은 행복과 웃음을 지니고 다녔다. 성대한 수확제가 있던 주말, 우리는 어느 마을에 도착했다. 멀리서 교회 종소리가 들렸다. 우리가 당도하니 색소폰 3개, 트럼펫 3개, 드럼 2개, 심벌즈 2개로 구성된 시끄럽고 요란한 악단이 마을 광장에서 연주하고 있었다. 10대 중반의 남녀 아이들과 몇몇 어른들이 큰 우물에서 양동이와 병과 용기에 물을 가득 채워서 서로에게 흠뻑 끼었었다. 이어 그들은 2명에서 6명씩 나란히 팔짱을 끼고는, 걷거나 발을 굴러 춤을 추면서 광장을 돌고 또 돌았다. 남녀노소가 모여서 먹고 마시면서 추수를 축하하는 간이식당에서는 웃음소리와 이야기 나누는 소리가 새어나왔다. 악단은 동네 구석구석을 돌면서 오후 내내 연주했다.

카미노를 걷는 동안 나는 음악이 못내 그리웠다. 음악이 내 심령에 가져다주는 조화에 목말랐다. 음악이 있는 대피소는 서너 군데밖에 없었다. 그중에는 저녁기도를 위한 노래도 있었다. 푸엔테 라 레이나 대피소에서는 바로크 음악이 건물 가득 울려 퍼졌다. 루이텔란에서는 마뉴엘과 호세라는 두 불교도 관리인이 아침마다 '아베 마리아'의 명연주 음반을 온 경내에 들려주어 우리를 깨웠다. 어떤 종류든 음악을 들을 때면 내 심령은 뛰었다.

아름다운 음악은 내 심령을 밝게 해주었다. 그저 음악의 단편이라도 좋았다. 9월 30일에 우리는 폰페라다 대성당에 들렀다가 테이프에서 흘러나오는 고전음악을 들었다. 거기 앉은 나의 귀와 마음은 온통 음악에 심취했다. 일어나 떠나기가 힘들었다. 내가 음악을 그리워한 것은 음악의 아름다움이 하룻밤의 숙면 못지않게 몸과 마음을 회복시켜 주었기 때문이다. 산티아고 성당에서 있었던 순례자 미사의 개회곡이 톰과 내가 날마다 부르던 세 곡의 스페인어 노래 중의 하나인 '그들이 기쁨으로 옵니다'(Vienen con Alegria)이었을 때, 나는 음악 때문에 카미노에서 세 번째로 눈물을 흘렸다. 그 노래와 폐회곡으로 부른 '구원의 성모'(Salve Regina)는 나에게 깊은 감동을 주었다. 특히 후자는 내가 속한 신앙 공동체의 "주제가"이기도 하다.

카미노에서 음악의 아름다움이 말 그대로 내 발을 붕 뜨게 해준 일이 또 한번 있었다. 9월 28일, 5킬로미터쯤 걷던 끝에 우리는 우연히 폰세바돈이라는 옛 폐촌에 이르렀다. 그곳은 현재 복원중이며 요즘은 사람들도 몇 명 살고 있다. 문을 연 간이식당 안에서 게일(Gaelic) 음악 소리가 창문으로 새어 나왔다. 배낭을 바짝 졸라맨 상태였는데도 나는 그곳이 가까워지자 리듬에 맞추어 발걸음이 흥겨워지기 시작했다. 나는 춤추듯이 식당 안으로 들어가 시종 발을 굴렀다. 몸과 마음을 가만히 둘 수가 없었다. 다시금 아름다움이 내게 다가왔다. 이번에 나는 그것을 끌어안을 수밖에 없었고, 그렇게 끌어안자 내 안에 새로운 활력이 봇물처럼 밀려왔다.

아름다움은 우리의 영혼 안에 잠자고 있는 것을 깨워 준다. 아름다움은 지친 혈관을 쉬게 하고, 활동의 지나친 강조 속에 잠들어 있는 것을 흔들어 깨운다. 우리 모두는 시간과 에너지를 요하는 일상의 요구에 부응하려다가 그만 세상의 멋과의 교감을 너무도 쉽게 놓치고 만다. 속전속결의 세상 속에서 우리는 마음의 보화를 성급히 버리지만 아름다움은 그 보화의 베일을 벗겨 준다. 삶의 멋은 그 "존재"로 우리의 열정을 회복해 주고 되살려 준다. 아름다움을 끌어안을 때 우리는 양분과 소생을 갈망하는 우리 자아의 그 부분에 다다르게 된다.

카미노에서 경험한 아름다움을 모두 기술하기란 불가능하다. 그러려면 그것만 가지고도 책 한 권이 될 것이다. 이 글을 쓰는 지금도 나의 마음은 추억 속에서 커지고 충만해진다. 그것이 아름다움이 우리에게 해주는 일이다. 아름다움은 기쁨을 동반해 우리를 다시 찾아오며, 빛과 힘을 동반해 우리를 부르며, 우리의 내면뿐 아니라 우리 사이에 있는 더 깊고 거룩한 씨줄에 우리를 계속 엮어 준다. 새로운 경험이든 추억의 회상이든, 아름다움이 찾아올 때마다 우리는 삶이 선한 것임을 더 믿을 수 있다.

카미노의 아름다움은 내 영혼에 힘을 주었다. 주의력을 회복시켜 주었고, 아름다움이라는 복을 놓치지 말 것을 일깨워 주었다. 어디에 있든 나는 이 아름다움을 멀리서 찾을 필요가 없다. 아름다움은 언제나 나를 기다리고 있다. 내가 그것을 의식하고 끌어안기만 하면 된다. 우리는 저마다 마음속에 뭔가 아름다운 것을 품을 필요가 있다.

12
노숙자의 처지를 경험하라

지난달에 나는 노숙자 가족들이 보살핌을 받고 있는
시내 보호소를 방문할 기회가 있었다.
나는 두어 시간 동안 거기 앉아 가난과 빈곤에 대해 깊이 생각했다.
; 도로시 데이

카미노에서 가장 당황스러웠던 순간 중 하나는 내가 신용카드로 스페인 현금을 찾으려 하는 날에 있었다. 은행 앞의 현금자동지급기는 어찌된 일인지 환전을 거부했다. 안으로 들어가니 세련된 청색 양복차림의 잘생긴 남자가 큰 책상 앞에 앉아 있었다. 내가 들어가 금전 거래 문제로 도움을 받을 수 있겠느냐고 물었더니 그는 고개를 끄덕였다. 그러고는 맞은편 의자에 손짓으로 나를 앉게 했다. 배낭을 메고 있던 나는 얼른 배낭을 내려놓았다.

그 직원은 우선 신분증으로 내 여권을 보자고 했다. 하필 여권은 배낭 맨 밑바닥에 있었다. 나는 자리에서 일어나 그 소중한 물건을 찾아 배낭 안을 뒤지기 시작했다. 그 순간 나는 혹시 도둑맞을까 해서 여권을 맨 바닥에 숨겨 놓은 것이 후회되었다. 짧은 팔을 가방 속으로 쭉 뻗어 물건들을 요리조리 헤집고 밑바닥에 닿아 보려 했으나 불가능했다. 나는 창피를 무릅쓰고 물건을 몇 가지 빼냈다. 그래야 여권이 손에 잡힐 것 같았다. 물건을 꺼내자 객장 안에 역한 냄새가 풍겼다. 염소 치즈였다! 그것이 배낭 속에 있다는 것을 나는 잊고 있었다. 염소 치즈는 딱딱하고 오래가서 가지고 다니기에 좋았지만 냄새가 아주 고약했다. 나는 은행 직원 앞에 서기까지 그 냄새에 별로 신경 쓰지 않았다. 그런데 치즈 냄새가 그야말로 코를 찔렀다!

계속해서 여권을 찾는 동안 내 얼굴은 점점 더 홍당무가 되었다. 결국 손에 여권이 닿았을 때 나는 안도의 한숨을 내쉬었다. 직원에게 여권을 주려고 고개를 드니 그는 가무잡잡하고 야윈 얼굴에 억지로 엷은 미소를 짓고 있었다. 보기에는 참는 것 같았지만 경멸의 기색이 내비쳤다. "음, 코를 틀어막고 싶겠는걸." 그런 생각이 들어서 나는 그에게 사과했으나 이번에도 그는 말없이 억지 미소만 지었다. 그의 두뇌가 그날 밤 저녁식탁에서 이 이야기를 들려주려고 냄새를 저장하고 있음을 나는 추호도 의심하지 않았다. "더러운 신발을 신은 냄새 나는 순례자가 이상한 것이 잔뜩 든 배낭을 뒤지는데, 휴, 가방에서 풍겨나는 그 냄새라니, 그대로 숨이 막히는 줄 알았다니까……."

그 직원에게 도움과 정중한 인사까지 받은 뒤에 나는 배낭을 들고 문밖으로 나왔다. 내가 떠남으로 누가 더 안도했는지 모르겠다. 바깥 인도에 서서 배낭 밑바닥에 다시 여권을 집어넣고 있을 때, 퍼뜩 떠오르는 강렬한 깨달음이 있었다. "나는 지금 노숙자 같다. 내 고향 미국에서도 노숙자와 그들이 풍기는 냄새를 이렇게 대한다." 그날 아침까지도 나는 노숙자들이 겪는 굴욕이나 그들을 하대하는 우월적인 태도를 그렇게 실감해 본 적이 없었다.

은행에서 있었던 사건을 필두로 여러 다른 상황 속에서 나는 노숙자가 된다는 것이 어떤 것인지 조금씩 맛보았다. 어떤 때는 내 신세가 개밥의 도토리 같았고 내 순례자 옷차림도 사람들의 눈 밖에 나는 것 같았다. 잘 차려입은 사람들 틈에 섞여 도시를 지날 때를 빼고는 나는 내 옷차림이나 행색에 별로 신경쓰지 않았다. 나에게는 입을 만한 "좋은 옷"이 없었다. 잘 입은 사람들 곁에 서면 나는 구접스러워 보였고 나 스스로도 그렇게 느꼈다. 비록 날마다 걷기를 마치면 샤워도 하고 옷도 빨았지만 그래도 누구를 만날 때 내가 지저분해 보이고 약간은 역한 냄새가 나는 것은 어쩔 수 없었다. 오후 느지막한 시간이면 특히 더했다. 뙤약볕 아래서 땀을 흘렸고, 소와 양의 분뇨 사이를 걸었고, 비포장도로에서 먼지도 뒤집어썼으니 말이다. 그러니 내가 꾀죄죄해 보이고 약간 악취가 나는 것은 당연했다.

어느 일요일 오후에 우리는 비알카사르 데 시르가로 들어갔다. 그곳은 산타 마리아 라 블랑카라는 13세기의 웅장한 성당이 있는 곳인데, 이 성당은 중세시대에 카미노를 지켰던 템플 기사단과 관련된 역사적 건물이다. 성당에 결혼식이 있어 길거리에 차가 가득했다. 톰과 나는 대피소의 위치나 문 여는 시간을 몰랐다. 톰이 숙소 정보를 알아보러 간 사이에 나는 성당 맞은편의 한 모퉁이에 서서 톰의 배낭을 지켰다. 나는 어느 식당 담벼락에 등을 기대고 서 있었다.

내가 그런 자세를 취하자마자 멋지게 차려입은 결혼식 하객들이 식당을 나와서는 자리를 떴다. 금세 나는 내가 엉뚱한 곳에 서 있다는 사실을 알아차렸다. 사람들은 잔뜩 찌푸린 얼굴로 나를 흘긋흘긋 보았다. 마치 "이 냄새나는 여자야, 왜 여기 있는 거야? 다른 데로 가지 않고서!"라고 말하는 것 같았다. 등산용 반바지 차림에 신발은 더럽고 모자는 비뚤어진데다 불룩 튀어나온 배낭까지 옆에 있었으니 내 행색이 다소 남달랐으리라는 것은 나도 안다. 하지만 내가 거기 서서 기다린다고 해서 누구에게 해가 되는 것도 아니었다. 비수처럼 나를 찌르는 그들의 경멸에 찬 눈빛은 거부를 뜻했다. 그 즉시 나는 늘 그와 같은 시선을 받으며 살아가는 노숙자들이 생각났다.

또 한번은 긴 하루의 걷기를 마친 뒤에 톰과 나의 행색과 냄새가 말이 아닌 적이 있었다. 다음날 먹을 것이 필요하여 우리는 대피소에 여장을 풀기 전에 상점부터 갔다. 평소에는 배낭을 벗어 상점 밖에 두었지만 그날은 너무 피곤하여 힘을 아끼기로 했다. 배낭을 멘 채로 안으로 들어간 것이다. 우리가 들어가자 곧바로 한 점원이 통로마다 나를 따라다녔다. 처음에는 나도 순진하게, 그녀가 내게 필요한 물건을 찾도록 도와주려고 그러는 줄 알았다. 나는 그녀를 돌아보며 스페인어로 인사를 건넸으나 그녀에게서 돌아온 것은 번득이는 의심스런 눈초리였다. 나는 기겁했다. 혹시라도 내가 무엇을 훔쳐갈까 싶어서 그녀가 나를 따라다니고 있다는 것을 그제야 알아차렸던 것이다. 나의 행색이 아마도 그런 "부류"로 보였던 모양이다.

카미노를 걷는 기간이 길어질수록 빈민들에 대한 나의 의식도 깊어졌다. 톰과 함께 당일 밤의 숙소를 찾는 문제로 고심할 때면 나는 종종 그런 기분이 들었다. 잘 곳이 있을지 없을지 우리는 한번도 미리 알았던 적이 없다. 비록 돈이 문제가 되지는 않았지만 숙소가 만원일 수도 있고, 묵을 만한 대피소나 호스텔이나 호텔이 없을 수도 있었다. 간혹 우리는 "언제라도 민가의 문을 두드려 차고에 재워 달라고 부탁하면 된다"든지 "공원을 찾아가 거기서 자면 된다"는 말로 스스로를 위로하곤 했다. 카미노를 걸으면서 주로 교회 문밖의 계단이나 공원에서 잤다는 한 순례자를 나는 정말로 만났다. "노숙자가 하룻밤 묵을 곳을 찾으려 한다는 것이 어떤 것일까?" 그런 생각이 들었던 적이 한두 번이 아니다.

대피소가 문을 열기를 줄 서서 기다릴 때도 나는 노숙자들이 식사 배급소나 쉼터에서 줄 서서 기다리는 심정을 느낄 수 있었다. 그들처럼 톰과 나도, 일단 대피소 문이 열려 안으로 들어가면 그곳의 상태를 우리 마음대로 어찌할 수 없었다. 흐릿한 조명도 그중 하나였다. 30명이 쓰는 방 한가운데에 달랑 35와트짜리 전구 하나가 갓도 없이 달려 있은 적도 있었고, 계단과 화장실에 아예 전등이 없는 경우도 있었다. 노숙자들처럼 우리도 머리 위에 지붕만 있으면 안도했다. 합숙소의 공간이 비좁고 공기가 텁텁하고 시설이 지저분하고 매트리스가 더러워도 상관없었다. 포르토마린에 여장을 풀던 날 나는 이렇게 썼다.

시립 대피소에 묵고 있다. 이층침대 위 칸에 내 침낭을 깔고 앉아 있다. 매트리스는 더럽고 침대보가 뜯겨져 나갔다. 뭉텅 뜯긴 자리에 내장재가 보인다. 베개에는 깃털이 삐죽삐죽 보이고 내장재와 침대보에는 때가 덕지덕지 붙어 있다. 내 오른쪽에 두 칸짜리 창유리가 있다. 더럽다. 안쪽 둘레에는 흙과 먼지가 들러붙어 있다. 창유리는 온통 얼룩 투성이에 파리똥으로 까맣다. 이 방에는 다섯 개의 이층침대가 있는데 죄다 벽 쪽으로 빙 둘러 놓여 있고 가운데에 좁다란 띠처럼 자유 공간이 있다.

창밖으로 순례자들이 대피소 입구에 앉아 여러 나라 말로 이야기하고 있다. 그들은 입구와 평행을 이루는 낡은 돌담 위에 앉아 있다. 이 거대하고 더러운 곳이 나는 정말 싫다. 샤워도 못하고 그냥 씻는 둥 마는 둥 했다. 찬물밖에 없고 휑하니 열린 샤워장 2개와 세면대 2개와 변기 2개가 있을 뿐이다. 화장지는 없고 바닥은 완전히 물 반 진흙 반이다.

묵어가는 대피소의 상태 외에도 우리는 거의 매일 밤 다른 곳에서 잠을 자야 했다. 우리는 날마다 행장을 풀었다 다시 꾸렸다. 물건마다 비닐봉지에 담았고, 모든 것을 지고 다니기 가장 좋은 곳에 잘 넣었다. 우리는 어느 한곳에 익숙해질 만큼 오래 머물지 않았다. 밤마다 화장실에 가는 길을 새로 익혔고, 새 침대에 몸을 적응시켰다.

우리에게 잘해 주려는 특별한 시도도 우리의 품위를 약간은 손상시켰다. 우리가 아르수아에 도착했을 때 대피소 관리인은 우리를 3층으로 데리고 올라갔는데, 그곳에는 이층침대가 아니라 1인용 간이침대가 줄지어 있었다. 방안을 들여다보면서 나는 너무나 기뻤다. 그러다 침대 위에 놓인 하얀 종이쪽지에 "노인용"이라는 글씨가 찍혀 있는 것을 보았다. 그 침대는 노인 순례자 몫으로 지정된 것인데, 관리인은 나를 노인으로 보았던 것이다!

빨래도 나를 노숙자들과 이어 주었다. 나는 세련된 사람들이 가난한 자들에 대하여 "그래도 깨끗하게 하고 다닐 수는 있잖아"라고 말하는 것을 종종 들었다. 그러나 깨끗하게 하고 다닌다는 것은 생각만큼 그렇게 쉽지 않다. 우선, 우리는 세탁용으로 지정된 싱크대를 찾았고, 줄을 서서 기다렸고, 비누가 떨어지지 않기를 바랐고, 다른 순례자가 와서 쓸 수 있도록 서둘러 빨았다. 그 다음, 우리는 빨래를 널어 말릴 지정된 장소를 찾았다. 대피소에 묵는 순례자들은 많은데 빨랫줄은 몇 개밖에 없거나 때로 아예 없을 때면, 우리는 관목이든 담장이든 젖은 빨래를 널 만한 곳이면 어디에나 널었다. 세탁기가 있는 대피소에서 묵은 적이 두세 번 있는데 그때의 반가움이란 감히 말로 표현할 수 없다. 그중 한곳에는 건조기까지 있었다. 정말로 깨끗한 옷이 있다는 것은 얼마나 기쁜 일인가.

음식은 나의 경험을 노숙자들의 경험과 연계시킬 수 있

는 또 하나의 기회가 되었다. 카미노에서 알게 된 굶주림을 나는 예전에는 미처 몰랐었다. 먹을 것이 떨어졌는데 몇 킬로미터를 가도 아무것도 구할 수 없는 적이 몇 번 있었다. 음식을 쉽게 구할 수 있는 경우에도 매번 우리가 원하는 음식은 아니었다. 보행 나흘째인 일요일에 우리는 팜플로나 약간 너머에 있는 시수르 메노르에 멈추었다. 스페인 식당은 대부분 일요일에는 문을 닫는다는 사실을 우리는 저녁식사 시간이 되어서야 알았다. 시수르 메노르에는 문을 연 식당이 하나도 없었다. 팜플로나에는 몇 군데 있었을 수도 있으나, 그것은 그 도시까지 먼 길을 되돌아가 식당을 찾아야 한다는 뜻이었다. 사설 대피소의 주인은 우리에게 팜플로나의 문을 연 배달 식당에서 음식을 주문하는 방법이 있다고 알려 주었다. 톰은 흥분하여 "와, 피자! 피자로 합시다!"라고 외쳤고 결국 우리는 배달을 시키기로 했다. 평소의 순례자 식단과 다른 음식을 생각만 해도 우리의 입에 침이 고였다. 1시간쯤 지나 피자가 도착했을 때 우리는 배고파 죽을 지경이었다.

피자를 먹으려고 앉았으나 나는 도저히 몇 입 이상 먹을 수 없었다. 그 피자는 단연 카미노 최악의 음식이었다. 자기는 "아무거나 잘 먹는다"고 늘 입버릇처럼 말하던 톰조차도 이것만은 집어삼킬 수 없었다. 우리는 구역질나는 그 음식을 먹지 않기로 했다. 그렇다고 다른 배고픈 순례자들에게 나누어 줄 수도 없었다! 아무도 원치 않았다. 그 경험을 계기로, 그리고 긴 하루를 걸은 끝에 식당이 문을 여는 시간을 몇 시간씩 기다리던 많은 날을 계기로, 나는 톰에게 이렇게 묻게 되었다. "이 지역 사람들은 어떻게 살까요? 하루 종일 고되게 일하고서도 어떻게 먹지 않고 견딜까요? 노숙자들은 주어지는 음식이 지독히 맛이 없어도 어떻게 용케 아무거나 먹을까요?"

가끔가다 대피소에서 아침식사가 나오는 경우가 있었다. 배낭 속의 음식을 꺼내 먹지 않고 나중을 위해 굳혀 둘 수 있었으므로 그것은 특별한 선물이었다. 그런 아침식사는 대개 전날 저녁식사 때 먹고 남은 흰 빵이었다. 대피소에서 어떤 음식을 주든 우리는 감지덕지했지만, 아침 식탁에 신선한 과일이나 간혹 요구르트나 시리얼이 오를 때면 우리는 그야말로 하늘을 나는 기분이었다.

우리 중에 무엇이든 먹고 싶은 대로 먹을 수 있는 사람은 굶주린 사람한테야 아무거나 먹을 것만 있으면 행운이라고 생각할지 모른다. 어떤 면에서는 나도 그렇다고 생각한다. 그러나 뭐가 맛있는 것을 깨문다는 것, 내 미뢰를 즐겁게 하는 음식을 맛본다는 것은 얼마나 큰 즐거움인가! 배만 채워 주는 것이 아니라 영양가도 있고 건강에도 좋은 음식이 있다는 것은 얼마나 좋은 일인가! 누구라도 그런 즐거움을 누릴 자유가 있어야 한다.

집에 돌아오고 몇 달 후에 나는 「디모인 리지스터」라는 신문에 실린 어떤 지역교회에 대한 기사를 읽었다. 그 교회는 노숙자 쉼터에서 생선 튀김을 제공했다. 교인들 몇이서 여름에 잡은 생선을 모았다가 노숙자들에게 나누어 준 것이다. 식사를 받으러 모여든 노숙자들은 음식이 맛있다고 격찬했다. 평소 끓이기도 쉽고 차리기도 쉬운 녹말 위주의 걸쭉한 잡탕류 음식을 주로 받던 그들에게 생선 저녁식사는 만찬이었다. 한 남자 노숙자는 고마워하며 "2년 만에 생선을 처음 먹어 본다"고 말했다. 내가 카미노에 다녀오지 않았다면 그의 말이 나에게 주는 의미가 적었을 것이다.

카미노에서 내 빈약한 소지품도 나를 노숙자들과 연결시켜 주었다. 몇 안 되는 내 단출한 살림을 나는 보물처럼 간수했다. 다른 순례자들한테 도둑맞을까봐 걱정되었다기보다는 단 하나라도 그 소중한 물건 없이 지내고 싶지 않았기 때문이다. 하나하나가 내 여정에 꼭 필요한 것이었다. 전에 두 해 동안 하절기에 애팔래치아 산맥의 가난한 사람들 틈에서 살던 때에 나는, 가난한 사람들이 그나마 별로 있지도 않은 것을 다른 어려운 사람과 나누는 모습을 여러 번 보았었다. 카미노에서도 그런 후한 인심을 경험했다. 그날 밤에 톰과 나는 처음에는 저녁식사를 거르게 되는 줄 알았다. 그때 필립이라는 80세의 캐나다 사람이 톰과 나에게 자기 음식을 다 내주었다. 그는 "괜찮습니다. 난 배가 고프지 않아요. 점심을 잔뜩 먹었습니다"라고 말하면서, 빵 반 덩이와 작은 치즈 덩어리를 우리한테 내밀며 극구 먹으라고 했다. 그의 관대한 몸짓은 내게 깊은 감동을 주었다. 틀림없이 그도 배가 고프리라는 것을 알았기 때문이다. 결국 일이 잘되어 그날 저녁 우리는 우리 모두가 먹을 음식을 구했다. 그러나 구하지 못했더라도 필립은 자신에게 있는 얼마 안 되는 것을 선뜻 내놓았을 것이다. (여담이지만 그날 저녁식사 때 필립은 음식마다 많이 먹었다.)

여정 후반부에 톰이 나를 보며 말했다. "카미노의 하루하루를 나더러 말해 보라고 한다면 나는 '생존법'의 하루라고 명명하겠소. 스스로 자기 몸을 돌보고 숙식을 해결하고 청결을 유지해야 하니 말이오." 노숙자들처럼 순례자들도 삶의 기본적인 필요를 채우는 도전을 매일 경험한다는 사실을 톰은 지적한 것이다. 나도 동의했지만 동시에 나는 우리의 여정이 노숙자들의 여정과 얼마나 다른지도 인식했다. 톰과 내

노숙자의 처지를 경험하라

가 간이식당과 일반식당에서 소박한 순례자 식단으로 끼니를 해결한 것은 우리가 일부러 택한 일이다. 복장도 우리가 택한 것이고 대피소에 묵은 것도 우리가 택한 일이다. 그러나 돈도 없고 직업도 없고 집도 없는 사람들에게는 이런 선택이 거의 불가능하다.

순례길을 걸으며 우리는 노숙자들의 삶을 잠깐 조금 엿보았을 뿐이다. 나는 카미노의 삶을 노숙자들의 삶과 비교하여 어떤 식으로든 우리의 경험을 낭만적으로 그릴 생각은 없다. 두 상황은 같지 않다. 그러나 카미노로 인해 하루하루 살아가는 사람들, 다음번 식사와 오늘밤의 숙소가 어디에 있을지 알지 못하는 사람들의 곤경에 대해 의식이 민감해지고 긍휼의 마음을 새로 품게 된 것은 사실이다. 나에게 카미노는 절대 "장난"이 아니었다. 나는 굶주림을 경험했다. 더러움에 질색했다. 거절을 맛보았다. 그럼에도 나는 내가 처한 그 상황이 한시적인 것임을 알았다. 나는 내가 카미노를 떠나 노숙자들에게는 없는 것들로 돌아갈 수 있음을 알고 있었다.

순례에서 얻은 이 교훈은 불법 이민자들, 방황하는 노숙자들, 모든 가난한 이들에 대한 나의 태도를 지금도 계속해서 돌아보게 한다. 집에 돌아온 지 얼마 안 되어 나는 디모인 시내의 어느 모임에 나갔다. 주차 미터기에 동전을 집어넣고 있는데, 수염도 깎지 않고 온몸에 땟국이 흐르는 한 노숙자가 소지품 보따리를 들고는 내 곁을 지나갔다. 평소 같았으면 나는 눈길을 돌렸을 것이다. 그러나 이번에는 그의 눈을 똑바로 보고 생긋 웃으면서 "안녕하세요" 하고 인사를 건넸다. 노숙자는 자신을 한 인간으로 대하는 나의 인사에 깜짝 놀라는 표정이었다. 그는 대충 "안녕하시오" 하고 답례한 뒤에 자기 길을 갔다. 그 순간 내가 그에게 얼마나 친근감을 느꼈는지 그는 몰랐을 것이다.

우리가 카미노에서 돌아오고 두 달이 지나 성탄절이 되었을 때, 톰도 나도 우울한 심경을 고백했다. 사람들이 선물에 많은 금품을 들여서도 그랬고, 우리가 카미노에서 경험한 삶과 이곳의 삶이 대비되어서도 그랬다. 함께 이 현실을 묵상하다가 나는 삶을 대하는 나의 방식이 달라지고 있음을 깨달았다. 카미노는 생활에 필요한 기본적인 것을 구하는 사람들을 향해 나의 마음을 더 활짝 열어 주었다. 더 이상 나는 고개를 돌릴 수 없다. 내게 있는 생활 필수품을 그들도 누릴 권리가 있음을 나는 늘 잊지 않고 싶다.

카미노를 걷고 돌아온 후에 맞이한 첫 성탄절에 나는 이미 필요 이상의 많은 것을 갖고 있는 이들에게는 선물을 덜하기로 했다. 그렇게 아낀 돈을 노숙자들을 위한 식료품 수집기관과 쉼터로 보냈다. 산티아고까지 먼 길을 가는 나에게 친절을 베풀어 준 모든 사람들, 나를 맞아들여 쉴 곳을 내주고 긍휼을 베풀어 준 모든 사람들을 기억하는 마음으로 나는 지금도 계속 그리하고 있다.

카미노에서 직접 맛본 노숙자의 심정을 나는 잊지 않을 것이다. 그것이 나에게 영원토록 영향을 미쳤으면 좋겠다.

13
부정을 긍정으로 바꾸라

판단하지 않는다는 것은 타인의 행동에 눈을 감는다는 뜻이 아니다.
그 행동을 일종의 조건화된 행위로 인식하여,
그 행동을 보되 그 자체로 받아들인다는 뜻이다.
그 행동에 근거해서 그 사람의 정체성까지 지어내지는 않는다.
: 에크하르트 톨레

다른 사람을 판단하기란 얼마나 쉬운가. 내 기준으로 남을 비판하고 비교하는 이 성향은 카미노를 걷는 중에도 멈추지 않는다. 톰과 나는 첫날부터 그 사실을 얼른 깨달았다. 스페인어로 하는 우리의 인사를 사람들이 무시할 때면 그들이 냉정하다느니 불친절하다느니 하는 말이 우리 입에서 나왔던 것이다.

다음날 톰은 생각에 잠겨 이렇게 말했다. "이상하지 않소? 우리가 사람들에게 긍정적인 인사말을 건네 놓고는 그들이 답례하지 않으면 어느새 그들에 대한 혹평으로 바뀌니 말이오. 본래 우리가 인사로 전하려 했던 호의가 부정적인 말로 인하여 무산됩니다. 게다가 우리가 이곳에 있는 모든 사람들에게 굳이 답례를 기대하는 까닭은 또 무엇이오? 미국에서 우리도 지나가는 모든 사람에게 인사를 하는 것은 아니지 않소. 그러다가는 금방 피곤해질 것이오."

우리는 다른 사람들을 만날 때, 그들이 어떻게 보이거나 행동하든 상관없이 좀더 긍정적인 자세를 갖기로 각별히 노력하기로 했다. 이 다짐에 따라 우리는 부정적인 생각이나 감정을 긍정적인 것으로 대체해야 했다. 우리 중 하나가 누군가에 대해 나쁘게 말할 때마다 우리는 그것을 좋은 내용으로 바꾸려 했다. 우리의 이러한 열망은 다른 사람들을 사랑해야 한다는 우리의 기독교 신앙에서도 일부 비롯된 것이다. 동시에 우리의 결단은 긍정적으로 생각하고 말하는 것보다 부정적으로 생각하고 말하는 것이 더 에너지가 많이 든다는 우리의 공통된 신념에서 온 것이기도 했다. 그때부터 우리는 우리의 사고와 반응에 선한 기운과 사랑이 들어가도록 힘썼다. 이 목표는 우리에게 도전이었다.

다른 사람들을 판단하지 않는 것에 관련된 첫 번째 큰 교훈은 우리가 팜플로나를 지나갈 때에 찾아왔다. 그 도시 가운데로 몇 시간을 걸은 후 톰과 나는 둘 다 화장실에 가야 했으나 그날은 일요일이라서 열려 있는 화장실이 없었다. 공원의 공중화장실도 닫혀 있었고 상점과 식당도 마찬가지였다. 도시를 벗어날 즈음에는 톰도 나도 몹시 불안해졌다. 그때 우연히 팜플로나 대학교를 알리는 표지판이 나타났다. 나는 크게 안도하며 "아, 저 건물 중에는 틀림없이 화장실이 있겠지"라고 말했고 우리는 그쪽으로 갔다.

언덕을 올라가니 검은 옷에 성직자용 칼라를 한 세 명의 사제가 보였다. 우리는 그들이 예수회 신부들일지도 모른다고 생각했다. 그들은 대학 캠퍼스의 커다란 석조 건물 옆에서 자동차에 짐 가방을 싣고 있었다. 여행을 떠나려고 준비하는 것이 분명했다. 우리는 서둘러 길을 올라가 그들에게 화장실을 물었다. 그들은 즉시 자동차에 짐 싣기를 멈추고는 우아하게 장식된 출입구로 우리를 안내하여 건물 안으로 들어갔다. 축축한 신발에 누추한 순례자 차림을 한 내가 들어갈 곳은 아닌 것 같았지만 세 사제는 상관없다는 듯 톰과 나를 별도의 화장실로 안내했다. 지저분한 대피소에서만 묵다가 아름다운 대리석 벽과 번쩍이는 깨끗한 곳을 보니 마음이 흥분되었다. 화장실에는 화장지와 손을 씻을 비누까지 있었다! 사제들은 우리를 기다렸다가 이번에는 아름다운 채플을 보여 주었다. 나중에 다같이 밖에 서 있을 때 그들은 우리와 따뜻한 대화를 나눴다.

톰은 그들에게 예수회 사제냐고 물었다. 그중 한 사람이 놀라며 "아니, 아닙니다. 우리는 오푸스 데이 소속입니다"라고 대답했다. 다른 사제가 재빨리 "우리는 변호사이자 학생 1천 명인 이 대학의 윤리학 교수입니다"라고 덧붙였다. 나는 깜짝 놀랐다. 내 머리는 "오푸스 데이!"라고 소리쳤고, 나는 그들의 말을 이해하려고 애썼다. 믿어지지 않았다. 나는 감히 톰의 반응을 살피려고 그에게 눈을 돌리지도 못했다. 그도 나만큼 충격을 받았을 것이 분명했다. '오푸스 데이'(Opus Dei)라면 로마의 전통 진영과 밀접하게 얽혀 있는 지극히 보수적이고 부유한 천주교 단체라는 것을 톰도 나도 알고 있었다. 톰과 내가 목사요 수녀이기는 하지만 둘 중 어느 쪽도 그 단체와는 별 공통분모가 없었다. 그런데 이렇게 그들 세 사제가 우리를 따뜻하게 맞아 주었던 것이다. 그들은 자기네 일을 멈추고 순례자들의 급한 사정을 돌아볼 정도로 친절했다.

오푸스 데이 사제들과 작별하고 다시 길을 걸으면서 톰과 나는 그들을 예수회 사제로 착각했던 우리 실수에 킥킥 웃었다. 그러면서 우리는 그들의 친절로 초점을 옮겼다. 우리 둘 다 그들의 환대에 감동했다. 그 세 사람이 보수주의자냐 자유주의자냐는 중요하지 않았다. 그들은 따뜻하고 자상하게 우리에게 다가와 기독교적 환대를 베풀어 주었다. 그런 점에서 우리도 그들과 공통의 목표가 있었다. 다른 사람들을 대접하는 일의 의미를 톰과 나도 전심으로 믿었으니 말이다.

톰과 나는 방금 경험한 일이 마냥 놀랍기만 했다. 그 사건은 판단하지 말 것에 대한 강력한 교훈이었다. 그들의 친절이 우리에게 가르쳐 준 것은, 신학 같은 것에 대해 어쩌다 서로 다른 입장을 갖게 되었을 뿐이지 우리 모두가 인간임을 기억해야 한다는 사실이었다. 공정하지 못한 잣대로 판단하는 우리의 습성에 관해 계속 대화하던 중에 톰이 이렇게 말했다. "왜 우리는 자유니 보수니 하는, 서로를 갈라놓는 요소에 먼저 초점을 맞출까요? 왜 우리는 우리가 다 한 하나님의 자녀이며 모두가 한 성령이 거하는 성전이라는 사실처럼 서로를 이어 주는 요소를 먼저 보지 않는 걸까요? 그것이 우리를 묶어 주는 띠이고 그것이 중요한 것인데도 말이오."

오푸스 데이 사제들의 친절을 받은 일은 부정적인 생각과 태도를 버리고 긍정적인 것을 취하려는 우리의 다짐을 굳혀 주는 좋은 계기가 되었다. 카미노에서 몇 주를 보내는 동안 우리는 걸핏하면 부정적인 판단에 빠져드는 우리의 사고를 점점 더 의식하게 되었다. 다행히도, 톰에게 거슬리는 것이 대개 나에게는 거슬리지 않았고 또 거꾸로도 마찬가지여서, 우리는 둘 중 하나가 판단하는 말을 할 때면 비교적 신속하게 부정적인 태도를 포착할 수 있었다.

부정을 긍정으로 바꿔야 하는 일 없이 그냥 지나간 날이 단 하루도 없었다. 우리는 카미노를 걷는 다른 사람들에 대해 부정적인 말을 하지 않으려 애썼다. 순례자들은 다양한 집단이다. 그들이 무엇을 먹고 무엇을 입는지, 무엇을 믿거나 혹은 믿지 않는지, 어떻게 말하고 행동하는지에 대해 판단하려는 유혹이 들게 마련이다. 그러나 순례자마다 각자의 성품과 역사를 카미노에 가져온다는 사실을 기억하면 부정적인 판단을 상당 부분 제거할 수 있다. 톰과 나는 각 순례자를 "하나의 이야기"로 생각하는 습관을 길렀다.

카미노에 첫발을 내딛을 때 순례자는 자신의 정체, 자신을 빚고 형성해 온 인생 이야기를 가지고 온 것이다. 우리가 우리의 개성을 가지고 간 것과 다를 바 없다. 마이스터 에크하르트(Meister Eckhart)는 "모든 피조물은 **하나님에 관한 책이다**"라고 썼다. 톰과 나는 그 말을 기억하면서, 다른 순례자들에 대한 부정적인 판단을 삼갔다. 하지만 우리는 종종 잊기도 했다.

다른 순례자들에게서 이기적이거나 미성숙해 보이는 특정한 행동이 눈에 띄면, 부정적인 생각이 팔팔한 개구리처럼 내 속에서 튀어나왔다. 하루는 한 청년이 아침부터 계단을 가로막고서 비스듬히 앉아 발가락에 약을 바르고 있었다. 계단을 내려가던 나는 그가 못마땅했으나 그는 비켜 주지도 않았다. 모든 순례자들이 그의 다리를 넘어서 아래층으로 내려갔다. 나는 그에 대한 내 부정적인 반응을 어떻게 긍정적인 것으로 바꿀 수 있을지 의아했다. 그러다가 나는 그의 나이를 생각했다. 게다가 아침이라 그는 잠이 덜 깼을 것이고,

그는 자기가 야기하는 문제를 전혀 의식하지 못했을 것이다. 이 같은 긍정적인 생각이 그 청년에 대한 나의 짜증을 없애주었다.

상황에 따라 부정을 상쇄할 긍정을 좀더 애써 찾아야 하는 경우도 있었다. 간이식당이 하나밖에 없는 어느 작은 마을에서 있었던 일이다. 한 노년의 순례자가 식당 밖에 있는 두 탁자 중 하나를 혼자 차지하고는 낱말 퍼즐을 풀고 있었다. 그녀는 근처에 서 있는 일고여덟 명의 지친 순례자들에게 식탁을 같이 쓰자고 한번도 권하지 않았다. 이번에도 나는 그녀의 행동을 판단하기보다는 자세히 관찰하려 했다. 나는 이렇게 생각했다. "저 여자의 인생 이야기가 어떤 식으로든 여기 자신의 행동 속에 담겨 있다. 저 여자처럼 나도 카미노에 나 자신을 가지고 왔다. 나 자신의 모든 결점과 어두운 부분이 모습을 드러내어 다른 사람에게 불편을 야기한다. 나는 지금 행동만 가지고 이 여자를 판단할 수 없다."

며칠 후에 나는 어느 부주의한 순례자가 음료수대에서 옷을 빠는 것을 보고는 기겁했다. 어디까지나 그곳은 순례자들이 와서 물병을 채우는 곳이었다. 어찌나 화가 나던지 나는 거의 그에게 가서 그만두라고 말할 뻔했다. 그러나 몇 주 전

비야마요르 몬하르딘에서 우리를 포함한 순례자 넷이서 비슷한 순례자용 샘에 멈추어 거기서 흙 묻은 신발을 씻었던 일이 다음날에야 생각났다. 이 기억 덕분에 그 부주의한 순례자에 대한 나의 부정적인 생각이 당장 멎어 버렸다. 나는 그를 아주 혹독히 판단했던 것이다.

부정적인 생각은 우리가 처치했다 싶으면 다시 나타났다. 하룻밤은 어느 독일인 부부가 우리 맞은편 침대에 들었다. 여자는 남편에게 울먹이며 말하고 있었다. 그녀는 비싼 스포츠 복장을 잘 갖춰 입은 금발의 50대였고, 금붙이도 많이 달고 있었다. 나는 "본인이 원해서 온 것은 아니겠지"라는 생각이 들었다. 그러고는 부정적인 생각을 감지하고는 긍정적인 생각으로 바꾸려 했다. "나는 저 여자처럼 유복하지는 않지만, 이런 삶의 방식을 수용한다는 것이 얼마나 힘든지 나도 잘 안다. 그녀는 얼마나 고생스러울까." 나중에 나는 그녀가 빗속에 크게 넘어져 몸에 통증이 심하다는 것을 알게 되었다. 그녀가 울었던 진짜 이유는 대피소가 불편해서가 아니라 삐끗한 무릎 때문이었던 것이다. 그녀에 대한 나의 판단은 얼마나 잘못된 것이었던가.

톰도 비슷하게 잘못 판단한 적이 있었다. 우리가 필립이라는 캐나다 사람을 만났을 때에 필립은 자기 나이가 여든이라고 했다. 우리는 그와 아주 즐겁게 지냈다. 며칠 후 우리가 어느 대피소에 들었는데, 톰은 전날 밤에 필립이 숙박부에 자기 나이를 77세로 적은 것을 보았다. 나이 차이가 내게는 별일 아니었으나 어찌된 연유에서인지 톰은 그 차이를 곱게 보지 않았고 필립을 정직하지 못한 사람이라 여겼다. 그러니 숙박부의 필립이 사실은 동명의 또 다른 캐나다인이었고 나이가 정말 77세였다는 사실을 며칠 후에 알게 되었을 때 톰이 얼마나 무안했겠는지 생각해 보라.

다른 사람을 판단해서는 안 된다는 것을 가르쳐 주는 또 다른 경험이 있다. 톰이 받아들이기 힘들어 한 사람들 중에 우리와 함께 길을 걸었던, 적은 무리의 프랑스 사람들이 있었다. 아침마다 어떤 밴이 조그만 당일치기 배낭을 멘 그들을 내려 주고는 저녁이면 다시 그들을 태워 식당으로 데려갔다. 이들 프랑스 순례자들은 종종 톰과 나와 같은 대피소에 묵었다. 그들은 시끄러운 패인지라 떠들며 즐겁게 지냈다. 그 끝없는 수다와 소란이 톰의 심기를 건드렸다. 이따금씩 톰은 "이 프랑스 사람들"에 대한 자신의 감정을 극복하고 싶다고 나에게 말했다.

결국 톰의 부정적인 생각을 떨치게 해준 것은 바로 그들이었다. 우리가 부르고스에 갔을 때였다. 톰과 내가 그 도시의 허름한 지역에 다다랐을 때 어디서 흥분한 목소리들이 들렸다. 돌아보니 그 프랑스 순례자들이 번잡한 4차선 길을 건너오라고 손짓하며 우리를 부르고 있었다. 우리 둘은 머뭇거렸다. 우리는 카미노의 노란색 화살표를 따라가고 있었고 제 방향으로 가고 있다는 느낌이 있었지만, 그래도 프랑스 사람들이 무엇을 원하는지 건너가 보기로 했다. 그들에게 가니 그중 하나가 이렇게 설명했다. "저희 안내책자에는 시내의 이 부근에서 순례자들을 노리는 소매치기와 강도를 매우 조심해야 한다고 순례자들에게 경고하고 있습니다." 그들은 우리를 걱정해 주었고, 도심까지 자기들과 함께 버스를 타고 가자고 권했다. 우리는 그렇게 했다.

톰과 나는 부정을 긍정으로 돌리려는 우리의 노력에 대해 자주 이야기했다. 어느 날 나는 일기장에 이렇게 썼다.

톰과 나는 부정적인 생각에 대해 대화를 나눴다. 우리는 긍정적인 생각만 하고 싶다. 부정적인 생각은 우리 머릿속에서 지우고 싶다. 지금이 그 일을 해야 할 때다. 우리는 말 많은 프랑스 사람들로부터 시작한다. 그들의 끝없는 수다가 대피소의 분위기를 장악할 때, 그들을 향해 속으로 가시를 세우기보다는 친절을 보내기로 한 것이다. 더 있다. 자존심으로 가득 차

보이는 건장한 오스트리아 사람도 그중 하나다. 그는 전에 카미노를 걸은 적이 있고 스페인의 여러 다른 길도 걸었다고 한다. 그저 운동으로 하는 것 같다. 그밖에도, 눈을 깜빡이며 남자 순례자들과 시시덕거리는 20대의 젊은 네덜란드 여자, 말도 없고 좀처럼 대화에도 끼지 않는 얌전한 영국인, 한순간 따뜻하고 친절했다가 어느새 거리를 두며 쌀쌀해지는 캐나다 사람, 항상 말만 많았지 다른 사람의 말은 듣지 않는 남아프리카공화국의 신사도 있다.

그들을 그냥 두자. 각자의 관점대로 살도록 두자. 저마다의 방식대로 카미노를 걷도록 두자. 내 마음에서 나오는 부정적인 생각은 단지 나 자신의 자아가 나오는 것이다. 내가 생각하는 최선의 길에 다른 사람들이 맞추어 주기를 바라는 것이다.

그 정도로 대화하고 경험했으면 누구라도 톰과 내가 부정적인 생각을 긍정적인 생각으로 바꾸는 교훈을 확실히 배웠다고 생각할 만도 하다. 그러나 이는 힘든 연습이며, 우리는 실패를 거듭했다. 부정적인 생각에 빠져 긍정적인 생각으로 대체하지 못할 때마다 우리는 결국 우리 생각의 허점을 보게 되었다. 비야프랑카에서 톰과 내가 대피소에 숙박을 등록한 직후에 밴과 승용차가 한 대씩 나타났다. 말쑥한 옷차림에 커다란 여행가방을 든 한 무리가 걸어 들어왔다. 우리의 후줄근한 배낭에 대면 그들의 여행가방은 왕족의 세간 같았다. 여자들은 대부분 화장을 한 얼굴이었는데 카미노에서는 이례적인 일이었다. 이 무리는 카미노를 자동차로 횡단하는 부류가 분명했다. 그들이 대피소의 상황을 보고 "일대 충격"을 받았다는 것을 우리 순례자들은 그들의 얼굴에서 읽을 수 있었다. 이들 새 손님들은 찡그린 얼굴로 계속 계단을 오르내리며 서로 귀엣말을 주고받았다. 나머지 우리 순례자들은 이층침대에 둘러앉아 그들을 구경했고, 난감해하는 그들을 보며 히죽히죽 웃었다.

한참 후에 그들은 혐오감과 안도감이 뒤섞인 표정으로 계단을 다시 올라오더니 여행가방을 들어다 밴에 실었다. 그들이 떠날 채비를 하고 있는 바로 그때에 톰과 나는 혹시 인터넷 카페가 있을까 하여 비야프랑카의 상가 지역으로 걸어가려고 계단을 내려갔다. 내가 밖에 멈추어 누군가에게 길을 묻고 있는데, 비가 내리기 시작했다. 톰과 내가 돌아서서 걸음을 떼려는데 밴을 운전하는 사람이 차에서 내려서 우리 있는 데까지 와서는, 함께 타고 가겠느냐고 아주 자상하게 물었다. 그녀의 제의를 사양하기는 했지만, 우리는 우리가 혹독하게 판단해 버린 사람에게서 또 한번 친절의 몸짓이 우리에게 다가왔음을 알았다. 정말 무안한 노릇이었다.

다른 순례자에 대한 나의 부정적인 반응을 긍정적인 것으로 바꾸지 못한 적도 있는데, 그중 처음은 온타나스에서 묵던 밤이었다. 몸집이 큰 중년의 스페인 남자가 동반한 다른 세 남자와 함께 우리가 묵는 방에 불쑥 들어섰다. 그들은 큰 소리로 떠들었고, 남아 있는 몇 안 되는 침대 중에서 하나를 고를 때도 거친 말을 주고받았다. 그 사내는 나 있는 쪽으로 쿵쿵대며 걸어오더니 내 침대 바로 맞은편 침대의 위 칸으로 갔다. 아래 칸에 있던 나는 안 보이게 얼굴을 찡그렸다. 아니나 다를까 그는 침대 밑에 자기 배낭을 요란하게 쾅 내려놓았다. 그때는 아직 공식적으로 정숙해야 하는 밤 10시가 되기 전이기는 했지만, 천장의 불도 꺼졌고 많은 고단한 순례자들이 자고 있었다.

창문과 열린 문틈으로 새어드는 희미한 불빛 덕에 나는 장신의 뚱뚱한 스페인 사내를 볼 수 있었다. 짙은 색의 머리털은 숱이 듬성듬성했고 검은 턱수염이 송송 나 있었다. 나는 대번에 그가 싫었고 낮은 말로 인사를 건네기도 힘들었다. 이미 자고 있는 사람들을 배려하지 않고 시끄럽게 방에 들어온 그에게 한바탕 욕을 해주고 싶은 마음도 조금 있었다. 대신 나는 조금 있으면 필시 조용해지겠지 생각하며 침낭 속으로 기어들었다. 그런 행운은 없었다. 그는 자기 동료들과 큰 소리로 웃어 가며 연신 떠들어댔다. 마침내 나는 몸을 돌려 스페인어로 "쉿! 대피소에서는 정숙해 주세요"라고 언성을 높여 말했다. 그는 "아직 밤 10시도 안 됐잖아요"라고 도로 고함을 질렀다. 그가 침대 위 칸으로 훌쩍 뛰어 올라가서 눕자 그 육중한 몸에 매트리스가 요동쳤다. 내가 어른답게 일렀음에도 그는 무시하고 계속 재잘거렸다.

나는 치미는 부아와 짜증을 폭염 속에서 27킬로미터나 걸은 뒤에 오는 피곤 탓으로 돌리고 싶었지만, 내 감정 반응의 근원이 그것이 아님을 잘 알고 있었다. 내 반응을 유발하는 뭔가 다른 것이 있었다. 나는 다시 돌아누웠고, 그가 조용해졌을 때 결국 잠이 들었다. 그러나 잠들기 전에, 이 순례자에 대한 부정적인 반응을 도대체 어떻게 긍정적으로 바꿀 것인지 난감했다. 속으로 나는 앞으로 이 남자와 다시는 마주치지 않기를 바랐다. 그러면 내 판단을 처리할 필요도 없어질 터였다.

바로 그 사내가 다음날 밤에 또 나타났을 때 나는 얼마나 놀랐는지 모른다. 이번에 그를 본 것은 이른 저녁이었는데, 그는 대피소에서 멀지 않은 곳에 있는 한 옥외 테이블에서 포도주를 잔뜩 마시고 있었다. 합숙소에 들어올 때는 전날 밤과 똑같이 시끄럽고 요란했다. 나는 최대한 무시하려고 했지만 속으로는 전보다 더 부정적인 반응을 보였다.

이 상황에서 나는 그에 대한 나의 부정적인 생각과 원치 않는 감정에 정면으로 부닥치지 않을 수 없었다. 난감했다. 나는 다른 스페인 사람들을 만나서 인사할 때는 즐거웠다. 왜 이 사람은 잘 받아들여지지 않는 것일까? 어떻게 그를 긍정적으로 대할 수 있을까? 그는 나에게 스승으로 다가온 것일까? 만일 그렇다면, 내 삶 속에 들어온 그가 나에게 말해 주려는 바는 무엇일까? 도무지 오리무중이었다.

한편으로 나는 톰에게 내 고민을 털어놓았다. 톰에게는 그 일이 문제가 되지 않았다. 사실 톰과 그 스페인 사람은 서로 즐겁게 웃으며 대화했다. 톰은 장난삼아 그 남자를 "두목"으로 부르기까지 했다. 그가 그들 작은 일행의 리더처럼 보였기 때문이다. 남은 카미노 여정 중에도 우리는 그 두목과 자꾸 마주쳤다. 산티아고에 들어가는 마지막 날까지도 그랬다. 그때쯤에는 나도 부정적인 자세를 좀더 긍정적인 자세로 대체할 수 있었다. 대피소에서 그의 마땅한 행실에 대한 나의 생각은 나 자신의 행동 기준에 근거한 것이었다. 이렇게 내 생각이 긍정적으로 돌아섰다고 해서 잠자는 순례자들을 배려하지 않은 그의 행동이 정당화된 것은 아니지만, 그래도

"그와의 싸움"에 들어가는 내 생각과 감정의 에너지가 대폭 줄었다.

그 두목과 관련하여 마지막으로 한 가지 더 말할 것이 있다. 스페인으로 떠나기 전에 나는 카미노의 어느 순례자에 관한 이야기를 읽었다. 그녀는 자기가 자는 이층침대의 위 칸에서 다른 순례자가 드르렁드르렁 코를 골자 그에게 소리를 질렀다고 했다. 그 글을 읽으면서 나는 "카미노에서 순례자가 다른 사람에게 이렇게 말하다니 너무 심하다"고 생각했었다. 그런 내가 그 두목에게 시끄럽다고 소리를 질렀던 것이다. 그래서 그가 나의 삶 속에 들어온 것이 아닐까. 카미노의 사랑의 인도자께서는 이 순례자를 사용하여 나의 또 다른 환상을 깨뜨려 창밖으로 던지셨던 것이다.

부정을 긍정으로 바꾸기란 어려운 일이다. 카미노에서 얻은 이 교훈은 지금도 계속해서 나를 넓혀 주고 있다. 다른 사람에 대해 나 자신이 부정적인 쪽으로 기울 때면, 나는 톰과 함께 카미노에서 경험한 교훈, 즉 판단해서는 안 된다는 생생한 교훈을 떠올린다. 그리고 한 가지를 더 기억해 낸다. 모든 순례자는 하나의 이야기임을.

14
기도의 네트워크를 유지하라

사람이 소유한 모든 힘과 사랑과 하나님께 대한 믿음은
우연히 마주치는 모든 사람들,
그것을 필요로 하는 모든 사람들을 위해 존재해야 한다.
근자에 내 안에도 아주 기적적으로 그런 힘과 사랑과 믿음이 자라고 있다.
: 에티 힐레섬

기도는 나의 삶에 동기를 불어넣어 주고 나의 삶을 지탱해 준다. 이 변화의 촉매제는 오랜 세월 여러 가지 영적 훈련을 통해 발전되어 왔다. 내 기도의 틀이나 형식이 어떠하든 기도의 핵심 기초는 늘 똑같다. 기본적으로 초점을 맞춰야 할 것은 언제나 하나님과의 교제와 지속적인 인격 성장이다. 이 관계는 나를 계속 변화시킬 뿐 아니라 내 삶 속에 들어오는 사람들과 나를 더 깊이 연합시켜 준다.

기도에 대한 이 같은 이해와 인식은 내가 카미노에서 보낸 시간에 큰 영향을 미쳤다. 톰과 나는 여정을 준비할 때부터 둘 다 이 일에서 기도가 중심이 될 것을 예상했다. 어떻게 그렇게 될지 톰도 나도 구체적으로 계획하지는 않았지만, 기도를 통해 다른 사람들과 연합하는 것은 중심 주제가 되었다. 이 기도는 우리의 순례 과정 내내 신기하게 엮이면서, 다른 사람들과의 깊은 영적 유대감을 이루어 냈다. 카미노를 걸어가는 동안 기도는, 우리를 믿고 우리의 여정을 응원해 주는 사람들과 우리를 끊임없이 연결해 주었다. 그 유대감은 가장 필요할 때 우리에게 새로운 각오와 희망을 불러일으켰다. 어떤 기쁨이나 난관을 겪든 톰과 나는 다른 이들의 기도를 통해 우리에게 사랑과 용기가 전해지고 있음을 알았다.

카미노에서도 기도는 그 나름의 모습과 틀을 갖춰 갔다. 3월에 며칠간 피정을 가지면서 톰과 나는 순례자의 기도를 작성하여, 남은 훈련과 준비 기간에는 물론 실제로 카미노에 가서도 날마다 그 기도문으로 기도하기로 작정했다. 우리 자신과 세상을 향한 우리 마음의 희망이 이 기도에 잘 담겨 있다고 생각했다.

> 제 영혼의 보호자시여
> 오늘 하루 길 가는 저를 인도하소서
> 해를 당하지 않도록 지켜 주소서
> 주님과, 주님의 땅과, 주님의 온 가족과
> 관계가 더욱 깊어지게 하소서
> 제 안에 주님의 사랑이 강건하여져서
> 우리가 사는 세상 속에서 제가
> 주님의 평화의 임재가 되게 하소서
> 아멘

기도문을 작성한 다음날부터 우리는 매일의 걷기 훈련을 재개했다. 그날 오후에 톰은 나를 보며 "우리의 새 기도문으로 기도할 시간입니다!"라고 열의에 차서 말했다. 그렇게 시작된 이 기도는 카미노에서 매일의 의식(儀式)이 되었다. 걸을 때마다 우리는 먼저 나란히 서서 손을 잡고 순례자의 기도를 드렸다. 그 뒤로 날마다 우리는 혼자 있을 때든 둘이 같이 있을 때든, 카미노에서든 집에 돌아와서든 순례자의 기도를 빠뜨리지 않았다.

이 순례자의 기도가 어떻게 우리의 마음을 넓혀 주는지 우리도 몰랐다. 그 몇 줄 안 되는 기도를 드릴 때마다 우리의 의식은 더 깊어졌다. 매번 이 기도문은 우리를 순례자 하나님과의 연합 속으로 더 깊이 이끄는 것 같았다. 머지않아 이 기도는 집에 두고 온 사람들과도 우리를 묶어 주었다. 그리고 때가 되자, 우리와 다른 순례자들이 하나임을 더 깊이 인식하게 해주었다. 우리는 그들 중 일부와 이 기도문을 나눴다. 그리고 마침내 이 기도는 우리를 그 의식 너머로까지 데려가, 존재하는 모든 것과 하나가 되게 해주었다.

우리가 순례자의 기도를 다른 사람들과 나누기로 선택하게 된 상황이 몇 번 발생했다. 우선, 톰과 나는 각자 가족과 가까운 친구들에게 편지를 쓰면서 카미노 여정에 수반되는 것들을 적었다. 나는 편지에 이런 약속을 담아 보냈다.

아침에 모험에 나설 때마다 그대들도 나와 함께 걷도록 그대들을 품고 가겠습니다. 내 발이 돌밭 길을 걷는 동안(바라기는 물집 없이!) 조용한 첫 시간에 그대들의 이름을 하나씩 부르겠습니다. 작은 마을, 산의 오르막과 내리막, 큰 도시, 골짜기, 들판, 평지를 지나 산티아고에 이르기까지 그대들과 함께 가겠습니다.

우리는 서신에 순례자의 기도도 넣어 보냈으나 그들이 우리와 함께 그렇게 기도해 주기를 기대했다기보다는 정보를 나누는 차원에서 한 일이었다. 그러나 그들은 그렇게 기도했다. 날마다 했다. 냉장고 문이나 화장실 거울에 그 기도문을 붙여 둔 사람도 있었다. 매일의 기도서에 책갈피로 쓴 사람도 있었다. 식탁 한가운데 두고서 식사 전에 기도한 사람도 몇 있었다. 그러나 본래 이 기도는 우리만 쓰려던 것이었다. 다른 사람들과 나누기는 했어도 그들 모두가 우리의 순례중에 날마다 우리와 함께 그 기도로 기도하고 싶어 할 줄은 예상치 못했었다. 그들이 우리를 위해 우리와 더불어 그리하기로 했다는 것을 나중에 알았을 때 우리가 얼마나 놀라고 마음이 겸허해졌는지 모른다.

그 다음으로 뜻밖의 사건이 벌어진 것은 엠마오의 집 공동대표이자 톰의 영적 스승인 샬롯 휴트먼이 우리를 위한 파송 행사를 마련하겠다고 했을 때였다. 기도와 우정으로 함께한 이 모임은 우리와 우리가 초대한 20여 명의 사람들 사이에 진한 영적 유대감을 형성시켜 주었다. 우리는 안전하고 풍요로운 여정을 위해 함께 노래하고 기도했다. 기도 시간 후에 톰과 나는 우리가 걸어갈 지역과 여정에 필요한 요건 등 카미노에 관한 자세한 내용을 소개했다. 우리 두 초보 순례자는 등산화, 차양 모자, 보행 복장까지 선보여 효과를 더했다. 다함께 스페인식 전채(前菜) 타파스를 즐기는 동안 일동은 질문도 하고 조언도 건네며 웃음꽃을 피웠다. 우리를 즐겁게 파송해 준 행사였다.

우리가 카미노에서 돌아온 후에도 샬롯은 똑같은 사람들을 모아 다시 모임을 주선했다. 함께 기뻐하고 감사하고 기도하고 축하하는 동안 나는 우리의 산티아고 순례가 엠마오 집에서 시작되고 끝났음을 문득 깨달았다. 이 피정 장소는 예수님과 함께 길을 걷던 두 제자가 예수께서 떡을 떼시는 순간 그분을 알아본 아름다운 부활절 이야기에서 그 이름을 딴 것이다(눅 24:13-35). 다함께 서서 노래하던 중에 나에게도 그런 깨달음의 순간이 있었다. "아, 두 제자처럼 톰과 나도 이 친구들과 또 노중(路中)에 만난 모든 이들과 연합하여 카미노를 걷다가 그리스도를 만났구나."

　기도의 네트워크에 엮인 또 하나의 실 가닥은 내가 떠나기 전에 받은 전화와 격려 카드를 통해서 왔다. 특히 나에게 깊은 감동을 준 한 친구의 메시지가 있다. "두 분을 위해 매일 기도할게요. 그렇게 저도 함께 걸으려고요. 특히 두 분의 발을 위해 기도하면서 저녁마다 발을 마사지해 드리는 모습을 상상하려고 합니다. 저는 자주 사람들의 발을 마사지해 줍니다……. 제게는 거룩한 순간이지요. 그래서 당신의 발에도 위안과 치유를 보내려 합니다." 이런 글은 나에게 산티아고를 향해 걷는 데 필요한 것이 채워질 것이라는 확신을 주었다.

　실제로 우리가 카미노에 들어서자 이 탄탄한 기도의 네트워크는 수많은 방식으로 계속 개발되었다. 우리는 계속 기도하겠다는 약속과 격려가 담긴 이메일을 받았다. 그런 이메일을 통해 우리는 고향 땅에 있는 사람들의 상황을 들었고 그들의 처지에 관심을 갖고 마음을 쓰게 되었다. 톰과 나는 날마다 하나님 앞에 그들의 이름을 아뢰었다. 두고 온 사람들과 영적으로 연결되지 않고 그냥 지나친 날이 하루도 없었다. 그것이 짐으로 느껴지거나 순례길에 방해가 되지 않았다. 오히려 기도의 능력에 대한 믿음과, 멀리 떨어져서도 사랑으로 연합할 수 있다는 우리의 믿음을 더 심화시켜 주었다.

아침에 조용히 한두 시간 걷고 나면 우리 중 하나가 상대에게 "오늘은 누구를 위해서 기도하지요?"라고 말하곤 했다. 그러면 우리는 걸으면서 일일이 이름을 불러 가며 우리의 길동무이신 하나님께 그들을 맡겼다. 또한 우리는 그곳 현지인들과 더 넓은 세상까지 포함시켜 기도의 망을 넓혔다. 모르는 사람을 위해 기도하는 경우에는, 걷기가 고통스럽거나 불가능한 장애인, 병원에서 일하는 사람, 장시간 걷거나 서 있는 점원, 어린 자녀를 둔 어머니 등 삶이나 일이 어떻게든 걷는 것과 상관된 사람들을 위하여 기도했다.

어느 날 우리는 문이 열려 있는 거대한 창고를 지나갔는데 그 안에서 남자들 몇이서 다량의 대형 상자를 트럭에 싣고 있었다. 그 곁을 지나갈 때 톰과 나는 마침 다른 사람들을 떠올리며 아침기도를 마치려던 참이었다. 나는 일꾼들을 넘겨다보고는 그들이 날마다 엄청나게 걷겠다는 생각이 들어서 기도 끝에 그들을 덧붙였다. "창고와 공장에서 온종일 서 있는 사람들을 위해서도 기도합니다." 우리 기도의 이러한 측면은 우리의 세계가 너무 협소해지지 않게 지켜 주었고 도처에 있는 사람들과의 연대감을 증진시켜 주었다.

톰과 나는 처음에는 순례자의 기도를 다른 순례자들과 나누기를 꺼렸다. 자칫 원치도 않는 것을 강요하게 될까봐 우려했던 것이다. 하루는 동트기 전에 우리 둘이 고원의 어느 대피소를 떠나려는데 마리와 아일린이 우리더러 함께 가도 되겠느냐고 물었다. 캄캄한 데서 길을 잃을까봐 두려웠던 두 순례자는 우리와 함께 가면 길에서 벗어날 일이 덜하리라고 생각했던 것이다. 넷이서 대피소를 나와 거리로 나서자 톰과 나는 서로 쳐다보았다. 우리는 늘 순례자의 기도를 소리내어 기도했었다. 우리는 말없이 눈빛으로 서로에게 물었다. "속으로 기도해야 할까요? 마리와 아일린에게 함께 기도하자고 해야 할까요?" 자연스럽게 나는 다른 두 사람에게 물었다. "우리가 매일 기도하는 짤막한 기도문이 있는데 함께 하시겠어요?" 그들은 놀란 눈치였으나 긍정적인 반응을 보였다. 그래서 우리는 그들에게 우리의 기도에 대해 말해 주고 기도문을 나눴다.

다른 사람들을 위해 다른 사람들과 함께 드리는 기도의 어느 한 유래는 한동안 우리에게 신비로 남아 있었다. 순례에 오른 지 오래지 않아서 길가의 크고 작은 돌무더기들이 보이기 시작했다. 대개는 길가에 있었지만 울타리 말뚝 위에나 들판에도 있었다. 흔히 돌무더기는 인적이 뜸한 곳에 방

기도의 네트워크를 유지하라

향을 알리는 이정표로 놓는 것인데 카미노에서는 표시가 잘 되어 있는 길에도 거의 매일 돌무더기가 보였다. 하루는 돌무더기가 작은 마을처럼 한꺼번에 여럿 모여 있는 곳도 보았다. 순례자들이 길을 가다가 쌓아 놓은 것이었다. 우리는 그 의미를 다 이해하지 못했는데 어느 캐나다 사람이 말해 주기를, 순례자가 누군가 기도가 필요한 사람을 기억하고 싶을 때 돌무더기에 돌멩이를 얹는다고 했다. 그때부터 우리는 돌무더기를 지날 때면 잠시 멈추고 돌멩이를 찾아서, 누군가를 기억하며 잠시 말없이 서 있다가 무더기에 돌을 하나 더 얹었다.

카미노에서 순례자들은 다른 사람들을 위해 기도하는 창의적인 방법을 많이 개발해 냈다. 하루는 펄프를 생산하는 커다란 목재 하치장을 지났다. 길게 연결된 담장이 한쪽으로 적어도 1.5킬로미터는 계속되었다. 지나가던 순례자들은 버려진 조그만 나뭇조각으로 조그만 십자가를 만들어 담장의 이음매 부위에 꽂아 두었다. 그런 작은 십자가가 담장에 수백 개나 되었다. 또 하루는 자갈길 위에 놓여 있는 돌 십자가를 지난 적도 있다. 가는 곳마다 우리는 기도를 통해 다른 사람들과 연합되어 있으라는 메시지를 받는 것 같았다.

9월 28일, 우리는 카미노 노정에서 가장 감화력 있는 기도처에 이르렀다. 우리는 폰세바돈이라는 폐촌을 지나 해발 1천 500백 미터의 이라고 산 고갯길에 자리한 크루스 데 페로라는 유명한 기념물에 이르렀다. 본래는 옛길을 표시하는 돌무더기에 지나지 않던 것을 누군가 돌무더기 한가운데에 십자가를 꽂아 기독교화한 것이었다. 안내책자에는 그 십자가가 "순례 노정에서 가장 단순하면서도 가장 오래되고 상징적인 기념물 중 하나"라고 표현되어 있다. 거대한 돌무더기 속에 깊숙이 꽂힌 높이 5미터 높이의 나무 장대에 철 십자가가 달려 있다. 카미노를 두 번째로 걷는다는 한 순례자는, 카미노의 그 어떤 것보다도 자기에게 가장 큰 감동을 준 것이 바로 크루스 데 페로라고 나에게 말했다. 가 보고 나서 나도 그 이유를 이해할 수 있었다.

순례자들은 수세기 동안 전통에 따라 자기 집 근처에서 돌을 가져다 먼 길을 들고 와서는 누군가 고통 중에 있는 사람을 기억하면서 그 십자가 밑에 놓았다고 한다. 톰과 나도 그것을 미리 알고, 그곳에 놓으려고 아이오와에서 작은 돌을 조금 가져왔다. 십자가 있는 곳에 당도한 우리는 약 1.5미터 높이의 거대한 돌무더기를 올라가서는 그 가운데 우리가 가져온 작은 돌을 놓았다. 돌을 올려놓으면서 나는 그 다양한 크기의 돌들이 상징하는 모든 십자가를 생각했다. 십자가를 둘

러싼 돌들 가운데 서 있으려니 내 마음이 겸허해지면서 깊은 감동이 밀려왔다.

　가져간 작은 돌 두 개를 손에서 놓는 순간, 나는 사람들의 커다란 짐에 비해 내 삶의 십자가가 너무 작다는 생각이 들었다. 나는 거기에 서서 지기 힘든 십자가를 지고 있는 고향 땅에 있는 사람들을 위해 기도했다. 그 심오한 순간에 나는 사랑하는 이들과는 물론 그 돌들이 상징하는 고통 중에 있는 다른 모든 사람들과도 하나가 되었다. 이어 우리는 거기 도착한 다른 많은 순례자들과 함께 풀밭에 앉아 오랫동안 침묵 속에서 묵상에 잠겼다. 다 마치고는 일어나 걷기를 계속했다. 그곳에는 손에 만져질 듯한 성스러움이 있었다. 내 마음 한 켠에는 그곳에 남아 그것을 더 깊이 흡입하고 싶은 바람도 있었다.

　그러나 고통당하는 이들과의 교감은 계속해서 길을 가는 중에도 나를 떠나지 않았다. 크루스 데 페로에서 느낀 강한 소통의 끈은 끊어질 줄 몰랐다. 나는 돌과 십자가로 된 기도처의 광경을 계속 생각했다. 그 광경은 또한 남은 카미노 여정 내내 나의 긍휼의 심정을 더 돋우어 주었다. 내 사랑하는 이들과 또 그 돌들로 상징되는 모든 이들과 하나 되어 서 있을 때의 그 상념과 감정이 오늘까지도 생생하게 떠오른다.

카미노는 톰과 나에게 영적으로 다른 사람들과 연합하는 힘과 능력을 보다 풍성히 경험하는 기회가 되었다. 집으로 돌아와 엠마오의 집에서 다시금 가까운 친구들 가운데 앉았을 때, 우리 둘은 순례 기간 중에 성장한 우리의 모습을 그들에게 일부 나눴다. 그 과정에서 깊은 감사가 내 안에 가득 메아리쳤다. 그 순간 나는 우리가 날마다 신실한 친지들 및 친구들과 기도로 연합할 때 얼마나 큰 힘을 얻었는지 깨달았다. 이 기도의 네트워크 덕에 우리는 우리가 서로와 그리고 하나님과 마음을 합하는 것의 가치와 능력을 더 깊이 이해하고 돌아왔다.

지금도 삶 속에서 나는 이 인생 교훈을 계속해서 경험하고 있다. 날마다 나는 나를 위해 기도해 주겠다고 약속한 사람들에게서 격려와 힘을 얻고 있음을 느낀다. 날마다 걸으러 나갈 때면 우선 순례자의 기도부터 드린다. 그러고는 내가 기도해 주기로 약속했던 사람들과 나에게 기도를 부탁했던 사람들을 모두 진지하게 하나님께 올려드린다. 나는 그들 하나하나를, 우리 마음의 소원을 아시며 우리를 가까이 품어 주시는 그 하나님과 의식적으로 엮는다. 큰 사랑이신 그분은 우리 서로를 하나로 만들어 주시는 끊을 수 없는 끈이시라는 나의 믿음은 카미노에서 재차 확인되었다. 그러니 기도를 통한 우리의 견고한 유대가 그토록 큰 힘과 지지가 되는 것은 당연한 일이다.

15
예고 없이 찾아오는 천사를 기대하라

한 노인이 나타나 우리의 서투른 말솜씨에도 불구하고
스페인어로 술술 말하면서 우리에게 알밤을 건넨다.
그는 거의 숲 속의 신령 같다.
; 마릴린 멜빌

폰페라다를 벗어나는 데 걸린 시간이 얼마인지 모른다. 우리가 대피소를 나선 때는 인구 5만의 그 도시에 교통 체증이 극에 달한 시간이었다. 번잡한 거리에서 우리는 길을 찾느라 애를 먹었다. 대부분의 교차로에는 예의 카미노의 상징물인 가리비 껍질이나 노란색 화살표가 없었다. 길에 표시가 있는 경우에도 가리비 껍질은 대개 건물 벽이 아니라 보도블록에 찍혀 있어서 알아보기가 어려웠다. 좌절감을 더해 주려는 듯 비까지 내리기 시작했다. 거리를 걸으면서 우리는 불안해졌다. 한동안 아무런 표지판도 보이지 않았기 때문이다. 우리는 표지판을 찾아 건물을 올려다보고 바닥을 내려다보고 사방을 둘러보았다. 다행히 앞쪽 보도에 새겨진 가리비 껍질이 눈에 띄었다.

앞으로 열다섯 걸음쯤 갔을까 했는데 내 뒤에서 "이쪽입니다" 하는 걸걸한 목소리가 들려왔다. 빨간 비옷을 길게 늘어뜨린 금발 턱수염의 남자가 오른쪽 골목길을 가리켜 보였다. 골목길 벽에는 그 방향을 가리키는 노란색 화살표가 보였다. 나는 화살표를 보고서 톰을 불렀으나 화살표를 보지 못한 톰은 따라오기를 주저했다. 나는 오라고 재촉했다. 그러고서 우리 둘은 재빨리 모퉁이를 돌아 그 말없는 순례자를 따라갔다. 그는 이미 큰 강을 따라 있는 공원처럼 보이는 지대를 향해 가파른 계단을 급히 내려가고 있었다.

비옷이 비바람에 휘날리자 그 키 큰 사람은 비옷을 더 바짝 감싸 쥐었다. 고개를 약간 숙이고 휘휘 골목길을 지나 계단을 내려가는 그는 신비롭다 못해 약간 불길해 보이기까지 했다. 나는 그 사람을 따라가기로 한 것이 지혜로운 일인지 의문이 들었다. 어쩌면 순례자들을 유인하여 강탈하려는 책략일지도 몰랐다. 앞에 언급한 프랑스 순례자들을 비롯하여 여러 사람들이 우리에게 폰페라다 같은 큰 도시를 지날 때는 강도를 조심하라고 경고해 준 적이 여러 번 있었다.

내가 두려움에 휩싸일 즈음 그 사람은 우리를 우회로로 인도했다. 그 길은 수목이 늘어선 아름다운 수로를 따라 나 있었는데 여태까지 걸어온 번잡한 산업화 도로보다 훨씬 쾌적했다. 그는 몸이 마른데다 다리가 길고 가늘어 신속하게 움직였다. 우리는 뛰다시피 하여 따라갔다. 그 길에도 화살표가 거의 없었으므로 우리는 그를 놓치면 길의 방향을 금방 잃을 것 같아 걱정되었다. 우리가 뒤로 한참 처지자 그는 속도를 늦추었고 그래서 우리는 그를 시야에서 놓치지 않을 수 있었다. 빨간 비옷을 입은 남자는 한두 번 뒤돌아보며 우리가 잘 따라오는지 살폈다. 그가 걸음을 늦추고 우리가 속도를 내는 일이 계속해서 40분쯤 반복되었다. 그러다 마침내 도시 외곽에 이르자 앞쪽으로 큰길이 분명히 보였다. 말없는 순례자는 그때부터 속도를 내더니 어느새 어디론가 사라져 버렸다.

엠마오로 가는 길의 두 제자처럼 톰과 나는 이 예사롭지 않은 사건을 곰곰 생각했다. 그 모르는 사람은 어떻게 우리에게 꼭 필요한 그 순간에 나타났을까? 걸으면서도 우리는 신기하기만 했다. 그는 우리를 불러 자기를 따라오라고 할 만큼 친절했다. 속도를 늦추어 우리가 처지지 않게 해준 것은 왜일까? 굳이 우회로로 안내하면서까지 우리에게 신경을 써 준 까닭은 무엇일까? 톰도 나도 그 경험에서 어떤 신비한 기운이 느껴졌다. 마치 그 사람이 우리의 여정을 수월하게 해주라고 보냄을 받은 천사로 생각될 정도였다.

오전이 절반쯤 지났을 때 우리는 드디어 커피를 마실 만한 곳을 찾았다. 계속 비가 왔으므로 우리는 젖은 배낭을 벗어 문밖에 두었다. 안에 들어가니 뜻밖에도 우리의 "천사"가 거기 있었다. 우리는 그에게 다가가서 친절에 감사를 표했다.

우리를 위해 걸음을 늦추어 주어 정말 고맙다는 말도 톰인가 내가 했다. 그러자 그는 어색하게 웃으며 "없는 것까지 부풀려 해석하지는 마십시오"라고 중얼거렸다. 그러면서 자기는 그냥 기분 내키는 대로 천천히 걸었을 뿐이라고 했다.

그의 말로 인하여 신비감이 깨어지기는 했지만 여전히 나는 하나님이 개입하여 우리를 축복하셨다는 느낌이 들었다. 그 키 큰 사람은 그날 자기가 선하신 하나님의 도구로 쓰였다고 믿지 않았지만 우리는 분명히 그렇게 믿었다. 이 사건을 계기로 나는 이런 유의 경험이 실제로 생각보다 더 많다는 생각이 들었다. 사람들은 일부러 하나님의 도구가 될 뜻이 없을지 모르나, 자기도 모르게 그분의 도구가 될 때가 많다.

우리의 여정 중에 그런 일이 처음 있었던 것은 우리가 스페인으로 떠나는 길에서였다. 악천후로 뉴저지의 뉴어크 공항에 늦게 도착하는 바람에 우리는 마드리드로 가는 밤 비행기를 놓쳤다. 그때가 밤 10시 반이었는데 우리는 저녁도 먹지 못한 상태였다. 우리는 항공사 카운터 앞에 서서, 그날 밤 투숙할 곳으로 가는 복잡한 길을 알아들으려 귀를 기울였다. 창구 직원은 녹초가 된 모습이었고 우리 뒤에도 표를 바꾸려는 승객들의 줄이 여전히 길었다. 시간이 길어지지 않도록 우리는 최대한 신속하게 약도를 받아 적었다. 그러고는 청사를 빠져나가려 했다.

우리가 어느 방향으로 가고 있는지 톰도 나도 전혀 감이 잡히지 않았다. 지나가던 한 짐꾼이 우리의 어리둥절한 표정을 보고는 도와주겠다고 했다. 그는 몇 분간 설명해 보다가 "이쪽으로 저를 따라 오십시오"라고 말하고는 10분 동안이나 우리와 함께 걸어 엘리베이터에까지 갔다. 엘리베이터만 타면 제 방향이었다. 내가 고맙다고 말하려고 돌아서자 그는 이미 자리를 떠 모퉁이 너머로 사라지고 있었다. 그 순간 나는 카미노에서도 우리가 보살핌을 받으리라는 느낌이 강하게 들었다. 닥쳐올 몇 주간에 대해 비록 내게 두려움과 염려가 있었지만, 그날 밤 그 천사 같은 만남을 통해 나는 고요한 확신을 얻었다.

빨간 비옷의 천사가 신비롭게 나타나 눈에 보이게 우리를 도왔다면, 카미노의 또 다른 천사는 내 마음을 만져 주어서 나를 놀라게 했다. 나는 순례길에서 세 번 울었다. 토산토스 대피소에서 어느 간호인(hospitaler)을 만났을 때가 처음이었다.[10] 이 대피소는 카미노에서 우리를 가장 반겨 준 곳 가운데 하나였다. 그것은 다분히 그 사람이 있었기 때문이었다. 그는 진정한 간호인이었으며, 지친 나그네들을 미소와 웃음으로 맞아들여 종종 따뜻한 포옹으로 인사하는 건장한 스페인 사람이었다. 그의 진짜 이름은 호세였지만 톰과 나는 늘 그를 "세뇨르 칸탄테"(가수 아저씨)라고 불렀다. 그만큼 음악에 대한 그의 열정이 대단했기 때문이다.

오후 늦게 순례자들 대부분이 도착하고 나면 세뇨르 칸탄테는 순례자들을 초청하여 저녁기도를 위한 노래를 함께 연습하게 했다. 우리는 성가도 연습하고 멋진 순례자 노래의 후렴구도 연습했다. 그의 열정은 전염성이 있었다. 성가를 멋있게 부른다며 우리의 실력을 인정해 주고 이런저런 곡을 소개해 줄 때면 그의 갈색눈이 반짝반짝 빛났다. 소리를 작게 하라든지 박자를 지키라고 지휘하면서 그는 때로 눈을 감았는데, 어찌나 흐뭇한 표정인지 금방이라도 공중으로 떠오를 것 같았다. 그의 진실한 열의는 거기 있는 우리들에게도 금방 스며들었다.

이 열정은 저녁식사 시간까지 이어졌다. 세뇨르 칸탄테는 노래를 지도했을 뿐 아니라 커다란 솥에 당근을 넣고 스파게티를 끓여서 배식하는 일까지 거들었다. 푸성귀를 담은 똑같이 큰 플라스틱 양푼이 뒤를 이었고, 끝으로 신선한 과일이 디저트로 나왔다. 냅킨이 보이지 않자 그는 두루마리 화장지를 식탁에 돌리기도 했다! 그날 밤 서른 명 남짓 되는 우리들의 대화는 웃음과 의미 있는 나눔으로 울려 퍼졌다. 그 모두가 다분히 세뇨르 칸탄테가 만들어 낸 분위기 덕이었다.

식후에 3층으로 올라간 우리는 한쪽에 있는 조그만 기도실을 보고 깜짝 놀랐다. 우리는 작은 문을 통해 그 안에 들어갔다. 나는 이상한 나라의 앨리스가 된 기분이었다. 방 천장은 해묵은 둥그런 통나무였고, 바닥에는 얇은 황갈색 융단이 깔려 있었고, 꺼져 가는 벽난로 앞에는 반쯤 시든 제라늄 꽃이 담긴 시리얼 대접들이 있었다. 공간이 비좁았지만 우리는 빙 둘러 앉았다. 세뇨르 칸탄테는 이전 장소에서와 똑같이 기도회를 인도했다. 이번에는 모든 후렴구에다 더하여 그가 우리에게 가르쳐 준 순례자의 노래도 불렀다. 그러잖아도 음악이 몹시도 그립던 나는 노래하며 음악을 맛볼 수 있다는 사실에 전율했다. 몸은 땅으로 꺼질 듯이 피곤했지만 내 심령은 하늘로 날아올랐다.

이 친절한 간호인이 이튿날 아침 나의 정서적 반응에 정확히 무엇을 촉발시켰는지는 나도 모른다. 열하루를 길에서 지내다 보니 어쩌면 나에게 어느 정도의 자상한 위로와 배려가 필요했는지도 모른다. 내가 아는 것이라고는 우리가 떠나려 할 때 세뇨르 칸탄테가 문간에 서서 우리를 전송해 주었다는 것뿐이다. 내가 그의 후한 대접에 감사를 표하자 그는 우리 같은 사람들에게 그렇게 해주는 것이 자신의 즐거움이라고 대답했다. 그러더니 내게 다가와 두 손으로 내 얼굴을 부드럽게 감싸고는 양 볼에 입을 맞추며 "좋은 여정 되십시오"라는 작별인사로 나를 축복해 주었다. 틀림없이 하나님 사랑의 손길이 가득한 몸짓이었다. 나는 내 영혼을 만져 주는 아주 특별한 영혼의 힘을 느꼈다. 내 뺨에 눈물이 흘렀다. 톰을 쳐다보니 그 역시 울고 있었다. 그 애틋한 순간에 세뇨르 칸탄테에게 작별을 고하는 내 목소리가 떨렸다.

예고 없이 찾아오는 천사들이 카미노에 더 있었지만 세뇨르 칸탄테만큼 나에게 의미 있는 사람은 없었다. 물론 노중에 우리가 만난 사람들도 우리를 축복해 주기는 마찬가지였다. 토산토스를 떠난 지 17일이 지나서 우리는 시골 아낙의 복장을 한 특이한 모습의 천사를 만났다. 그날도 줄기차게 비가 내렸다. 그녀는 그 마을의 노파 중 하나임이 분명했다. 그녀의 얼굴에는 연륜에서 말미암는 눈빛이 있었다. 쪼그랑 할멈은 입 안에 이가 하나나 두 개밖에 없었고 잔뜩 주름살이 패인 얼굴 한쪽으로 옅은 회색 머리칼이 헝클어져 내려와 있었다.

우리가 빗속에서 그곳을 지날 때 노파는 조그만 자기 집 옆에 서 있었다. 그녀는 양손으로 우리를 부르더니 이도 없는 입으로 해죽 웃어 보였다. 그러고는 잔뜩 비에 젖은 우리를 걱정하는 눈빛으로 쳐다보았다. 이 친절한 할머니는 근처에 묵을 곳이 있으니 쉬면서 몸을 말리라고 일러주었다. 우리를 도울 수 있어 흐뭇해하는 표정이었다. 우리는 그 방안도 생각해 보고 그녀의 배려에 감사했으나 그냥 계속 가기로 했다. 하루의 보행을 마치기에는 시간이 너무 일렀다. 그러나 그녀의 친절은 우리가 보살핌과 보호를 받고 있음을 일깨워 주었다. 그녀의 인심 좋은 대우로 새롭게 기운을 차린 우리는 억수같이 쏟아지는 빗속을 다시 걸었다.

카미노에서 보낸 시절을 돌아보면, 꼭 필요할 때에 많은 천사들이 예고 없이 우리의 삶 속에 찾아와 자상한 배려로 우리를 도와주었다. 상점 점원들, 대피소 관리인들과 자원봉사자들, 식당 종업원들, 농부들과 도시인들, 그리고 물론 가장 요긴할 때 나서서 도와준 모든 순례자들 또한 빼놓을 수 없다. 많은 "천사들" 덕분에 벌어진 일들을 이제 와서 회상해 보면 우리가 참 복도 많았다는 생각이 든다. 꼭 필요한 순간에 누군가 우리 곁에 있어 주었으니 말이다.

카미노에서 돌아온 뒤로 나는 다른 사람들에게서도 비슷한 이야기를 들었다. 병원 응급실에서 위로를 건네준 낯선 사람들, 가다가 멈춰 서서 구멍 난 타이어 교체를 도와준 이름모를 사람들, 가장 도움이 필요한 바로 그 시간에 다가와 도움을 베풀어 주거나 정보를 알려 준 모르는 사람들. 이들 무명의 사람들은 아주 오래 머무는 법이 거의 없었지만 그들의 선행은 그들이 도와준 사람들의 마음속에 깊이 남았다.

종종 나는 빨간 비옷의 남자나 세뇨르 칸탄테나 그 노파 같은 사람들이 자신의 친절이 얼마나 하나님의 자비를 닮았는지 알기나 할까 하는 생각이 든다. 아마 모를 것이다. 우리 중에도 자신이 다른 사람에게 깊은 영향을 미치면서도 대체로 자신이 그렇다는 사실을 아는 사람은 없을 것이다. 누군가가 말해 주지 않는 한 말이다. 우리는 선한 일을 할 수 있지만, 특이하거나 깜짝 놀랄 만한 사건이 아닌 한 대체로 그것은 굳이 두 번 생각할 것 없이 삶의 경험 속에 묻히고 만다.

그러나 지극히 작은 행동조차도 다른 사람에게 큰 영향을 미칠 수 있다. 천사의 사전적 정의에 근거하여 말한다면 우리 각자는 어떤 면에서 천사가 될 수 있다. 천사란 "인간에게 말을 전하도록 하나님께 부림을 받는 심부름꾼, 영, 영적 존재"이다. 천사들이 전하는 말은 무엇일까? 카미노를 걷는 우리에게 천사들은 하나님의 긍휼과 자비와 돌보심과 위로의 메시지를 가져왔다. 우리의 영안이 민감하여 알아볼 수만 있다면 이 천사들이 어디에나 있음을 우리는 배웠다.

적시에 등장하는 다른 인간들의 존재를 빌어 우리 삶 속에 역사하시는 하나님의 독특한 방식을 나는 카미노에서 더 믿게 되었다. 이 낯선 사람들은 자신이 선의 도구임을 모를 수야 있지만 그럴 때라도 그들의 행동은 놀랍도록 유익하고 이로운 것이다. 오가다 만나는 사람이 그 순간 나에게 꼭 필요한 사람일 수 있다. 언제 그런 일이 벌어질지 우리는 모른다. 우리는 예고 없이 찾아오는 천사들을 거의 기대하지 않고 살아가지만 그들이 나타나 우리에게 선물을 흩뿌려 줄 때면, 아, 그들은 얼마나 고마운 존재인가.

16
실망을 그냥 두지 말라

우트 족의 말에,
인생의 비밀은 환한 양지가 아니라 그림자 속에 있으며,
무엇이든 제대로 보려면
생명체의 그림자를 깊이 들여다봐야 한다고 했다.
; 존 핼리팩스

우리가 미래를 아무리 잘 계획해도 예상치 못한 실망거리가 우리의 경험 속에 비집고 들어오게 마련이다. 우리의 희망찬 기대와 세심하게 짠 구상을 무산시켜 우리를 놀라게 하는 상황은 늘 있는 법이다. 다만 얼마라도 이런 장애물이 없는 여정은 거의 없다. 우리가 아무리 경계해도 그것은 용케 끼어든다. 실망은 우리의 삶을 비참하게 만들 수도 있고 보다 지혜롭게 만들 수도 있다. 때로는 둘 다이다. 그것은 다분히 우리가 실망을 어떻게 보느냐에 달려 있다. 그리고 원치 않는 실망이 예고 없이 우리의 삶에 밀치고 들어올 때 우리가 거기에 어떻게 대처하느냐에 달려 있다.

카미노에서 실망은 무수한 방식으로 찾아왔다. 그중에는 순례를 떠나기 전부터 나에게 있던 잘못된 생각이나 태도 때문인 것도 있었다. 솔직히 인정하지만, 카미노를 걷기 전에 나는 그곳에 대한 어떤 환상이 있었다. 내가 상상한 카미노는 환대와 친절의 정신이 그 땅과 그곳을 걷는 모든 사람들에게 자연스럽게 배어드는 그런 영적 모험이었다. 그 많은 순례자들이 자기네 땅을 밟는 것을 스페인 북부 사람들이 영예롭게 여길 것이라는 생각도 내 선입관 중 하나였다. 모두가 우리를 열렬히 환영하고 정중히 맞아 주리라는 것이 나의 낙천적인 기대였다.

나의 첫 번째 실망은 꽤 일찍, 우리가 피레네 산맥을 내려갈 때 찾아왔다. 우리의 인사에 반응도 없고 쌀쌀맞게 대하는 일부 현지인들이 얼마나 충격이었는지 모른다. 우리가 만난 마을 사람들은 때로 우리를 경원시했고, 우리가 인사를 건네도 툴툴거리거나 빤히 쳐다보거나 아예 본체만체했다. 자기네 땅을 걷는 우리가 싫은 눈치였다. 그런 싸늘한 시선을 느낀다는 것은 정말 힘든 일이었다.

그것이 나에게 가장 선명하게 다가온 것은 어느 농가의 마당 옆을 지나던 여정 초반부의 어느 날이었다. 길이 좁아지면서 창고 뒤로 이어졌다. 길 한쪽은 창고의 벽이었고 다른 쪽에는 나무와 둔덕이 있었다. 현지 농부는 하필 길 위에 30센티미터 높이로 거름을 쌓아 두었다. 그것은 우리가 귀찮다는 생생하고도 매서운 메시지였는데 우리로서는 거름을 밟고 지나가는 수밖에 도리가 없었다. 나도 농부의 딸인지라 주인이 왜 그랬는지 잘 알았다. 꽤 짓궂었던 우리 아버지는 "깔끔한 도회지 사람들"이 경멸의 표정을 지으며 거름 더미를 밟고 가는 모습을 보며 즐거워하곤 했었다.

그때는 우리가 바스크 지방을 지날 때였다. 나는 잦은 외침에 시달린 바스크 족의 역사를 읽고 왔으면서도 그 방어와 방비의 역사가 그들의 민족성에 얼마나 철저한 영향을 미쳤는지는 미처 몰랐다. 자기 영토를 지키고 언어를 보전하고 생활풍습을 고수하려다 보니 바스크 족은 예로부터 끊임없는 전쟁과 살벌한 지역분쟁에 휘말려야 했다. 나는 "어쩌면 그래서 이 사람들이 뿌루퉁하고 기본적으로 불친절한 것인지도 모른다"라는 생각이 들었다.

카미노에서 지내는 시간이 길어지면서 나는 바스크 사람들이 우리를 차갑게 대하는 이유를 더 확실히 알고 더 공감하게 되었다. 카미노를 걷는 사람들을 대하는 그들의 태도를 빚어낸 것은 비단 그들의 역사만이 아니었다. 그들이 순례자들을 그렇게 대하는 데는 그럴 만한 이유가 있음을 나는 깨달았다. 카미노 선상의 다른 스페인 사람들은 바스크 족보다는 훨씬 따뜻하고 호의적이었지만, 때로 그들 역시 순례자들이 축복이라기보다는 오히려 귀찮은 존재임을 굳이 감추지 않았다. 현지의 풍습과 땅을 대하는 일부 순례자들의 태도를 보면 순례자들이 환영받지 못하는 이유를 쉽게 알 수 있었다.

순례자들은 땅에 쓰레기를 버렸다. 그것을 처음 알았을

때 나는 경악했다. 톰과 내가 가는 곳마다 순례자들이 버린 쓰레기의 증거물이 있었다. 산티아고에 도달할 즈음에는 순례자들이 버린 물건들이 내가 본 것만도 그야말로 수천에 달했다. 쓰레기는 밭에서 바람에 휘날렸고 관목들에 붙어 있었고 도랑에 가득했다. 비닐 봉지, 요구르트 용기, 종이 수건, 화장지, 음료수 깡통, 페트병이 어디에나 있었다. 순례자들의 침해와 부주의에 나는 질겁했고 슬펐다. 산티아고까지 가는 거룩한 길을 걷는 사람들이 일부러 쓰레기를 버려 그 길을 더럽히고 망치고 있다는 사실이 나는 믿어지지 않았다.

농부들이 밭에 순례자들에게 부디 쓰레기를 되가져가 줄 것을 부탁하는 표지판을 세워 둔 경우도 여러 번 있었다. 몇몇 대피소에도 순례자들에게 현지를 존중하고 쓰레기를 버리지 말라고 당부하는 안내문이 있었다. 순례자들의 쓰레기가 더 실망이 되었던 것은, 환경을 보호하려는 스페인 당국의 노력이 톰과 나의 눈에 보였기 때문이다. 농경지에는 든든하게 쌓은 축대가 많이 있었고 산림녹화를 위해 상당히 노력한 증거가 보였다. 어디서나 재활용을 하고 있었다. 작은 마을에도 유기물 쓰레기통을 비롯한 재활용 쓰레기통이 있었다.

일부 순례자들의 거만한 태도가 현지인들의 화를 돋구었

다. 순례자들은 스페인어를 배우려는 노력은 전혀 하지 않으면서 현지 상인들이 자기 말을 알아듣기를 기대했다. 어떤 식당에서는 순례자들이 웨이터의 얼굴에 메뉴판을 던지고 욕지거리를 하면서 모욕을 주었다. 자기들이 원하는 메뉴가 없다는 것이 이유였다. 우리가 어떤 간이식당에 샌드위치를 사러 갔을 때 그곳 주인이 스페인어로 말하려는 우리의 시도를 비웃으며(톰의 스페인어 실력이 탁월했음에도 불구하고) 아주 불쾌하게 반응한 것도 어쩌면 그래서일 것이다. 그는 장난감 소를 들어 우리 얼굴에 들이대면서 듣기 싫은 소리를 냈고 시종 배꼽을 잡고 웃어 제꼈다. 순례자들에게, 그리고 끝없는 외국어와의 씨름에 질렸음이 분명했다.

고의적인 불쾌한 행동으로 나를 낯 뜨겁게 만든 순례자들도 몇 명 있었다. 9월 7일에 우리는 팜플로나에서 푸엔테 라 레이나로 걷고 있었다. 우리가 걷는 길은 좁은 2차선 도로 옆으로 나 있었다. 세 명의 순례자가 차도로 걸어 우리를 앞질러 갔다. 그중에 배가 불룩 나온 시끄러운 사내가 일부러 차도에 서서는, 맞은편에서 오는 차의 운전자를 반대쪽 차선으로 가게 만들었다. 차가 약간 길 밖으로 나가자 그 순례자는 자기가 실력이 좋아서 운전자가 옆으로 벗어난 것이라며 웃어댔다.

　이렇게 경험한 실망들은 나에게 좋은 경종이 되었다. 나 자신의 행동을 살펴보고 나의 태도와 기대 또한 남들의 기분을 상하게 하지 않는지 돌아보라는 일깨움이었다. 나는 조심했지만 그래도 나도 모르는 사이에 다른 사람들의 관습을 침해할 수 있음을 깨달았다. 점심을 먹으러 오르니오스에 멈추었을 때 나는 그것을 더 잘 인식하게 되었다. 간이식당에서 캔에 든 주스를 몇 개 산 우리는 빵과 치즈를 먹으려고 밖으로 나가 식당 앞의 벤치에 앉았다. 내가 빵을 한 입 베어 물었는데 벤치 옆의 문이 열리면서 한 여자가 나왔다. 그녀는 성나고 격앙된 목소리로 우리한테 고래고래 소리를 지르기 시작했다. 톰과 나는 둘 다 벌떡 일어났다. 나는 "저희가 당신의 벤치에 앉았나요?"라고 물었고, 우리는 깊이 사과했다. 문제는 그것이 아니었다. 그녀는 커다란 몸짓으로 계속 우리를 가리켰다가 길거리를 가리켰다가 하면서 점점 더 격해졌.

　우리는 자꾸 우리가 뭔가 잘못해서 그녀가 화가 난 것이라고 생각했으나 결국 우리 때문이 아니라는 것을 알게 되었다. 우리 전에 들렀던 순례자들이 먹다 남은 빵 부스러기를 길거리에 버렸던 것이 문제였다. 그들은 새나 짐승이 먹을 줄로 생각했을지 모르나 그것은 지혜롭지 못한 행동이었다.

마을 사람들이 날마다 길거리를 쓸고 씻어 내며 꼼꼼하게 청소한다는 것을 그 순례자들도 유심히 보았다면 알 수 있었을 것이다. 톰과 나는 민망한 마음으로 그 여자에게 다시 한번 사과한 다음 길거리로 나가서 남아 있는 빵 부스러기들을 최대한 주웠다. 여자는 누그러지면서 말투가 조금 호의적으로 바뀌었지만 이미 피해를 당한 후였다. 다시금 순례자들은 성가신 존재로 비쳐지고 있었고, 부주의한 행실로 다른 사람들에게 미움을 사는 우리 순례자들의 모습에 다시금 나는 실망을 느꼈다.

대체로 순례자들은 자신의 행동이 자신이 걷고 있는 그 땅의 사람들에게 어떤 영향을 미칠지에 대하여 아무 생각이 없었다. 나무에서 사과를 따거나 포도원에서 포도송이를 땄다고 자랑하는 순례자도 있었다. 날마다 지나가는 수백 명의 순례자들이 각자 사과 한 알이나 포도 한 송이씩만 따도 과수원은 금방 텅 비고 말 텐데 순례자들은 그것을 몰랐다. 지름길로 질러가는 순례자들도 마찬가지였다. 몇 분의 시간과 에너지를 아끼려는 순례자들 때문에 초목이 금세 망가졌다.

순례자들이 제각각의 성격을 지닌 인간 군상이라는 사실에 나는 끝내 익숙해지지 못했다. 모든 사람이 다른 사람과 땅을 존중하고 보살피는 완전한 카미노에 대한 나의 화려한 환상을 나는 몇 주가 지나서야 버릴 수 있었다. 카미노에서 겪은 실망들을 통해 나는 그곳을 걷는 순례자들도 다른 모든 곳의 사람들과 똑같다는 사실을 받아들일 수밖에 없었다. 순례자마다 장점과 단점이 있어 모두가 순례길에 그것을 가지고 온다. 우리 모두가 인생길에 자신의 장단점을 지니고 가는 것과 마찬가지다. 현실이 그렇다 보니 아주 오랫동안 완벽한 조화를 유지하는 것은 아무것도 없다. 실망을 느낄 때마다 나는 내 비현실적인 기대와 내면의 반응을 아프도록 오래오래 들여다보아야 했다. 나를 실망시킨 것이 무엇이든 상관없었다.

나를 가장 놀라게 했던 실망스런 일도 예외가 아니었다. 우리가 카미노의 마지막 구간에 당도했을 때였다. 하루 이틀만 더 걸으면 산티아고였다. 우리 순례의 목적지인 성 야고보 성당이 얼마 남지 않았던 것이다. 그런데 나의 감정이 내가 예상했던 것과 전혀 달라서 얼마나 놀랐는지 모른다. 나는 그 도시의 외곽에만 다다라도 내가 완전히 감격에 휩싸일 줄로 기대했었다. 드디어 여정 끝에 이르렀으니 그야말로 의기양양해질 줄 알았던 것이다. 그러나 진심 어린 기쁨은 나를 피해서 달아났다.

다시 대피소에 묵거나 음식 문제를 겪지 않아도 된다는 생각에 내가 안도한 것은 사실이다. 장장 720킬로미터 이상을 걸어서 비교적 건강한 모습으로 무사히 도착했다고 생각하니 마음이 뿌듯했다. 나를 충격에 빠뜨린 것은 내 감정의 주조가 기쁨이 아니라 말할 수 없는 슬픔이었다는 사실이었다. 나는 내 허탈감이 믿겨지지 않았다. "카미노 여정이 끝났구나"라는 그 한 가지 생각만이 온통 내 머릿속을 맴돌았다. 학수고대했던 순례의 길, 끝없이 걷던 날들, 그간 겪었던 모든 일, 이 모두가 종막으로 치닫고 있었던 것이다. 이제 더 이상 걸을 일도 없고, 아름다움과 모험과 발견을 매일의 심장 박동 속에 느낄 일도 없고, 순례자들을 새로 만나거나 매일의 도전에 부딪칠 일도 없다는 생각, 그 모든 것이 내 마음을 사로잡으며 우울함과 공허감을 몰고 왔다.

슬픔은 여간해서 떨쳐지지 않았다. 그러던 중 내 안에 숨어 있던 지혜가 표면에 떠올랐다. 그렇게 나의 감정과 실망 앞에 선 나에게, 현재 있는 것과 누리고 있는 것에 집착하지 말라는 교훈이 떠올랐다. "아, 선물을 누리고 감사로 품되 때가 되면 기꺼이 내려놓아야 하는구나." 나는 그렇게 혼잣말 했다. 산티아고 시로 들어가면서 깨달은 사실이지만, 여정의 종막으로 말미암은 나의 슬픔은 나의 여정을 감사와 신뢰로 품으라는, 내려놓으라는 또 하나의 부름이었다. 또 다시 미래가 펼쳐질 것이고, 모든 것이 정말로 다 잘될 것이다.

톰과 내가 산티아고에 도착한 직후, 우리는 호주 출신의 한 순례자가 자신이 겪은 실망 하나를 털어놓는 이야기를 들었다. 레이첼은 자기 친구가 넘어져 다리를 다친 뒤로 혼자서 카미노를 횡단한 대단한 여자였다. 그녀는 지혜롭고 용감해 보였다. 나는 그녀의 통찰력을 높이 평가했고 그래서 그녀의 말을 귀담아 들었다. 성당에 당도했을 때 그녀는 감격하여 기쁨과 감사의 눈물을 흘렸다고 했다. 그러나 전통에 따라 성 야고보의 동상을 포옹하려고 성당 안에 들어간 그녀는 동상 옆의 기부금 궤를 보고는 크게 실망했다.

순례의 절정을 이루는 행사인 이튿날의 미사에도 레이첼은 실망했다. 성 야고보가 아닌 예수님이 관심의 초점이 되어야 하고 제단 위에도 성 야고보의 동상이 아닌 예수님 상이 있어야 한다는 것이 그녀의 생각이었다. 성당에는 여덟 명의 건장한 사내가 힘을 합해야만 천장 쪽으로 돌릴 수 있는 거대한 향로가 있었는데 레이첼에게는 그것도 서커스의 구경거리 같았을 뿐 전혀 가슴에 와 닿지 않았다. 혼잡한 성당 안에서 사람들이 성찬을 받으려고 서로 밀치는 모습에 레이첼의 실망은 더욱 고조되었다.

예배에 대한 레이첼의 불만을 듣고 있는 사이에 카미노에서 느낀 나 자신의 실망이 그 본 모습을 드러냈다. 그것은 주로 나 자신의 생각과 가치관과 기대의 산물이었던 것이다. 고의로 나서서 나에게 과도한 불만을 야기한 사람은 아무도 없었다는 생각이 들었다. 내가 경험한 좌절의 주원인은 바로 나였다. 이 깨달음은 레이첼의 실망을 이해하는 데 도움이 되었다. 그녀는 예배가 자신의 신학적·영적 기대를 채워 주기를 바랐으나 그렇게 되지 않았다. 성 야고보 성당의 순례자 미사는 중세기 역사에 깊게 뿌리를 둔 것으로 그녀의 기도 방식이나 스타일과는 맞지 않았다. 레이첼이 실망한 것은 본인이 뭔가 다른 것을 기대했기 때문이었다.

이번에도 카미노는 나에게 소중한 교훈을 가르쳐 주었다. 사소한 것까지 포함하여 톰과 내가 경험한 실망을 돌아보니, 거의가 우리의 상상이나 바람 때문이었다. 예들 들어, 우리는 아름다운 유칼리나무 숲 속에 아르카가 있다고 안내책자에서 읽었다. 그래서 온종일 우리는 그 멋진 곳에 대한 상상과 대화뿐이었다. 그곳에 닿기도 전에 상상 속에 유칼리나무 냄새가 나는 것 같았다. 그러나 막상 아르카에 가 보니 예상과는 딴판이었다. 우리가 보기에 아름다운 절경과는 거리가 멀었다.

다른 기대들도 마찬가지였다. 대피소의 공동기도도 우리를 실망시켰다. 아니, 기도가 아예 없었다고 해야 옳을 것이다. 우리는 대피소마다 순례자들을 위한 저녁기도가 있을 줄 알았으나 착각이었고 그런 일은 거의 없었다. 우리의 순례자 친구 중 하나가 대피소에서 지팡이를 도둑맞았을 때도 우리는 놀라고 황당했다. 우리는 순례자라면 누구나 믿어도 되는 줄 알았다. 인근 교회의 미사에서도 우리는 생동감 있는 성찬예배를 기대했으나 몇 번의 예외를 빼고는 대부분 감동도 없고 지루했다.

카미노의 역사적인 면까지도 더러 우리에게 실망을 안겨 주었다. 로그로뇨의 한 성당의 문 전면에 성 야고보 마타모로스가 무어인들을 죽이는 장면이 새겨져 있는 것을 보고 우리는 얼마나 실망했는지 모른다. 거기 서서 그 조각을 보다가 톰이 내게 한마디 했다. "교회 문에 이런 장면이 있는 것을 예수님이 보신다면 깜짝 놀라며 질겁하실 겁니다."

카미노에서 여러 가지 실망을 경험하며 나는 수많은 질문을 던지게 되었다. "무엇인가에 대해 이상과 목표와 희망을 품는 것은 잘못일까? 기대와 동경을 품는 것은 비참한 일일까? 삶의 상황이 나 자신의 가치관에 부합되리라고 생각하는 것은 비현실적인 일일까? 현실이 소원대로 될 수도 있다고 믿는 것은 정신 나간 일일까?" 이런 질문에 대한 나의 대답은, 전혀 그렇지 않다는 것이다. 그러나 뭔가가 나의 바람에 어긋날 때면 나는 갈림길 앞에 서게 된다. 나는 그 상황에 대하여 불평할 수도 있고 아니면 그냥 나의 기대가 채워지지 않았다고 볼 수도 있다. 기대라는 관점에서 보면 상황을 탓하거나 불필요한 분노를 품고 다니지 않을 수 있다.

카미노에서 경험한 실망들은 또한 나에게 삶에 임하는 더 나은 자세가 무엇인지 가르쳐 주었다. 만일 내가 날마다 순조롭고 문제가 없기를 기대한다면 나는 반드시 낙심하고 실망할 것이다. 만일 내가 스스로 원하는 것 외에는 아무것도 내 삶에 끼어들 수 없도록 나의 하루를 완벽하게 계획하고 주관할 수 있다고 생각한다면, 나는 반드시 좌절하고 짜증이 넘칠 것이다. 실망을 인정하고 그 실상대로, 나의 기대가 채워지지 않은 경험으로 받아들일 때, 나는 훨씬 침착하게 그리고 성장에 더 유익한 방식으로 실망을 대할 수 있다. 인생길의 실망 때문에 기쁨과 감사의 삶까지 놓칠 필요는 없는 것이다.

17
고독을 음미하라

내면의 고독 외에 참된 고독이란 없다.
: 토마스 머튼

내가 "나의 집"이라고 부르는 도심에 있는 작은 장소는 나무가 우거진 조그만 2세대 주택이다. 막다른 골목의 마지막 집인 그곳은 묵상하고 글을 쓰기에 안성맞춤이라서 나는 그곳의 정적과 프라이버시를 만끽해 왔다. 카미노로 떠날 때 나는 그 맛좋은 고독을 뒤로했다. 7주 동안 나는 모르는 사람들 틈에서 하루도 빠짐없이 길동무와 함께 걸을 참이었다. 길도 멀고 기간도 긴 그 순례중에 나는 물리적인 고독을 거의 기대하지 않았다. 내 영혼에 꼭 필요한 매일의 고독 없이 어떻게 살아갈지 의문이었다.

론세스바예스 대피소에서 베개에 머리를 누이던 첫날 밤, 나는 낯선 무리 속에서 불편했다. 물러나 혼자 있을 수 있는 공간이 어디에도 없었다. 집에 돌아갈 때까지 다시는 고독을 만날 수 없겠다는 생각이 확실히 들었다. 그러나 그것은 착각이었다. 고독은 거기에도 있었다. 평소 내가 만나던 모습이 아니었을 뿐이다.

일단 새로운 모양과 형태의 고독을 수용할 마음이 생기자 나는 카미노의 첫주 동안 비교적 쉽게 고독을 만났다. 물리적인 공간에서 아무도 없이 나 홀로 있지는 못했지만 나는 내면의 고독을 찾았다. 안으로 들어가 거기서 시간을 보낸 것이다. 의식적으로 안으로 돌아서서 내 내면의 공간에 거하기만 하면 되었다.

고독을 찾는 데 도움이 되는 매일의 습관이 생겨났다. 톰과 나는 대피소에 도착하여 등록하고 짐을 풀고 옷을 빨고 샤워하고 나면 저녁식사를 기다리며 느긋하게 쉬었는데, 그 기다리는 시간이 대개 적어도 세 시간은 되었다. 톰은 침대에 드러누워 일기를 쓰거나 지도에 이튿날의 노정을 표시하는 것으로 만족해했다. 내가 일차로 고독을 찾은 곳도 침대였다. 불과 1미터도 안 되는 거리에 낯선 사람이 있었고 배낭에 물건을 넣고 빼는 소리가 바스락거렸지만, 지친 순례자들의 대화소리를 배경으로 나는 짧은 시간 동안 나의 둘레에 보이지 않는 휘장을 두르는 법을 신속히 익혔다.

이 심리적·영적 고독의 공간 속에 빠져드는 일은 큰 기쁨이었다. 안으로 돌아서면 그토록 갈망하던 고독이 있었다. 그렇다고 주변 세계와 물리적으로 단절된 것은 절대 아니고, 그 방향의 문을 닫았을 뿐이다. 나는 내 내면세계와 외부세계를 일부러 떼어 놓고, 내 자아의 더 깊은 부분과 교제를 나눴다. 이 내면의 고독은 큰 위안과 격려의 근원이 되었다. 카미노의 신체적·정서적 기복을 감당할 힘이 날마다 거기서 나왔다.

장소나 공간이 어디이든, 보이지 않는 고독의 휘장만 두르면 혼자가 될 수 있음을 나는 깨달았다. 침대에 있다가 싫증이 나면 바깥에서 한적한 곳을 찾았다. 나는 돌계단과 벤치에도 앉고, 낡은 돌담에도 걸터앉고, 인근 공원에서 나무 밑의 그늘진 풀밭을 즐기기도 하고, 길바닥에도 앉고, 대피소 바깥 벽에 기대어 앉기도 했다. 특히 묵상하기에 좋은 곳이 있었는데 미루나무와 포플러나무와 키 작은 너도밤나무가 있는 시수르 메노르의 예쁜 마을공원도 그중 하나였다. 그 나무는 친절하고 따뜻한 접수원이 되어 나를 맞아 주었고 내 산만한 정신을 정리할 공간을 내주었다. 그곳에서 나는 내 내면의 풍경을 어지럽히는 많은 생각들과 감정을 비워 낼 수 있었다.

고독의 장소로서 불편한 곳도 있었다. 위층에 숙박시설이 있는 어느 간이식당의 작은 뒷마당이 그랬다. 계속 뒤뚱거리며 옆으로 쓰러지던 하얀 플라스틱 의자와 근처 양배추 모종의 진한 냄새 중에서 어떤 것이 더 고역이었는지 잘 모르겠다. 아르수아 대피소 뒤편 빨래터에서 나는 모퉁이로 비집고 들어가 풍상에 시달린 파란색 문 앞의 아주 낮은 돌 측대에

한 시간 동안 앉아 있었다. 다리에 쥐가 나기는 했지만 내면의 고독으로 들어가는 길을 찾아 그런 대로 쉴 수 있었다.

주변에 순례자들이 북적거릴 때도 나는 고독을 찾을 수 있었다. 그라논 대피소에서 느낀 평화로움과 편안함을 나는 일기장에 이렇게 썼다.

이 대피소는 기운이 좋다. 우리가 여기를 찾은 것은 행운이다. 톰 덕분이다. 100개의 침상을 갖춘 산토 도밍고의 대피소는 여기 같지 않았을 것이다. 이따가 다들 모여서 저녁식사를 하는 시간이 기대된다. 지금 나는 탁자에 앉아 있다. 맞은편에는 두 명의 프랑스 사람들이 내일의 일정을 구상하고 있다. 구석에서는 한 젊은 여자가 기타를 치고 있다. 오른쪽으로는 사람들이 삐걱거리는 계단을 계속 오르락내리락하고 있다. 탁자 끝에서는 남자가 혼자 카드놀이를 하고 있다. 젊은 여자와 남자가 벽 쪽의 작은 도서관—선반 몇 개—에서 책을 읽고 있다(영어로 된 책은 하나도 없다). 순례자들이 어우러져 만들어 내는 이 광경이 나는 너무 좋다. 동료 나그네들의 틈바구니에서도 나는 쉽게 내 내면세계에 침잠할 수 있다.

카미노에서 내가 찾은 고독은 나에게 생각하고 돌아보는 시간, 삶의 사건들뿐 아니라 사람들이 나의 생각과 태도와 감정 반응에 어떤 영향을 주는지 관찰하는 시간을 주었다. 더 집중하여 하나님과 친밀하게 교제할 수 있는 여지가 고독에서 나왔다. 혼자만의 시간은 뒤얽힌 걱정 근심을 말끔히 걷어내 주었고, 불평이나 짜증이 날 때 나의 균형을 되찾아 주었다. 내면의 공간에 들어감으로써 나는 제정신을 더 잘 지킬 수 있었고, 걷기의 역경이 기쁨을 앗아가려 위협할 때도 평정을 되찾을 수 있었다. 그 공간 안에서 나는 뒤로 기대어 마음을 가라앉혔다.

끝없이 이어지는 걷기의 꾸준한 리듬과 아울러 이 내면의 고독은 의식을 심화시켜 주는 촉매제가 되었다. 카미노에서 내가 찾고 음미한 고독은 나에게 놀라운 영향을 끼쳤다. 여정이 지속될수록 내 분주한 삶이 서서히 잦아들었다. 살아오면서 나는 늘 좀더 온전한 관조(觀照)의 경험을 갈망해 왔다. 삶의 각 부분을 골똘히 응시하며 성스럽게 볼 수 있는 그 심령의 평화로운 기도를 갈망해 왔었다. 여정이 열흘째를 맞자 세상이 놀랍도록 투명하게 보이는 은혜가 나에게 임했다. 전혀 예상치 못한 일이었다.

내 눈은 만물을 빨아들였고 경이로움에 젖었다. 마치 내면의 렌즈를 통해서 보는 경험과도 같았다. 내 마음은 사진

사였다. 색상과 모양이 전에는 보지 못했던 미묘한 의미와 깊이를 띠었다. 아름다움마다 마치 액자에 걸린 한 폭의 그림인 듯했다. 길가의 잡초, 노랑과 초록으로 띠를 이룬 산허리에 추수를 끝낸 밭, 겹겹이 둘린 산자락과 그 한가운데에 몇 줄로 걸려 있는 짙은 안개, 건강하고 청청한 가지에 달린 잘 익은 포도송이, 관목에 달린 빨간 열매, 장미꽃, 채마밭……. 그 드러내는 자태가 하나같이 신기해 보였다. 하나같이 예술작품이었다. 빛과 그림자, 선과 테두리, 모양, 부드러움, 결 등이 갈수록 더 자세히 보였다. 내 앞의 길섶에서도 전에는 놓쳤던 소소한 것들이 쉽게 눈에 띄었다. 가느다란 벌레, 닳고 닳은 자갈, 온갖 색깔과 모양을 한 작은 꽃, 까만 딱정벌레, 달팽이, 뚱뚱한 회색 민달팽이……. 내 발 밑에서도 모든 것들—돌, 슬레이트, 자갈, 시멘트, 흙, 모래, 풀—의 결이 느껴졌다. 내 반응은 경이와 경탄이었다. 시인 타고르처럼 나도 "내 삶의 불협화음과 귀에 거슬리는" 모든 것이 "하나의 아름다운 화음"으로 녹아드는 것을 느꼈다.[11]

9월 15일, 나는 일기장에 이렇게 썼다.

많은 날을 걸은 후에야 비로소 내 내면이 맑은 상태에 도달했음을 오늘 깨달았다. 그 덕에 이제 나는 보이는 모든 것을 묵상할 수 있게 되었다. 이는 포도원의 탐스런 포도에서부터 시작된 점진적 과정이었다. 지금 내가 앉아 있는 낡은 벤치, 퍼렇게 부식된 새똥, 근처 찻길의 소음 앞에서도 이제 나의 내면은 여전히 잠잠할 수 있다. 벤치의 모양, 여기저기 뚫린 구멍, 군데군데 부식된 곳을 이제는 내 "특별한 눈"으로 "볼" 수 있다. 사람들의 얼굴도 더 "보고" 거기서 성스러움을 읽을 필요가 있다.

내면의 고독은 내 안에 묵상의 공간을 터 주었다. 내 몸의 리듬이 점차 내 영의 리듬과 균형을 이루었다. 쫓기거나 서두르지 않고 꾸준히 느긋하게 걷다보니 전에는 무턱대고 급히 지나쳐 버렸던 삶이 제대로 보였다. 속도를 늦추는 것이야말로 이 묵상의 필수조건이었다. 걷는 날수가 더할수록 나의 감각도 더 민감하게 살아났다. 땅과 가까이 있다는 것도 이 의식에 보탬이 되었다. 하루는 톰이 말했다. "걸으니까 차를 타고 다닐 때보다 보이는 것이 훨씬 많군요." 내가 오솔길을 총총히 가로질러 가는 통통한 검은 쥐 한 마리를 보았을 즈음에 톰이 한 말이었다.

같은 날 우리는 카미노 지도에 나와 있는 버려진 암자에 갔다. 수려한 나무 문이 있고 툇마루에 예쁜 와석(瓦石)이 깔려 있는 커다란 건물이었다. 우리는 암자 앞의 돌의자에 앉아 점심을 먹었다. 나는 아버지의 오래된 주머니칼로 토마토를 썰었고, 톰과 함께 토마토 조각과 치즈를 빵에 넣으면서 아버지 생각을 했다. 당근의 껍질을 벗겨 톰과 나누어 먹었고 사과도 반으로 잘랐다. 먹으면서 우리는 우리가 흘린 빵 부스러기를 지고 급히 사라지는 개미 떼를 보며 신기해했다. 다시 걸으려고 일어서니 점심시간의 소박한 운치가 내 가슴에 강한 여운으로 남았다. 나는 큰 소리로 톰에게 말했다.

"우리가 개미를 마지막으로 본 것이 언제였지요?"

이런 묵상의 순간은 하나님과의 사귐으로 이어지곤 했다. 카미노에서 나는 아주 공식적인 기도나 틀을 갖춘 기도회에 참여한 적은 없지만 기도는 하루 종일 나를 감쌌다. 내면의 고독과 꾸준한 걷기의 리듬 덕분에, 온 하루는 서서히 하나의 신령한 순간이 되었다. 만유 안에 하나님의 연합이 서려 있는 시간이었다. 기도는 모든 만물과 연합하는 묵상이 되었다.

기다림은 내면의 고독과 묵상을 위한 또 하나의 촉매제였다. 여태 나는 카미노에서만큼 많이 기다려 본 적이 없는 것 같다. 어쩌면 걷는 것 말고는 달리 할 일이 없어서 그렇게 느껴졌는지도 모른다. 일단 하루의 여정을 마치면 세탁과 식사를 제외하고는 그것으로 끝이었다. 나는 대피소에 들어가기를 기다렸고, 들어가서는 내 순례자 통행증에 서명을 받기를 기다렸다. 다리가 아파 더 이상 걷지 못할 것 같을 때에는 지평선 위에 다음번 작은 마을이 나타나기를 기다렸다. 빨래하려고, 샤워하려고, 화장실을 사용하려고 줄을 서서 기다렸다. 저녁이면 식당이 문을 열 때까지 몇 시간씩 기다린 적도 많았다. 나는 밤이 오기를 기다렸고 안식을 고대했다.

우리는 오 세브레이로에 정오쯤 도착했는데 그날은 그만 걷기로 했다. 남은 오후 동안 나는 유서 깊은 마을을 둘러보고 먹을 곳을 찾기 위해 짙은 안개가 걷히고 비가 멎기를 기다렸다. 앉아서 기다리는 동안 나는 지난 5주간의 여정을 돌아보며 카미노가 나를 어떻게 빚어 가고 있는지 생각해 보았다. 얼마 후 문고판 타고르 시집을 펼쳐 읽는데 이런 대목이 나왔다. "나는 모르네, 비 내리는 이 긴 시간을 어떻게 지날지." 다음 시구에 이런 말이 있었다. "그대의 침묵으로 내 마음 가득 채우고 그 침묵을 견디리."[12] 정녕 하나님은 나에게 고독을 음미하라고 권하고 계셨다.

집에서는 수많은 일들이 나의 관심을 끌려고 다투었다. 카미노에서는 마음을 산란하게 하는 것이 거의 없었다. 나에게는 얇고 작은 시집 한 권이 있었을 뿐, 음악도 없고 서신도 없고 아무것도 없었다. 생각대로 모든 일을 끝내지도 못하면서 온종일 동분서주하는 삶에 익숙한 사람에게 무위(無爲)의 삶은 힘겨울 수 있다.

기다림은 나를 안으로 끌어들여 고독 속에다 쿵하고 내려놓았다. 아무것도 할 일이 없으니 내면생활이 더 커졌다. 레온에서 병이 낫는 동안 나는 온종일 침대에 누워, 움직이지 않고 고요히 쉴 수 있음에 감사했다. 오후 내내 나는 그 방에서 창밖의 지붕 위에 앉은 통통한 비둘기들을 바라보며 지냈다.

오 세브레이로에서 잠자리에 들기 전에 나는 이렇게 썼다.

아무것도 하지 않는다. 그냥 존재한다. 날씨가 바뀌기를 기다린다. "잠잘" 시간을 기다린다. "먹을" 시간을 기다린다. 상점에 갈 시간을 기다린다……. 지금까지 나는 앉아 있었고, 누워 있었고, 쉬었고, 기도했고, 타고르의 시를 읽고 생각했고, 일기를 썼고, 비가 와서 물기가 서린 창문을 보았고, 그칠 줄 모르는 빗방울 소리를 들었다. 기본적으로 나는 평화롭다. 그러나 나는 활동하고 싶다. 뭔가 하고 싶다. 걸어 다니고 싶다. 경치가 보고 싶다……. 내가 할 수 있는 일이라고는 비를 피해 여기서 기다리는 것뿐이다. 이 뽀송뽀송함과 따뜻함을 인하여 감사하면서…….

카미노에서 몇 시간이고 "아무것도 하지 않을" 때면 나는 여전히 초조해졌지만, 그것은 나에게 고독에 대해 많은 것을 가르쳐 주었고 수없이 많은 묵상의 기회를 선물로 가져다주었다. 카미노에 처음 들어섰을 때는 책과 잡지와 신문이 못 견디게 그리웠다. 그러나 묵상에 붙들린 뒤로는 수많은 "정보"로 내 머리를 채워야 할 필요성을 차츰 내려놓게 되었다. 사실, 집에 돌아와 다시 책을 읽기 시작했을 때 나는 머릿속에 너무 많은 것을 쑤셔 넣는 것 같아서 실제로 몇 주 동안 일부러 독서량을 줄이기도 했다. 나는 마음의 여유를 잃고 싶지 않았다. 그 여유 덕에 나는 내 주변의 삶, 내 안의 삶과 연합할 수 있었다.

나를 고독과 묵상으로 이끌어 준 카미노의 대단히 중요한 부분이 또 있었다. 높다란 고원의 평지를 끝도 없이 걸은 일이었다. 그 길게 뻗은 평지를 다 걷는 데 적어도 일주일은 걸렸다. 폭염이 내리쬐는데다 나무 그늘도 없고 산도 없어서 이 구간을 아예 건너뛰는 순례자들도 있다. 그곳을 "지루한 풍경"이라 표현하는 사람들도 있다. 그러나 나에게 있어 고원은 산티아고 길에서 나의 성장에 꼭 필요한 부분이었다. 어쩌면 그 오래된 길의 다른 어떤 구간보다도 이 구간이 나를 더 안으로 끌어 주었고 비워 주었다.

고원에는 길 가는 나그네를 붙들고 지탱해 주는 그 나름의 "존재"가 있다. 외부 경치에서 오는 통상적인 매력은 없지만(고원에도 그 나름의 멋은 있다), 고독과 침묵의 아름다움이 있다. 고원은 걷기 힘든 곳이다. 그늘 하나 없는 곳을 뜨거운 뙤약볕 아래 며칠씩 걷다 보면 녹초가 된다. 똑같은 들판과 길만이 끝없이 이어진다. 고원에서는 작은 언덕 하나만 만나도 "사건"이다. 내 일기장에는 고원이 이렇게 묘사되어 있다.

9월 19일. 톰과 나는 오늘 고원에서 잘 해냈다. 고원은 나머지 카미노와 너무 다르다. 걷고 물을 충분히 마시는 데, 햇볕을 견디는 데 에너지가 다 소모된다. 그늘은 거의 없다. 지금까지는 경치를 보면서 걸음에 힘을 냈다. 이제 경치는 천편일률에 가깝다. 밭은 텅 비었고 산은 없다. 하늘에 구름마저 없다. 밭에 커다란 돌무더기 몇 개. 몇 킬로미터마다 두세 그루씩 모여 있는 나무들. 이따금씩 보이는 관목 덤불. 사방이 갈색조다. 물론 이 모든 것이 우리를 안으로 이끌어 줄 것이다. 하지만 고원은 다 이럴까? 고원이 우리에게, 우리를 위하여 해줄 일이 다른 것은 또 없을까? 온타나스라는 마을은 말 그대로 우리가 거의 그 꼭대기에 섰을 때에야 비로소 보였다. 평지, 평지, 평지만 걷다가 드디어 이 작은 골짜기가 나왔다. 마을은 그 속에 숨어 있었다. 도착하기 전에 멀리서부터 마을이 보이던 이전의 몇 주와는 너무 다르다.

9월 20일. 길가에 웃자란 풀, 추수를 마친 밀밭, 멀리 보이는 고원. 그게 전부다. 아침나절에 1.5킬로미터 정도 가파른 오르막을 한참 오른 것 말고는. 그 뒤로는 평지다. 여기서는 누구라도 안으로 향할 수밖에 없을 것 같다. 바깥에는 거의 변화가 없다. 길마저도 가끔씩 휘어지는 것 말고는 늘 똑같다. 나무도 없다. 동물도 별로 없다. 그래도 나는 계속 야생화를 보며 감탄한다. 작은 노란 꽃, 파란 꽃, 밝은 노란색 해바라기 한 송이. 이렇게 메마르고 뜨거운 곳에서 어떻게 살아남았을까?

9월 23일. 오늘의 행보는 끝이 없는 것 같았다. 걷고 또 걷고. 톰은 우리가 거의 말이 없다며, 자기는 그것도 괜찮다고 했다. 나도 동감이었다. 고원은 외향적인 사람에게는 외로움의 악몽이요 내향적인 사람에게는 꿈에 그리던 고독이다. 고원이란 아무래도 그런 곳인 것 같다. 톰과 나는 둘 다 조용해졌다. 조그만 아름다움의 선물이 많이 있다. 꽃, 나비, 작고 푸른 관목, 오랜 돌 등.

우리는 둘 다 고원을 끝까지 주파하고 싶었으나 며칠 후 나는 심하게 앓았고 곧 톰에게서도 병세가 나타났다. 고원이 우리를 이긴 것이다. 둘 다 회복된 후에 나는 농담 삼아 "납작한 고원이 우리를 납작코로 만들었군요"라고 말했다. 말 이상으로 정말 그랬다. 전에 고원을 걸었던 어느 벨기에인 순례자가 몇 주 전에 나에게 모나리자 같은 미소를 지으며 말하기를, 고원에서 뜻밖의 일들을 찾아보라고 했었다. 그는 고원이 성장하기에 좋은 기회라고 말했다. 그 말뜻을 나는 이제야 알 것 같았다.

고원에서는 인생의 사소한 것은 망각 속으로 사라진다. 자아는 중요하지 않은 것을 내려놓을 수밖에 없다. 여정 자체가 순례자를 떠메고 간다. 고요한 고독에 둘러싸여 무더운 평지를 끝도 없이 터벅터벅 걷노라면 나머지 것은 모두 잊혀진다. 그 고독이 성장을 가져다준다. 그렇게 먼 길을 걷는 사이에 순례자는 자아를 비우게 된다. 그리하여 삶이 똑똑히 보이기 시작하고, 평소에 귀히 여기던 모든 것들이 제자리를 찾는다.

에크하르트 톨레가 「현재의 위력을 연습함」(*Practicing the Power of Now*)에 쓴 말이 나는 마침내 이해가 되었다.

자연의 아름다움, 위엄, 신성함을 의식하려면 나의 현존이 필요하다……. 그런 것들을 의식하려면 생각이 가만히 있어야 한다. 그 순간이나마 자신의 문제들을 내려놓아야 한다. 과거와 미래의 짐은 물론 자신의 지식까지 다 내려놓아야 한다. 그렇지 않으면 보아도 보이지 않고 들어도 듣지 못하게 된다. 전적인 현존이 꼭 필요하다.

혼자 있는 시간이 없을 때 우리의 생각은 망상으로 비뚤어지고 우리의 마음은 정서적 불균형 쪽으로 기울어진다. 삶은 점점 더 미친 듯이 바빠진다. 하루의 활동량이 늘어날수록 고독을 위한 시간과 공간은 그만큼 줄어든다. 그런 시간과 공간은 하루의 옹색한 자투리 속에 겨우 끼어드는 신세가 된다. 그러나 우리의 심령은 어느 정도 고독을 갈망하며, 우리의 삶을 짓누르려고 위협하는 것들과 거리를 두려고 절규한다. 변화와 재충전을 위한 이러한 절규를 무시하고 싶은 유혹이 우리를 넘본다.

가장 바쁘게 쫓기는 사람에게도 고독은 가능하다. 그 열쇠는 하루 중에 의식적으로 약간이라도 시간과 공간을 내는 것이다. 샤워장이나 자동차나 지하철 안에서도 가능하고, 컴퓨터나 금전등록기 앞에서도 가능하다. 고독을 찾으려면 독

창성과 창의력이 요구되지만 첫걸음은 고독의 가치를 믿고 고독을 원하는 것이다. 카미노에 다녀온 후로 나는 많은 곳에서 고독을 찾고 있다. 공항에서 길게 줄을 서서 기다릴 때도 그렇고, 슈퍼마켓 계산대 앞에 서 있을 때도 그렇고, 병원에서 사랑하는 이의 병상을 지킬 때도 그렇다. (카미노에서 가져온 나의 보이지 않는 고독의 휘장은 아주 전천후다.)

카미노는 내면의 영역이라는 신기한 품으로 나를 내몰았고 외부 영역을 새롭게 바라보는 눈을 주었다. 언제 어디서나 고독과 기도를 찾을 수 있음을 나는 깨달았다. 의식적으로 그 공간을 내 것으로 삼기만 하면 된다. 고독 속에서 나는 바른 시각을 되찾게 되고, 거룩하신 그분과의 교제 속에 들어간다. 꼭 물리적으로 혼자 있어야만 고독이 아니다. 삶을 관조하고 내 사랑하는 그분과 교제하는 내면의 공간을 나는 언제든지 찾을 수 있다.

18
유머 감각을 놓치지 말라

우리 둘 다에게 웃음은 홀가분함을 가져다주었다.
둘 다 통 이해가 안 가는 일 앞에서 우리는 즐거움을 나눴다.
: 피터 A 캠벨, 에드윈 M. 맥마헌

카미노는 심약한 사람들이 가는 곳이 아니다. 카미노는 걷기 힘든 길이다. 그 속에 아름다움과 모험과 신비와 기쁨도 있지만 또한 머나먼 길을 한걸음 한걸음 떼야 하는 도전도 있다. 하루가 끝나면 순례자들은 대개 녹초가 된 몸으로 물집과 알이 박인 근육과 혹 길에서 실족하여 삔 곳을 치료한다. 지척지척 내리는 비에 흠씬 젖어 있거나 깨끗하지 못한 식수, 감기, 독감으로 앓을 때도 있다. 톰과 나도 매일의 길동무인 웃음이 없었다면 짜증나는 시간, 삐딱한 태도, 실망스런 날이 훨씬 더 많았을 것이다. 종종 우리 꼴이 말이 아니거나, 실수를 저질러 시간과 체력을 소모했거나, 일부 대피소의 열악한 상황에 접하거나, 다른 순례자들한테서 아주 재미난 이야기를 들을 때마다 우리는 그 모든 것에 대하여 웃는 법을 배웠다.

낙을 누리는 것, 당면한 상황의 허점을 보는 것, 다른 사람들의 유머를 즐기는 것, 특히 일이 뜻대로 풀리지 않을 때 자신을 너무 심각하게 대하지 않는 것이 가치 있는 일임을 우리는 카미노에서 배웠다. 이 교훈은 순례를 떠나기 전 준비하는 기간에서부터 시작되었다. 우리가 처음으로 무거운 등산화를 신고 배낭을 메고서 근처 산책로에 나섰을 때 나는 창피했다. 아이오와 주 사람들이 등산용 배낭을 메고 걷는 곳이 아니다. 나는 우리가 꽤 미련해 보일 것 같았다. 배낭을 멘 나는 정말 실없는 사람이 된 기분이었다.

자전거를 타고 가거나 걷는 사람들 중에는 고온다습한 여름날에 무거운 배낭을 지고 터벅터벅 걷는 우리 둘을 쳐다보며 정말로 웃는 이도 있었다. 하지만 놀랍게도 산책로에서 만난 대부분의 사람들은 우리를 성원해 주었다. 그들은 큰 소리로 우리에게 이런저런 말을 건네곤 했다. "훈련중이신 것 같군요. 산을 타실 겁니까? 행운을 빕니다. 대단하십니다! 어디로 가시나요? 좋은 시간 보내십시오." 처음에 창피했던 일이 사람들의 이런 말 덕분에 점차 즐거운 쪽으로 돌아서기 시작했다.

하루는 70대의 할아버지와 그의 아들로 보이는 다른 남자가 자전거를 타고서 우리를 앞질러 지나갔다. 톰과 나는 7마일 표시 지점까지 한참 더 걸은 다음에 거기서 돌아서서 되돌아왔다. 자전거를 탄 두 남자도 어디선가 돌아서서 이제는 다시 우리와 같은 방향으로 가고 있었다. 돌아가는 우리를 쌩 지나치면서 그 할아버지가 "집에 아무도 없던가요?"라고 큰 소리로 말했다. 이런 익살스런 말을 들으면 신기하게도 즉각 우리 마음에 기운이 되살아났다.

그날 늦게, 한 포동포동한 여자가 헬멧 밖으로 흰머리를 잔뜩 휘날리며 우리 곁을 지나갔는데 자전거 안장 뒤의 짐 싣는 판에는 과자 한 곽이 얌전히 실려 있었다. 그 모양에 우리는 둘 다 킥킥 웃음이 났다. 그녀는 우리에게 환한 미소를 지어 보이며 큰 소리로 말했다. "난 이렇게 즐기고 있다오! 그쪽도 즐기시구려." 그 짧은 한마디가 우리의 생기를 되찾아 주었다. 그때쯤 우리는 완전히 기진맥진해 있었던 것이다.

그로부터 한두 주 지나 푹푹 찌는 8월의 어느 날, 톰과 나는 몇 시간 걸을 요량으로 햇볕이 너무 따가워지기 전에 일찌감치 회동했다. 길에는 자전거를 타는 사람들이 많았고 걷는 사람들도 꽤 있었다. 한 부부가 우리 곁을 지나면서 남자가 농담을 건넸다. "두 분, 지금 가출하시는 겁니까?" 이런 우스갯소리들이 우리의 기분을 가볍게 해주었다. 다른 사람들의 열정과 기쁨은 우리를 기다리고 있는 모험을 일깨워 주었다.

실제로 카미노에 가면 우선 당장 유머가 있어야 의욕을 잃지 않을 수 있음을 톰도 나도 몰랐던 것 같다. 기막힌 상황을 웃어넘길 것인지 아니면 그 속에 파묻혀 버릴 것인지, 불과 이틀째 밤부터 우리는 양자택일의 기로에 섰다. 우리가 묵은 수비리의 대피소는 정말 지독했다. 이 낡은 교사(校舍)는 카미노 전체를 통틀어 최악의 대피소 중 하나였다. 방안에 11개의 이층침대를 마구잡이로 넣어 놓았는데, 침대와 침대 사이에 배낭 하나 놓을 공간이 없을 정도로 침대가 다닥다닥 붙어 있었다.

방안의 22명의 남녀는 출신 국가가 다양했다. 옷을 갈아입을 수 있는 유일한 공간은 자기 침대뿐이었다. 방 남쪽의 창에는 블라인드가 하나도 없어서 도시의 불빛이 밤새도록 비쳐 들었다. 남녀 불문하고 방안의 모든 순례자가 변기 하나를 같이 써야 했으며, 네 칸의 더러운 샤워장에는 문도 없고 커튼도 없었다. 화장실은 어찌나 좁은지 우선 변기에 앉아야만 문이 겨우 닫혔다. 사람은 많은데다 창은 아예 닫혀 있어 방안에 탁한 공기가 진동했다.

톰과 나는 나란히 두 침대의 위 칸에 들었다. 톰은 조그만 손전등을 켜서 지도를 보며 이튿날의 노정을 확인했다. 그는 광부의 램프처럼 불을 자신의 대머리에 고정시키다가 그만 고무줄에 머리를 한방 맞았다. 밤 10시 이후로는 정숙해야 하는 것이 대피소의 관례였으므로 우리는 애써 숨죽여 웃었다. 얼마 후 톰이 침낭에 들어가느라 애를 먹는 바람에 우리는 다시 키득거리기 시작했다. 침낭에 들어간 톰의 모습은 정말 웃겨 보였다. 이틀이나 면도를 하지 않은데다 귀에는 귀마개를 꽂았고, 눈을 가릴 까만색 안대는 이마에서 대기하고 있었다. 나는 정말 이상해 보인다는 표정을 지어 보였다. 톰은 내 쪽으로 굽혀 이렇게 속삭였다. "친구들과 가족들이 우리의 이런 모습을 보아야 하는데!" 그 뒤로 이 말은 일이 틀어질 때마다 우리의 주문(呪文)이 되었고, 한번도 예외 없이 순례 여정을 향한 우리의 열정을 되살려 주었다.

유머 감각이 필요했던 또 다른 대피소는 에스테야에 있었다. 그곳의 화장실과 샤워장 상황도 우리를 난감하게 했다. 남자와 여자가 두 개의 변기와 하나의 샤워기를 공동으로 써야 했다. 이튿날 아침은 그야말로 가관이었다. 나는 화장실에 딸린 하나뿐인 세면대 앞에서 어느 키 큰 프랑스 사람 옆에 서서 양치질을 하고 있었다. 그와 나는 차례로 수도꼭지 밑에 칫솔을 대고 씻었다. 둘 다 웃음이 터져 나왔다. 그와 내가 나가려는데 한 여자가 양치질을 하러 들어왔다. 그녀는 세면대 앞에서 칫솔을 바닥에 떨어뜨렸다. 나는 그녀가 더러운 바닥을 보고는 기절할 줄 알았다. 그 남자와 나의 입에서 동시에 "어!" 하는 소리가 터져 나왔다. (우리는 금방 나왔으므로 그녀가 그 칫솔을 주워서 정말로 사용했는지는 모른다!)

자신을 웃어넘기는 것도 도움이 된다. 이 경우 유머는 그냥은 받아들이기에는 어려운 일의 날을 무디게 해준다. 톰과 나는 대다수의 다른 순례자들보다 천천히 걸었다. 계속 추월당하기만 하는 것도 쉽지는 않았다. 하루는 톰이 우리 각자에게 별명을 붙여 주자는 아이디어를 내놓았다. 우리는 우리에게 "거북이와 달팽이"라는 이름을 붙였다. 순례자들이 우리에게 인사를 건네며 급히 지나칠 때면 우리는 그들에게 우리의 별명을 외치곤 했다. 그들은 웃었고 우리도 웃었다. 그렇게 별명을 붙이고 나니 우리의 느린 속도를 더 잘 받아들일 수 있었고, 느긋하게 걸으려는 각오도 더 굳어졌다. 이런 농담을 통하여 우리는 걱정하지 않는 자유를 얻었다. 거북이와 달팽이처럼 우리도 결국은 가야할 곳에 도착했다. 다른 사람들만큼 일찍 도착하지 않았을 뿐이다. 이런 우스운 별명 덕분에 얼마나 마음이 홀가분해졌는지 정말 놀라울 정도였다.

토산토스로 가는 길에도 나는 자신을 웃어넘김으로써 당혹감과 불쾌감을 덜 수 있었다. 여정 12일째였는데, 그때쯤에는 나도 카미노에 공중화장실이 전혀 없다는 사실에 익숙해져 있었다. 현지 마을의 간이식당에 가면 늘 화장실이 있었지만, 종종 몇 킬로미터씩 가도 마을이 보이지 않을 때가 있었고 마을에 하나뿐인 간이식당이 문을 닫은 경우도 간혹 있었다. 나무나 큼직한 관목이나 심지어 큰 바윗돌을 찾아 그 뒤에 쭈그리고 앉아 일을 봐야 한다는 뜻이었다. 순례자들은 누구나 같은 곤경에 처해 있었다. 우리는 길가의 후미진 곳을 찾아 가득 찬 방광을 해결하는 법을 금세 터득했다.

그날도 나는 너무나 소변이 급했는데 마을도 없고 나무도 없고 관목도 없고 돌도 없었다. 게다가 길 위에 지나가는 자동차들과 순례자들이 너무 많아 마땅한 곳을 찾을 수가 없었다. 결국 길에서 100미터쯤 떨어진 곳에 늘어서 있는 나무 몇 그루가 눈에 띄었다. 가늘고 길쭉한 나무들이라서 재빨리 일을 처리해야 했다. 너무 서두르다가 나는 그만 왼쪽 양말과 신발에 오줌을 흘리고 말았다. 깜짝 놀라고 화도 났지만 다시 길에 돌아왔을 때는 나는 웃고 있었다. 그때의 짜증 따위는 얼마 지나지 않아 다 잊고 말았다. (그날 밤 나는 양말을 특별히 신경 써서 빨았다.)

자신을 웃어넘기는 일이라면 고향으로 보내는 우리의 이메일도 빼놓을 수 없었다. 나흘 동안 해가 나지 않아 우리는 재채기와 콧물감기에 걸려 있었다. 그러다보니 현 상황에 대하여 긍정적인 태도를 견지할 방도가 아쉬웠다. 트리아카스텔라에서 컴퓨터 앞에 앉았을 때, 톰은 친구들에게 이렇게 썼다. "더 이상은 속이지 못하겠기에 사실을 실토하오. 우리는 지금 스페인의 카미노에 있는 것이 아니라 바하마 해변에 있소. 그간 보낸 메일들은 우리가 카미노를 상상해서 쓴 것이오. 그렇다고 그대들의 기도가 허비된 것은 아니오. 우리는 그 기도를 진짜 순례자들에게 전달했고 우리에게도 적용했소. 해변에서 햇볕에 너무 타지 않도록 말이오. 우리를 성원해 주어 고맙소." 줄곧 빗속을 걸으면서 일광욕이라니, 생각만 해도 우스워 우리는 킬킬거리며 대피소로 돌아갔다.

10월 1일 경에는 비참한 상황 속에서 유머 감각을 통해 균형을 유지하는 데 제법 익숙해져 있었다. 얼마나 다행인가. 마침 그날 우리가 억수 같은 폭우를 만났으니 말이다. 시간은 오후 1시였는데 루이텔란과 다음번 대피소까지는 3.2킬로미터가 더 남아 있었다. 오전 내내 우리는 지척지척 내리는 보슬비를 맞으며 발카르셀 강변을 걸었다. 빗발이 거세지자 우리는 잎이 무성한 밤나무 아래에 섰으나 그것도 별 소용이 없었다. 그래서 우리는 계속 걸었다. 눈앞이 거의 보이지 않았다. 그날 오후의 폭우를 만난 순례자들은 그 일을 며칠씩 두고두고 말했다. 톰과 나는 카미노에서 처음으로 완전히 흠뻑 젖었다. 양말과 신발은 물로 철벅거렸고 비옷과 티셔츠도 완전히 젖었다. 빗물은 쓰레기 봉지로 덮어씌운 우리의 방수 배낭에까지 스며들었다. 루이텔란에서 대피소 문을 두드릴 때쯤에는 우리는 그야말로 물에 빠진 생쥐 꼴이었다.

그때는 웃음도 나지 않았다. 우리의 꼬락서니가 말이 아니었다. 두 시간 후에 다섯 명의 다른 순례자들이 우리처럼 흠뻑 젖어서 도착했다. 이층침대가 네 개뿐인 작은 방은 숙소로서는 비좁았다. 우리 집 내 침실보다 겨우 클까 말까 한 공간이었다. 우리에게 주어진 개인용 공간이란 각자의 침상 매트리스가 전부였다. 그때쯤부터 우리의 웃음을 자아내는 일이 벌어지기 시작했다. 그중 첫 번째는 다시 해가 나서 우리가 젖은 물건들을 빨랫줄에 널려고 밖으로 나갔을 때 벌어졌다.

빨랫줄은 근들근들하는 돌이 많은 토방 위에 걸려 있었는데 비가 와서 돌이 미끄러웠다. 올라서기에도 위험했다. 우리는 고개를 쳐들고 빨래를 널다가 목이 부러지지 않도록 조심해야 했다. 그 우스꽝스런 장면을 보고는 누구라도 웃지 않고는 못 배겼다. 빨랫줄에 공간이 많지 않아서 내 맞은편의 프랑스인 부부는 자기네 이층침대 난간의 트인 부위에 젖은 옷가지를 널었다. 한번은 피에르가 아래 칸의 미셸이 잘 있나 보려고 자기 매트리스에서 기어 내려왔는데 빨래를 젖혀야만 안이 들여다보였다. 둘은 낄낄 웃기 시작했고 이내 방 안의 우리 모두도 웃음을 터뜨렸다. 축축한 빨래 뒤에 가려진 미셸의 처지가 무척 우스웠던 것이다.

그날 오후는 길었다. 저녁식사는 7시 30분까지 6시간도 더 기다려야 했다. 다시 비가 오기 시작했고 그 바람에 우리는 조그만 방에 갇힌 신세가 되었다. 나는 낮잠도 자고 일기도 쓰고 기도도 하고 타고르 시집(내게 있던 유일한 책)도 읽었다. 그러다 심심해져서 나는 내 일기장의 페이지 수를 다 세 보기로 했다. 획획 책장 넘기는 소리를 모든 사람이 듣고 있는 줄은 나는 미처 몰랐다. 이윽고 톰이 침대 아래 칸에서 나를 불렀다. "어이, 그 위에서 도대체 뭘 하는 거요?" 그는 내 대답을 듣고는 크게 감탄사를 발했고 그러자 나머지 순례자들도 다같이 웃었다. 이런 단순한 일들이 우리를 즐겁게 해주었다. 이런 작은 즐거움들에 마음을 열어 스트레스를 푸는 것이 우리에게는 아주 중요한 일이었다. 그렇지 않았다면 우리는 그 답답한 공간의 궁상에 찌들어 버렸을 것이다. 축축한 모직 양말과 흠뻑 젖은 옷의 냄새는 물론 이상야릇한 발냄새까지 진동하던 그 방에서 말이다.

루이텔란에 가기 이틀 전에 우리는 폰페라다의 신축 대피소에서 묵었다. 그곳은 방도 작고 이층침대도 각 방에 두 개씩 뿐이었다. 우리와 같은 방을 쓴 한 순례자는 20대 초반의 캐나다 여자였다. 그녀는 나와 같은 침대의 위 칸을 썼는

데, 몇 주씩 씻지도 않고 옷도 빨아 입지 않았는지 몸과 옷에서 고약한 냄새가 났다. 그날 밤 내가 잠든 후에 그녀는 침대 2층 난간에 빨간 스웨터와 수건을 걸어 두었다. 밤중에 일어나 화장실을 가려는데 내 얼굴이 스웨터에 닿았다. 지독한 악취였다. 나는 "네, 하나님. 하나님의 유머 감각은 알아줘야 한다니까요"라고 혼잣말했다. 그러고는 피식 웃으며 화장실에 다녀왔다. 그 냄새나는 순간에도 약간의 유머를 찾을 수 있었던 것이다.

카미노에서 웃음은 자주, 쉽게 우리를 찾아왔다. 부르비아 강변에 자리한 아름다운 소읍 비야프랑카에 머물던 날 우리는 안토니아라는 네덜란드인 할머니를 만났다. 그녀는 쾌활했을 뿐 아니라 그 지방의 켈트족 역사에 대해서도 해박했다. 그녀는 장밋빛 포도주를 큰 병째로 마시면서 이야기 보따리를 풀어냈다. 카미노에 대한 인상을 서로 나누면서 우리는 스페인 북부에 야생동물이 별로 안 보여 놀랐다고 말했다. 안토니아는 자기가 보기에는 새벽 5시부터 일어나 대피소를 나서서 걷기 시작하는 사람들이야말로 "야생"이라고 응수했다. 그러더니 그녀는 이런 이야기를 들려주었다. 하루는 어느 순례자가 일어나 바스락바스락 배낭을 꾸리는 소리가 나더란다. 그녀는 아침인 줄 알고 조용히 따라 일어나 어둠 속에서 옷을 입었다. 그제야 시계를 보니 밤 2시 45분이었다. 그래서 그녀는 옷도 입고 신발도 신은 채로 다시 침대에 털썩 쓰러져 잤다고 한다.

유머라는 선물이 우리를 실망과 피곤함에서 건져 준 적이 얼마나 많았는지 모른다. 처한 상황에 담긴 아이러니와 모순점이 그 상황이 주는 고통을 덜어줄 수 있음을 카미노는 나에게 가르쳐 주었다. 유머 감각을 간직한다고 해서 쓰라린 경험 자체가 없어지는 것은 아니지만 그 덕에 고충도 덜어지고, 초점도 약간 옮겨지고, 마음에 잃었던 기운도 되찾을 수 있다. 카미노에서 우리는 다른 사람들을 비난하거나 혹은 자기 자신이나 어느 누구를 비하하는 데 웃음을 사용한 적이 한번도 없다. 그렇게 사용했다면 유머는 파괴적이었을 것이다. 유머는 우리의 친구였고 우리 편이었다. 웃음은 우리를 한결 평안하게 해주었고, 계획대로 풀리지 않은 일을 더 잘 내려놓을 수 있게 해주었다.

유머 감각을 간직함으로 우리는 수많은 힘든 날을 면했다. 유머로 스트레스가 풀리고 의욕이 되살아난 덕에 우리는 무산된 희망과 기대에 숨이 턱 막히지 않을 수 있었다. 유머는 우리의 시야를 넓혀 주었고, 새날이 온다는 것과 내가 항상 옳지 않아도 괜찮다는 것과 실수를 잊고 희망을 되찾을 수 있다는 것을 보게 해주었다. 자기 자신을 너무 심각하게 대하는 사람들이나 매일매일 자신을 삼킬 듯 위협하는 상황 속에 살아가는 모든 사람들에게 이 교훈은 정말 귀중한 교훈이다. 유머 감각 만세!

19
길동무 하나님을 신뢰하라

숲 속의 사슴에게 하는 것처럼
두려움에게도 우리 마음을 열어
경이감을 품고 친구가 된다면 어떨까?
; 더나 마코바

순례를 떠날 때 톰과 나는 우리의 여정을 하나님의 돌보심에 의탁한다는 것에 대해 구체적으로 이야기하지 않았었다. 신뢰는 당연히 전제되었으나 분명 우리 마음과 생각의 첫자리에 있지는 않았다. 저녁 때 숙소를 찾지 못할까봐 늘 염려하는 우리 자신을 깨닫기까지는 그랬다. 그제야 우리는 의지적으로 우리의 문제를 하나님의 손에 맡기기 시작했다.

두려움과 염려가 우리도 모르는 사이에 기어드는 모습에 나는 자못 놀랐다. 똑같이 놀라운 것이 또 있었다. 자신을 하나님의 지속적인 임재와 인도에 맡기는 것이 카미노의 기본 요건인데도, 믿음 충만한 사람들이 그것을 너무나 쉽게 간과한다는 것이었다. 톰과 나만 하더라도 굳이 문제가 생기기까지 기다렸다가 그제야 우리를 지켜 주기로 약속하신 분을 의지하기 시작한 것은 왜일까? 카미노에 수반되는 모험, 알 수 없는 불확실한 사정, 상당한 위험과 고생을 모두 감안할 때, 하나님을 신뢰하는 것이야말로 의당 우리에게 첫째가 되었어야 했다.

놀랍게도, 신뢰가 당당히 무대 위에 등장한 것은 우리가 카미노에서 불안에 휩싸이고 나서였다. 카미노를 준비하던 3월말의 피정 기간에 나는 우리의 두려움과 염려를 모두 써서 거기에 대해 이야기해 보자고 제의했다. 내 목록은 꽤 길어 보였다. 내가 톰에게 나눈 내용은 이러했다.

- 발의 물집과 약한 왼쪽 다리 때문에 걷기가 힘들게 되거나 아니면 몸에 다른 문제가 생길 것이다.
- 내가 짜증을 부려서 톰과 나의 동행에 문제를 일으킬지도 모른다.
- 가다가 톰을 잃어버리고 서로 떨어져 산티아고까지 톰을 찾지 못할 것이다.
- 톰이 넘어지거나 다치는 등 톰에게 무슨 일이 생길 것이다.
- 우리 중 하나가 심하게 앓을 것이다.
- 우리가 침묵을 지키지 못해서 아름다운 경치를 제대로 보며 감상하지 못할 것이다.
- 내가 현지어를 잘 몰라 소외감과 열등감이 들 것이다.
- 걷지 않을 때는 할 일이 없어 따분할 것이다(독서, 음악, 컴퓨터가 없다).
- 건강식을 먹지 못할 것이다.
- 내가 사랑하는 누군가가 내가 없는 사이에 죽을 것이다.

이전에 위험하고 불확실한 상황에 부딪쳤을 때도 나는 이런 목록을 만든 적이 있었다. 두려움이 현실화된 예는 거의 없었지만 상관없었다. 시련과 고통의 시간에 하나님을 의지하는 법을 누차 배웠음에도 불구하고 내 안에 새로운 불안과 염려가 난무하면서 카미노를 준비하는 내 마음과 생각의 평안을 위협했다. 톰과 함께 그런 이야기를 하고 나니 불안이 다소 가라앉았다. 톰은 나보다 염려와 두려움이 적었다. 그는 모든 일이 잘될 거라는 굳은 확신을 많이 심어 주었다. 언제나 우리 둘 중에 더 낙관적이고 도움이 되는 쪽은 톰이었다.

염려를 상쇄하는 차원에서 우리는 카미노에 대한 우리의 희망을 담아 긍정적인 문구(선언)도 작성했다. 톰도 나도 도중에 무슨 일이 벌어지든 모든 일이 잘될 거라고 믿고 싶었다. 우리는 카미노에서 아침마다 이 선언을 낭독하기로 했다. 이 긍정적인 문구는 우리에게 순례길에 담대히 임할 것을 일깨워 주었다

1. 카미노는 우리에게 놀라운 모험이다.
2. 우리는 신체적·정서적·정신적 건강이 아주 좋다.
3. 우리는 물집이 없다. 옹이는 문제가 못된다.
4. 우리는 어디서나 아름다움을 찾는다.

5. 하나님과의 관계, 서로간의 관계, 자아와의 관계가 성장하고 깊어 간다.
6. 우리는 만나는 사람들과 스페인어로 말하는 것을 즐긴다. 우리는 점점 유창해진다.

돌아보니 이 선언 속에 하나님께 대한 신뢰가 구체적으로 언급되지는 않았어도 분명히 암시되어 있음이 보인다. 그래도 우리는 산티아고 횡단에 나선 지 얼마 안 되어 이 신뢰의 문제를 명시적으로 거론해야만 했다. 매일의 상황과 불안한 마음 때문이었다.

카미노를 걸은 지 불과 이틀째에 내 일기장에 "신뢰"라는 단어가 등장했다.

> 마음을 열고, 존재하며, 현재 속에 살려고 애쓰고 있다. 내 생각에, 천천히 그러고 있는 것 같다. 오늘 나는 믿는다, 숙소가 있으리라고 신뢰해야 한다고. 우리가 가는 고장에 축제가 있어서 방이 없을 거라고 들었다. 하지만 문제 없다. 음식에 대해서도 신뢰해야 한다. 모든 일에! 그렇다!

이틀 후 톰과 나는 시수르 메노르를 떠나 푸엔타 라 레이나 쪽으로 가면서, 각자의 상태에 대해 이야기했다. 우리 둘 다 느긋하게 걷기를 원했다. 그러나 우리는 대피소에 자리를 확보하기 위해 빨리 걷고 많이 가려고 지나치게 걱정하고 애를 태웠음을 시인했다. 톰도 나도 목적지 산티아고까지 이런 불안을 품고 갈 생각은 없었다. 그때 톰이 "프리메로 디오스"(Primero Dios, 하나님을 첫자리에)라는 스페인어 문구를 기억해 냈다. 하나님을 삶의 첫자리에 모시면 무슨 일이 벌어지든 결국은 다 잘된다는 의미가 담긴 말이다. 그 안에 하나님의 영원한 섭리에 대한 신뢰와 확신이 암시되어 있다. 우리는 둘 중에 하나가 무슨 일로든 걱정하는 말을 할 때마다 이 문구를 주장하기로 했다.

그 뒤로 6주 동안 그 말은 우리 입에 자주 올랐다. "프리메로 디오스"는 톰과 나에게 하나님이 우리를 돌보아 주시며 그래서 날마다 숙소를 찾을 수 있다는 확신을 주었다. 그래도 우리는 동반자 하나님을 의지하는 것을 이따금씩 잊어버렸다. 수확제를 처음 만나던 때에 특히 그랬다. 9월이면 소읍에서 축제가 벌어진다는 것은 우리도 읽어서 알고 있었다. 그러나 우리가 몰랐던 것이 있었다. 축제에 참여하기 위해 사설 대피소가 문을 닫는다는 사실이었다. 아울러 축제 기간 중에는 관광객과 다른 방문객들로 인해 호스텔과 여인숙에도 빈 자리가 줄었다. 그러나 이 같은 축제는 숙소를 찾는 과정에서 우리의 믿음이 깊어지는 좋은 기회가 되었다.

축제가 열리는 마을마다 우리는 용케 숙소를 찾아냈다. 안내책자에 나와 있지 않은 사설 대피소일 때도 있었고, 호스텔이나 여인숙이나 심지어 위층에 방을 제공하는 식당일 때도 있었다. 하나님이 스스로 돕는 자를 도우신다는 말도 맞지만, 하나님이 우리를 적재적소로 인도하신다는 말도 똑같이 맞다. 숙소를 찾기가 불가능해 보일 때면 톰은 언제나 누군가를 우연히 만났는데, 방을 빌려 주는 곳이나 지도에 없는 대피소에 대한 정보가 그 사람한테 있었다.

아소프라에서도 축제 때문에 공립 대피소가 꽉 찼는데, 관리인은 우리더러 부엌 바닥에서 자도 좋다고 했다. 기름때가 찌든 너저분한 바닥 중에서 그마나 유일한 공간은 정문 바로 옆이었는데, 정통으로 순례자들이 드나드는 길목이었다. 그래서 우리는 다른 숙소를 알아보기로 했다. 나는 부엌에서 기다리고 톰은 나가서 한 블록 거리의 어느 사설 대피소 앞에 앉아 있었다. 정문에 주인이 곧 돌아온다는 쪽지가 붙어 있었기 때문이다. 톰이 두 시간을 기다리고 나자 누군가 그 대피소는 축제철이라 문을 닫았다고 말해 주었다. 그때부터 톰은 마을을 뒤졌고, 아직 빈 방이 몇 개 있는 여인숙을 찾아냈다. 그런 일이 한두 번이 아니었다. 여정 열흘째에 나는 이렇게 썼다.

"프리메로 디오스"의 유익을 누리고 있다. 여태껏 그분이 우리를 돌보아 주셨다. 날마다 우리는 상황을 전혀 모른다……. 오늘 우리는 매트가 비좁게 다닥다닥 붙어 있는 3층 방에서 잘 뻔했다. 톰이 밤중에 쓸 화장실에 대해 물었더니 남자 화장실이 있는 1층까지 내려가야 한다고 했다. 간호인은 톰의 말을 아주 자상하게 듣더니 옷장만한 다른 방으로 우리를 안내했다. 같은 건물의 측면인데 바로 옆으로 난 차도에 차들이 그렇게 많이 다닐 수가 없다. 수많은 중형 트럭이 몇 분 단위로 쌩쌩 다니는데 작은 마을을 지나면서 감속도 하지 않는다. 그 "특실"에는 다 쓰러져 가는 간이침대가 2개 있고 그 위에 놓인 매트리스는 흉물스럽고 흐늘흐늘하다. 그 밖에는 아무것도 없다. 그래도 우리는 비좁은 방에 있지 않아서, 그리고 톰이 화장실 가까이에 있어서 너무 기쁘다.

음식도 우리의 신뢰를 요하는 끝없는 도전이었다. 우리는 먹을 것을 약간 가지고 다녔지만 배낭이 무거워 많이 넣을 수 없었다. 우리가 묵는 마을에서 음식을 구할 수 없던 적도 여러 번 있었다. 다행히 우리는 간단히 요기할 정도의 음식은 배낭에 거의 항상 챙겨 두었다. 그럴 때면 우리는 아침식사는 이튿날 도중에 문을 연 곳에서 하기로 하고 일단 있는 것을 먹었다. 대개는 다음날 요기할 곳이 나왔지만 몇 킬로미터를 가서야 먹은 적도 몇 번 있었다.

고원이 점점 가까워오던 어느 밤, 나는 일기장에 이렇게 썼다.

고원을 걷는다고 생각하니 약간 불안하고 두렵기까지 하다. 내가 걱정하는 것은 폭염과 건조함이다. 우리가 해낼 수 있기를 바란다. 음식과 숙소에 대한 염려도 커진다. 다시금 신뢰해야 할 때다. 순례 여정의 핵심은 하나님의 섭리를 신뢰하는 것이다. "프리메로 디오스!"

음식과 관련해서 우리에게 가장 큰 도전이 되었던 일은, 10월 6일 점심식사를 끝으로 우리의 음식이 거의 바닥났을 때 찾아왔다. 그 전날 안내책자를 보니 인구가 100여 명 되는 에이레그세라는 마을에 음식을 파는 간이식당이 두 군데 있다고 나와 있었다. 오후 중반에 그 마을에 당도하니 과연 두 곳이 다 눈에 띄었다. 문을 연 곳은 없었지만 마침 낮잠 시간이었으므로 우리는 걱정하지 않았다. 나중에 저녁식사 시간을 알아보러 다시 가보니, 한 곳은 축제철이라 문을 닫았고 다른 곳은 주인이 장례식에 가서 열지 않는다고 했다. 그때쯤에는 음식을 구하러 다음 마을까지 가기에는 너무 늦은 시간이었다.

남은 음식이라고는 우리 둘 다 합쳐서 조그만 참치 통조림 하나와 아몬드 한 움큼이었다. 그 이상은 없었다. 아무래도 저녁식사는 어려울 것 같았다. 또 다시 신뢰의 시간이었다. "프리메로 디오스!" 우리가 서로 그렇게 말하고 있는데 내 배에서 꼬르륵 소리가 났다.

톰은 대피소 관리인 마리아 파스와 이야기했다. 마리아는 우선 우리를 대피소의 작은 주방으로 데려갔다. 우리는 혹시나 앞서간 순례자들이 두고 간 것이 있을까 하여 찬장을 뒤졌으나 그런 행운은 없었다. 그러자 마리아는 우리더러 비슷한 처지를 당한 순례자들에게 종종 음식을 파는 옆집 여자가 있으니 가 보라고 했다.

우리는 페인트칠이 깔끔하게 된 그 집으로 가서 대문을 두드리고 또 두드렸다. 마침내 어떤 여자가 나왔다. 잔뜩 찌푸린 얼굴로 우리를 쳐다보는 것으로 보아 우리가 방해가 된 것이 분명했다. 우리가 빵을 좀 살 수 있겠느냐고 물었더니 여자는 성가시다는 듯이 영어로 "없다"고 힘주어 말했다. 그러고는 질색하는 표정으로 우리를 쫓아내고는 문을 쾅 닫았다.

퇴짜를 맞은 우리는 다시 대피소로 돌아와, 톰은 쉬고 나는 문밖에 앉아 일기를 썼다. 나는 음식이 떨어진 것은 문제가 아니라며 자신을 타일렀다. 그 순간 세상에는 먹을 것이 없는 사람들이 많았다. 음식이 떨어진 것을 계기로 나는 영적으로 그들과 연합할 수 있었다. 하지만 그날 나는 거의 먹지도 못한 채 먼 길을 걸었고 그래서 기운이 없었다. 그날 저녁에 양분을 전혀 보충하지 못해도 다음날 한참을 더 가야만 음식 파는 곳이 나오리라는 것을 나는 알고 있었다. 음식이 없어도 된다고 최대한 자신을 다그치려 했지만 내 몸은 계속 딴소리를 하고 있었다.

우리의 처지가 꽤 암담해 보였다. 배낭에 먹을 것이 거의 없거나 전혀 없이 도착한 열 두세 명의 다른 순례자들도 사정은 마찬가지였다. 저녁때쯤 되어서는 다들 확실히 굶는 줄로 알았다. 그때 마리아가 톰에게 오스카라는 현지인을 주선하여 우리를 다른 소읍의 슈퍼마켓에 차로 데려다 주도록 했다고 말했다. "프리메로 디오스!" 우리는 재빨리 다른 배고픈 순례자들을 모아 함께 기본 식료품 목록을 작성했다. 파스타,

양파, 소스 재료로 쓸 토마토 페이스트와 고추, 샐러드 용 양상추와 토마토, 빵, 적포도주 등이었다.

저녁 6시에 톰과 나는 오스카와 함께 부리나케 슈퍼마켓으로 갔다. 그날 낮에 걸었던 길을 되돌아간 것이다(차로 가니 몇 킬로미터가 정말 금방이라고 우리는 그런 말을 주고받았다!). 오스카는 가게에 들어가 최상의 적포도주를 찾아 주었다. 이어 그는 금방 돌아오겠다는 말을 남기고 자기 딸을 데리러 학교로 갔다. 우리 둘은 오스카를 지체시키고 싶지 않아 급히 가게 안을 오가며 물건을 찾았다. 우리가 식료품이 잔뜩 든 비닐봉지를 들고 바깥에 10분쯤 서 있으니 오스카가 앞자리에 사춘기 직전의 딸을 태우고 나타났다.

톰과 나는 음식물을 전부 가지고 뒷자리에 앉았는데 그게 쉽지 않았다. 소형차 안에는 많은 짐이 높이 쌓여 있었던 것이다. 나는 최대한 톰 옆에 바싹 붙어 앉았고 우리 위와 주변은 온통 식료품 봉지들로 덮였다. 그런데 바로 그때 오스카가 "볼일이 있다"며 내렸다. 그는 금방 오겠다고 했으나 우리는 기다리고 또 기다렸다. 그렇게 앉아 있은 30여 분이 나에게는 몇 시간처럼 느껴졌다.

내가 힘들여 마음의 평정을 유지하는 동안 톰은 평소처럼 자상하게 그 딸에게 말을 걸었다. 딸은 처음에는 우리를 불편해했다. 그들 둘이서 학교와 그 밖의 화제로 대화를 나누는 중에도 나는 어서 돌아가야 한다는 생각에 애가 탔다. 대피소의 순례자들은 우리가 훨씬 일찍 올 줄로 알고 있을 것이며, 게다가 식사를 준비하는 일까지 남아 있었다. 마침내 오스카가 돌아와 우리를 대피소 앞에 내려 주었을 때는 저녁 7시 45분이었다. 톰이 기름값이라도 부담하려고 돈을 내밀었으나 오스카는 사양했다. 그는 활짝 웃으며 "성인(성 야고보)께 드리세요"라고 말했다. "프리메로 디오스!"

순례자들이 다 나서서 간단한 식사를 준비했다. 식기류나 포크나 스푼이 거의 하나도 없는 주방에서 식사를 준비한다는 것은 얼마나 도전인가. 우리는 이상한 잡동사니 물건들을 찾아냈다. 스파게티는 주로 계량스푼으로 먹었고, 사발과 프라이팬 뚜껑으로 접시를 대신했고, 포도주는 플라스틱 잔과 이상한 모양의 젤리 통에 마셨다. 드레싱도 없는 양상추와 토마토 샐러드는 커다란 낡은 양푼에 담았다. 음식마다 그야말로 꿀맛이었고 우리는 게걸스레 먹었다. 풍성한 웃음과 유쾌한 대화 속에서 우리는 그날이 마침 이본느의 생일임을 알게 되었다. 아주 저렴하면서도 품질은 최고인, 남은 두 병의 포도주로 우리는 그녀를 위해 건배했다. 나에게 그것은 카미노에서 가장 행복한 식사였다.

그날의 저녁식사 경험은, 특히 외적인 조건이 정반대일 때 하나님의 돌보심을 믿는 것에 대해 나에게 많은 것을 가르쳐 주었다. 일이 바람대로 풀리지 않으면 신뢰가 금방 약해진다는 것을 나는 알게 되었다. 일이 뜻대로 되지 않으면 나는 너무 쉽게 낙심한다. 불확실하고 불안정한 상황에 부딪치면 나는 강한 통제 욕구를 느끼는데, 신뢰한다는 것은 그 욕구를 버리는 것이다. 나 혼자 아무리 힘쓰고 애써도 내면에 안정과 평화가 온다는 완전한 보장은 없다.

에이레그세에서의 그 뜻밖의 멋진 식사를 통해서 나는, 사람이란 절대 희망을 버려서는 안 된다는 것도 배웠다. 상황이 어떠하든 확신을 잃지 않는 것이 가장 중요하다. 카미노에서 확인된 중요한 인생 교훈이 있다. 순례 여정의 핵심은 걱정하고 안달하는 것이 아니라, 하나님을 첫자리에 모시고 그 영원한 임재와 섭리를 신뢰하는 것이다. 이러한 믿음과 확신이 충만할 때 모든 순례자의 마음속에는 어느새 카미노의 평화가 깃든다.

20
약함을 통해 겸손을 배우라

자신의 어깨로 자기를 지려 하는, 오 어리석은 자여!
자신의 문간에서 구걸하는, 오 걸인이여!
모든 것을 감당하실 수 있는 그분의 손안에
그대의 모든 짐을 놓으라.
그리고 절대로 돌아보며 후회하지 말라.

; 라빈드라나트 타고르

카미노의 은혜는 우리에게 가장 성장이 필요한 부분에 찾아온다. 힘겨운 도전들은 순례자의 허식 밑으로 슬그머니 들어와, 진실성을 가로막는 모든 것을 걷어낸다. 내가 병을 앓은 일도 이러한 깜짝 놀랄 뜻밖의 은혜를 누리게 해주었다. 나는 순례를 통한 영적 성장만 바랐지 그에 요구되는 대가는 몰랐다. 카미노에 갈 때는 자신이 희망하는 바를 조심해야 한다. 희망대로 이루어지기 때문이다.

9월 22일, 카미노는 내 강한 독립적 기질을 무릎 꿇렸다. 3주 가까이 걸으면서 나는 몸과 영혼에 힘을 느꼈고 무슨 일이 닥치든 감당할 수 있다는 자신감이 들었다. 그러나 이런 내 자부심은 곧 허를 찔렸다. 그때 우리는 레디고스로 가고 있었는데 고원을 지나는 고된 하룻길이었다. 거의 30킬로미터 내내 정면에서 강한 바람이 불어와 걷기가 더욱 힘들었다. 톰과 나는 둘 다 허기가 져서 오후 2시쯤에 칼사디야 데 라 쿠에사의 한 간이식당에 들러 음식을 먹었다. 나는 햄을 넣은 스페인식 오믈렛을 주문했다. 우리는 같은 곳에 들른 몇몇 다른 순례자들과 대화도 나누고 그들의 맛있는 초록색

올리브도 몇 개 집어 먹은 후, 레디고스까지 남은 6킬로미터를 마저 걸으려고 그곳을 나섰다.

칼사디야 데 라 쿠에사를 떠난 지 20분쯤 되었을까. 내 배가 꾸르륵거리며 탈을 일으켰다. 그렇게 거북한 상태가 계속되었고, 나는 톰에게 걱정을 털어놓았다. "몸이 정말 이상해요. 뱃속에서 다람쥐가 빙빙 돌고 있는 것 같아요." 머지않아 내 팔과 다리가 말을 듣지 않았다. 나는 어떻게든 몸을 놀려보려고 상체를 앞으로 구부린 채 배를 움켜쥐고 걸었다. 톰이 내게 그만 걷자고 했으나 내 강한 자아는 톰에게 이렇게 말했다. "안 돼요. 곧 괜찮아질 거예요." 하지만 괜찮지 않았다. 구역질이 심하게 나고 기운이 더 빠져 금방이라도 졸도할 것만 같았다. 그렇게 5분을 더 몸을 질질 끌다가 나는 포기했다. 톰의 도움으로 길 밖으로 벗어난 나는 배낭을 벗고는 키다리 잡풀이 먼지를 뒤집어쓰고 있는 도랑에 쓰러졌다.

가벼운 발걸음으로 상큼한 아침을 맞은 강하고 억센 여자가 땅바닥의 꺼끌꺼끌한 덤불에 누워 토하려 하고 있었다. 나는 다시 일어나지 못할까봐 두려웠다. 나중에 톰이 말하기를, 그때 내 옆에 앉아서 핏기 없이 땀을 쏟는 내 얼굴을 보면서 얼마나 걱정이 되었는지 모른다고 했다. 그는 몇 번이고 물었다. "내가 길가에 나가 차를 세울까요? 병원으로 갑시다." 그의 제의를 나는 받아들일 수 없었다. 누구의 신세를 지다든지 톰에게 짐이 된다는 생각을 용납할 수 없었다. 무엇보다도 카미노 걷기를 멈추고 싶지 않았다. "아니, 안 돼요. 그냥 여기에 잠깐만 누워 있으면 돼요. 할 수 있어요." 나는 그렇게 우겼다.

쓰러진 자세로 그렇게 30분쯤 있다가 나는 톰의 도움으로 몸을 일으켰다. 비록 기운이 없고 어질어질했지만 다음 대피소까지 가려는 오기가 발동했다. 톰이 큰 배낭을 둘이나 짊어질 수는 없었으므로 나는 톰의 도움으로 가까스로 배낭을 멨다. 남은 길은 5킬로미터 정도였는데 대부분 오르막이었다. 나는 기운이 없어서 몸을 구부리고 아주 천천히 걸었다. 그때 우리 오른쪽으로 얼마 안 되는 거리에서 차 한 대가 멈추어 섰다. 그쪽을 바라보노라니 일단의 관광객들이 차에서 내려 우리를 사진에 담았다. 나는 최악의 순간에 사진을 찍힌 셈인데, 정말 비참해 보였을 것이다. 너무 아파서 웃지도 못했지만 며칠 후에 나는 이렇게 말했다. "정말 겸손의 교훈을 배우는 순간이었어요. 최상의 상태로 순례길을 순조롭게 걸었어야 할 내가 그렇게 거동조차 힘들었으니 말이에요."

겸손의 교훈은 아직 시작에 불과했다. 그 마지막 구간을 가면서 나는 제발 서 있지 말고 누웠으면 좋겠다는 생각뿐이었다. "오, 누울 수만 있다면." 톰에게 자꾸 그 말만 했다. 마침내 우리는 레디고스에 닿았고 톰은 관리인 여자에게 나의 몸 상태를 설명했다. 나는 접수창구에 서지도 못한 채 기다시피 계단을 올라가 바닥에 깔린 매트리스에 털썩 쓰러졌다. 그날의 뒷일은 기억에 흐릿하지만 다른 사람들이 사랑으로 나를 보살펴 준 것만은 기억난다.

한 할머니는 무릎을 꿇고서, "구역질"을 가라앉혀 준다는 특별한 뜨거운 차를 내 입에 넣어 주었다. 또 다른 사람은 나에게 이불을 덮어 주었다. 간호사인 한 순례자는 내 열을 쟀다. 누워 있는 내 곁을 오가며 순례자들이 어떠냐고 물어 주었다. 나는 너무 아프다고 힘없이 중얼거렸다. 몸도 말이 아니었지만 심적으로도 나약하고 의존적인 존재가 된 기분이 들었다. 내 "평소"의 삶에서는 별로 겪어 보지 못한 상태였다. 내 안의 목소리가 나에게 다른 사람들이 주는 것을 받으라고, 매사를 내 힘으로 해내려는 욕심을 내려놓으라고, 다른 사람들의 도움을 받아들이라고 재촉했다. 그 목소리에 귀를 기울여야 할 때였다.

그날 밤 나는 아픈 상태로 있는 것 말고는 거의 아무것도 할 수 없었다. 병의 원인이 식중독인지 오염된 식수인지 그

밖에 무엇인지는 지금도 수수께끼다. 몸이 어찌나 부대끼던지 나는 거의 뜬눈으로 밤을 새웠다. 그 방에는 나 말고도 일곱 명의 순례자가 있었다. 톰은 내 옆 침대에 있었고, 톰의 저쪽 맞은편에는 다른 남자와 여자가 자고 있었다. 설상가상으로, 밤이 깊어지면서 톰 맞은편의 남자가 코를 골았다. 카미노에서 코고는 소리야 많이 들었지만 단연 최악이었다. 너무나 피곤한데도 나는 그 소리 때문에 통 잠을 들 수 없었다.

결국 나는 일어나 그 남자 쪽으로 갔다. 그가 잠이 깨어 내가 잠드는 동안만이라도 코를 골지 말아 주기를 바라며 나는 발로 그 사람의 다리를 쿡 찔렀다. 내 작전은 실패로 돌아갔고 코고는 소리는 오히려 더 커졌다. 방 저쪽에서 영국 억양의 한 여자가 나직한 소리로 말했다. "한번 더, 더 세게 차세요!" 아픈 와중에도 나는 어둠 속에서 씩 웃으며 "순례자의 정신은 다 어디로 갔나!" 하고 생각했다.

그 밤에 나는 잠을 이룰 수 없었다. 이튿날 아침 나는 완전히 무력증 상태에다 구역질도 여전했다. 다른 순례자들은 잘 잔 얼굴로 나와서 떠날 준비를 하는데 나는 나른하고 기운이 없었다. 내 딱한 처지를 보고는 한 친절한 브라질 젊은이가 전날 밤 일시적으로 내 속을 가라앉혀 주었던 그 차 봉지를 한 줌 내주었다. 대부분의 순례자들이 떠난 후에 톰과 나는 대책을 의논했다. 대피소는 오전 8시에 문을 닫기 때문에 대피소에 머물 수는 없었다. 나는 천천히 걷는다면 다음 마을까지는 갈 수 있겠다 싶었다. 긴 하루 동안 나는 물만 몇 모금씩 마시면서 16킬로미터를 걸었다. 톰의 친절하고 자상한 동행이 아니었다면 해내지 못했을 것이다. 그는 내게 계속 확신을 심어 주고 긍휼을 베풀어 주었다.

때마침 카미노 전체에서 1-2킬로미터마다 벤치가 있는 곳은 유일하게 그날 그 구간뿐이었다. 쉬어 갈 벤치가 있어 얼마나 다행이었는지 모른다. 나는 다음 벤치까지 기를 쓰고 가서는 오래오래 쉬었다. 쉴 때마다 마음이 겸허해졌다. 나는 강해지고 싶었다. 하지만 아무리 애를 써도 스스로 강해질 수 없었다. 나는 그 이상 빨리 걸을 수 없었다. 마음 같아서는 어서 털고 일어나고 싶었지만 억지로 될 일이 아니었다.

그날 우리는 어느 호스텔에 묵었다. 나는 온종일 먹지도 못한 채로 오후 늦게 침대에 쓰러져서는 다음날 아침에 다시 떠날 때까지 계속 잤다. 속이 계속 울렁거렸지만 20킬로미터의 하룻길을 다시 한번 나서 볼 만큼의 기운은 돌아왔다. 도중에 어떤 독일인 여자가 콜라를 마시면 속이 좀 가라앉을 거라고 말해 주었다. 이 민간요법은 어느 정도 차도를 보였다. 그날 밤, 나처럼 몸이 아픈 또 다른 독일인 부부가 구역질에 좋은 동종(同種)요법 알약을 몇 개 주었다. 그 알약과 톰이 약국에서 사온 구역질 치료제 덕분에 내 더부룩하던 속이 많이 편해졌다.

사흘째부터 나는 가볍게 빵을 조금씩 먹었다. 엘 부르고 라네로에서 우리는 오후 느지막한 시간에 어느 사설 대피소를 발견했는데 백발의 어여쁜 여자가 문간에서 우리를 반겨 주었다. 우리는 여장을 푼 후에 이튿날 쓸 물건을 사러 나갔다. 가게 안에서 톰이 나를 보며 말했다. "서 있을 수가 없구려. 대피소까지 날 좀 부축해 주겠소?" 나는 깜짝 놀라 그를 보았다. 나와 똑같은 병인지 아니면 심장발작 같은 다른 병인지 알 수 없었다. 나는 최대한 조심조심 톰을 부축하여 신속하게 대피소로 돌아왔다. 대피소 주인은 걱정이 되어서 저녁나절에 몇 번이나 톰의 방 문을 두드리며 그가 괜찮은지 살폈다. 톰의 병에는 설사가 수반되었다. 이튿날 안 사실이지만, 같은 증세를 보인 순례자들이 많았다. 다들 오염된 식수를 원인으로 꼽았다.

나는 빵 말고도 뭘 좀 억지로라도 먹어 두어야 할 것 같았다. 톰이 아파서 누워 있었으므로 나는 뭔가 자극적이지 않은 저녁식사가 있을까 해서 저녁 8시 반에 혼자서 소읍의 유일한 간이식당으로 갔다. 치킨수프가 그리웠으나 메뉴에 그런 음식이 있을 리 만무했다. 식당 종업원에게 내 상황을 설명하면서 순례자용 식단 대신 그냥 파스타만 먹을 수 있겠느냐고 물었더니 그녀는 미심쩍은 표정을 지으며 알아보러 갔다. 요리사가 나왔기에 내가 다시 "파스타만" 좀 부탁을 했더니 그녀는 저쪽에서 "안 된다"고 소리를 질렀다. 예외란 있을 수 없으니 오늘의 메뉴대로 먹어야 한다는 것이었다.

선택의 여지도 없고 달리 갈 데도 없어서 나는 식단에 있는 음식을 받았다. 첫 코스는 푸짐한 샐러드 무침이었다. 바닥에 깔린 양상추 위에 토마토, 고추, 녹색 올리브, 그리고 통조림 아스파라거스의 길쭉한 대공이 하나 올려져 있었다. 평소 야채라면 사족을 못 쓰는 내가 그날 밤에는 세 쪽밖에 먹지 못했다. 메인 코스인 감자튀김과 돼지고기가 나왔는데도 나는 접시에 가득한 음식을 쳐다보고만 있었다. 내 위가 당해낼 수 없을 것 같았다. 15분 동안 다섯 입쯤 먹다가 나는 음식을 다 놓아두고 대피소로 돌아왔다.

설사가 계속 톰을 괴롭혔으므로 이튿날 아침 우리는 일반 숙박시설이 있는 레온까지 버스를 타고 가서 우리 둘 다 카미노에 복귀할 만큼 몸이 회복될 때까지 기다리기로 했다. 톰도 나도 산티아고 노정을 처음부터 끝까지 다 걷기 원했으므로 이는 중대한 결정이었다. 카미노의 일부 힘든 구간을 택시나 버스를 타고 비켜 간 순례자들에 관한 이야기를 나는 책에서 읽었었다. 설령 건강상의 이유로 그랬다손 치더라도 버스를 타는 것은 나에게 "속임수"처럼 느껴졌다. 그런데 이제 우리가 그 비슷한 상황에 처한 것이다. 톰은 설사 때문에 걸을 수 없었고 나는 기력을 되찾아야 했다. 만일 우리가 버스를 타고 도시에 나가서 회복하지 않고 그냥 소읍에 머문다면, 우리는 며칠 분의 보행을 손해 볼 것이고 어쩌면 정해진 기한 안에 산티아고까지 갈 수 없을지도 몰랐다. 도시에는 혹시 필요할 때 받을 수 있는 의료 혜택이 더 많았다. 다시 한번 카미노는 나의 자존심을 들추어내고 나의 독립적인 기질에 도전장을 날렸다.

버스를 타고 레온으로 가면서 나는 얼마나 겸손해졌는지 모른다. 오른편으로 저 멀리에 순례자들이 무겁게 짓누르는 배낭을 메고는 가로수 길을 줄지어 걷고 있었다. 그 모습을 보면서 나는 그들의 입장이 너무나 이해가 되었다. 나는 그들의 고단한 몸을 상상해 보았고 누구누구가 발이 아플지 생각해 보았다. 한 대피소에서 다음 대피소까지 걷는 데 얼마나 많은 시간과 에너지가 드는지 잘 알았기에 나는 그들에게 동질감을 느꼈다. 이틀 동안 걸어갈 구간을 우리만 버스로 가고 있다고 생각하니 배신자가 된 것 같아 괴로웠다.

걸어서 산티아고까지 주파할 수 있다던 희망은 무산되었고 그 무산된 희망이 나를 짓눌렀다. 버스를 탔다는 것은 내가 너무 약해서 감당을 못하여 800킬로미터 전 구간을 걷지 못했다는 말이었다. 나는 생각만큼 강하고 독립적이지 못했다. 레온까지의 버스 이동은 내가 카미노에서 했던 가장 힘든 일 중 하나였다. 호텔에 짐을 푼 후에 나는 일기장에 이렇게 썼다.

이게 무슨 일일까? 나도 모른다. 이 순간에 대해 마음을 열어두고, 미래를 희망할 뿐이다. 우리가 기운을 차려 건강한 몸으로 다시 전진할 수 있기를 바랄 뿐이다. 고원은 "나를 납작코로 만들었다." 고원은 나의 안전과 좋은 것과 편안한 낙을 앗아 갔을 뿐 아니라, 나로 하여금 모르는 사람들을 의지하게 만들었고 호스텔 주인과 순례자와 자연력(自然力)의 호의와 처분에 나를 내어 맡기도록 했다. 이제 나는 내가 "그저 순례자"로 여기에 있음을 안다. 내 가면은 별 쓸모가 없고 아무것도 아니다. 다만 나는 알 수 없는 어떤 이유로 이 옛길을 걷고 있는 한 여자, 한 인간일 뿐이다······.

이는 내려놓음의 큰 경험이었다. 나는 내가 카미노까지

1킬로미터도 빼놓지 않고 다 걸을 줄 알았지 버스를 탈 줄은 몰랐다. 그래도 오늘 버스를 타서 기력을 아낀 것은 잘한 일 같다. 그럼에도 등을 굽혀 무거운 배낭을 짊어지고, 우리가 걸을 길을 걷고 있는 동료 순례자들을 버스에서 내다볼 때는 깊은 동지의식이 들었다. 나도 그들과 함께하고 싶었다. 내가 정말 순례자가 되었음을 나는 버스를 타고 가는 그 시간에 깨달았다! 나도 저들 무리 중의 하나다! 버스에서 객관적인 거리를 갖고 내 연약한 상태에서 그들을 보니 그제야 그것이 온전히 깨달아졌다. 이런 생각이 들었다. "나도 그대들과 함께 거기 있고 싶어요……. 이렇게 버스를 타고 가는 것보다 그게 더 좋아요. 곧 다시 그대들이 있는 그 길로 갈게요."

이상한 말처럼 들리겠지만, 레온행 버스 안에서는 순례자로 돌아가고 싶던 내가 이튿날 호텔에서 쉬면서 기운을 차릴 즈음에는 순례자의 삶에 정나미가 떨어졌다. 병 때문에 나는 체력도 정신력도 바닥이 났다. 낙심에 차서 삐딱한 기분이 찾아들었다. 여태 카미노에서 겪은 모든 어려운 일들에 반감이 들어서 나는 소스라쳐 놀랐다. 카미노가 내 자율성의 허식 밑을 파고들었다는 사실을 나는 인정하고 싶지 않았다. 레온을 떠나고 며칠 후, 나는 내 감정의 변화를 짚어 내고 인정했다.

아프던 며칠 동안 나는 내가 스페인에 와 있는 것이 싫었고 집에 돌아가고 싶었다. 순례자가 받아들여야만 하는 모든 것들이 나는 싫었다. 특히 냄새가 싫었다. 늘 지나다니는 우양의 똥, 밤이면 숙소의 곰팡내, 역한 화장실, 신발의 흙먼지, 날마다 빨아도 내 옷에서 나는 퀴퀴한 냄새.

나는 여기 음식이 싫었다. 특히 아무것도 바르지 않은 흰 빵이 싫었다. 밤에 숙소가 나기를 기대하며 종일 걷고 또 걷는 그 반복되는 삶도 싫었다. 배낭을 메는 것도, 발을 간수하는 것도 싫었다.

기운이 없어 톰과 별로 이야기도 하지 못했다. 그저 생존의 차원에서 "한 발 앞에 또 한 발"을 내딛는 데만 에너지를 쏟았을 뿐이다. 내가 점차 다시 살아날 수 있을 것 같은, 좀더 기력과 희망과 긍정적인 태도가 생길 것 같은 기분이 드디어 오늘, 지금에야 든다. 순례의 모든 것들이 너무도 싫었고 포기하고 집에 돌아가고 싶은 마음이 간절했지만, 그런 말을 별로 입 밖에 내지는 않았다. 정말 포기하리라고 생각해 본 적은 없지만 그런 기분만은 분명히 들었다. 오늘은 전진하고 싶다. 다시 순례자가 되고 싶다. 내가 왜 이 고생을 하고 있을까? 그건 나도 모른다…….

카미노를 걷는 과정을 내가 주관하려고 해서는 안 된다는 교훈을 나는 서서히 배우고 받아들였다. 카미노가 나를 인솔하고 있음을 나는 점차 받아들였다. 레온에 있은 지 이틀째에 톰의 설사는 나아졌으나, 낭패스럽게도 내 구역질과 무력증이 다시 도졌다. 톰이 아스토르가에 가서 하루 더 쉬자며 다시 버스를 타자고 했을 때 이번에는 나도 선뜻 동의했다. 지나고 보니 그 연장된 하루는 톰과 나의 몸에 꼭 필요한 시간이었다. 우리는 기운을 되찾아 하루 늦게 아스토르가를 떠났다. 몸 상태가 다시 걸을 만하게 되어 감사했다. 다시금 노정에 올라, 우리를 기다리고 있는 아름다운 갈리시아를 향하여 걷노라니 기분이 그렇게 좋을 수가 없었다.

그때부터 미국에 돌아올 때까지 나는 산발적으로 복통을 겪었다. 심한 감기에도 걸렸는데, 춥고 축축한 갈리시아 지방에서는 대다수 순례자들이 마찬가지였다. 그러나 나는 다시는 나의 육체적 연약함 때문에 불평하지 않았다. 그런 작은 병은 여정의 주관자가 누구인지를 카미노가 내게 일깨워 주는 방식일 뿐이었다. 나는 더 이상 내 힘과 건강을 당연시하지 않았고, 더 이상 나 자신이 불굴의 인간이라 믿지 않았으며, 더 이상 혼자서 해내려고 욕심부리지 않았다.

카미노는 내게서 지나치게 독립적인 기질을 앗아갔고, 미래에 있을 비슷한 상황에 대처할 수 있도록 나를 준비시켜 주었다. 그런 도전은 병으로, 실패와 역경으로, 예상치 못한 혼란으로, 가장 확실하게는 노화 과정으로 반드시 찾아오게 마련이다. 끝까지 다른 사람의 도움 없이 살아갈 수 있는 사람은 우리 중에 아무도 없다. 미국 문화가 우리에게 아무리 독립심을 조장해도, 살다 보면 내 힘으로 못하는 일을 겸손히 감사함으로 다른 사람에게 맡겨야 하는 상황이 오게 마련이다.

"자신의 어깨로 자기를 질" 수는 없다는 것을 카미노는 나에게 확실히 가르쳐 주었다. 다른 사람들이 주는 것을 받아들여야만 하는 삶의 순간이 나에게도 올 것이다. 그들이 내 짐을 져 주도록 나는 가만히 있어야 한다. 다음번에는 내 마음이 더 열려 있을 것이고, 도움의 손길을 선뜻 잘 받아들일 수 있을 것이다.

21
현재의 우정을 향유하라

이 땅에서 우리는 순례자요 나그네다.
우리는 멀리까지 왔고
아직도 먼 길이 우리 앞에 남아 있다.
: 에드워드 셸너

카미노의 순례자들은 금방 우정을 맺는다. 순례가 시작되던 그날부터 남녀 순례자들이 우리의 삶에 들어와 소중한 존재가 되었다. 함께한 시간이 비교적 짧았음에도, 서로의 공통점과 경험을 나누다 보니 우정의 선물이 풍성해졌다. 카미노 여정에는 우리를 서로에게 끌리게 하는 요소들이 많았다. 아침식사 때 우유 탄 커피를 함께 마시는 자리에서도 톰과 나는 다른 순례자들과 함께 시간을 보냈다. 낮에 순례자들이 쉬어가는 딱딱한 벤치나 길가의 돌 위에서도 우리는 때로 그들과 나란히 앉았다. 이런 짧은 만남 중에 우리는 전날 밤에 묵었던 곳이나 현재의 몸과 마음의 상태, 그날의 보행 거리, 앞으로 묵을 예정인 대피소 등에 대해 대화를 나눴다.

오후 느지막이 하루를 마칠 때면 우리는 같은 순례자들을 다시 만나곤 했다. 손빨래를 하거나 샤워장 앞에 줄을 서서 기다리면서 우리는 그들과 재잘거렸다. 저녁식사 때 같이 앉아서 활발한 대화를 벌일 때도 많았다. 딱할 정도로 작고 지저분한 화장실 안에서 그들과 우스갯소리를 주고받았고, 누가 다치거나 아플 때면 함께 아파했다. 그러나 이메일 주소나

집 주소를 교환하는 경우는 드물었다. 순례자들의 우정이 카미노의 길이와 공간 안에 국한된다는 것은 불문율과 같았다.

우리가 만난 순례자들이 모두 친구가 된 것은 아니다. 그냥 아는 사이나 동료 순례자로 머무는 사람들도 많았다. 언어의 장벽 때문에 서로 알기 어려운 경우도 있었다. 지나가는 인사나 간단한 대화만 주고받는 경우도 있었다. 몇몇 순례자들과 좀더 긴 대화를 나눴다고 해도 그것이 매번 특별한 이해와 배려가 솟는 사이로 발전하는 것은 아니다. 우리가 친구로 삼은 순례자들은 생각과 마음이 통하는 사람들이었다.

그런 친구들 중에는 서쪽으로 향하는 카미노 노정 내내 우리의 삶과 반복해서 엮인 순례자들도 있었다. 그렇게 계속 마주치면서 우리는 자연히 서로에게 끌렸다. 매번 재회할 때마다 서로를 더 존중하고 향유하게 되었다. 다시는 못 보겠구나 싶었던 사람들은 카페나 간이식당이나 대피소에 만나곤 했다. 걷는 속도나 묵는 곳이 달라 헤어졌던 친구를 다시 만나는 것은 언제나 기쁨이었다. 한동안 보지 못했던 순례자들을 다시 만나면 다들 놀라서 탄성을 질렀다. 헤어진 줄 알았던 순례자들이 불쑥 나타난 반가움에 우리는 큰 소리로 인사를 건네며 반갑게 끌어안았다.

이런 우정은 때로 천천히 자라 갔다. 내가 영국인 제임스를 처음 만났을 때 그는 말이 없고 대화에 관심이 없어 보였다. 어느 밤에 우리는 대피소의 한 탁자에 서로 마주 앉게 되었다. 제임스는 수줍어 보였다. 나는 그가 늘 혼자인 것을 보았는지라 머뭇거리며 물었다. "어떤 계기로 카미노를 걷기로 하셨나요?" 그는 말하기 전에 나를 보며 분위기를 살폈다. 그러더니 가만가만 대답했다. "대학생인 내 딸과 딸의 두 친구와 함께 걷기로 했지요. 그 아이들은 나보다 걸음이 훨씬 빨라서 어딘가 앞서가고 있답니다. 산티아고에서 전부 만날 겁니다."

이 짧막한 대화를 계기로 제임스는 나에게 개인 신상을 꽤 털어놓았고, 나는 그의 상황을 알 수 있었다. 그때부터 우리는 여러 번 마주쳤다. 그때마다 제임스는 조금씩 말이 많아졌다. 끝내는 내가 그의 "신중한 영국인 기질"을 놀리게까지 되었다. 우리는 한동안 제임스를 못 보았는데 다시 일주일이 지난 후에 그가 우리와 같은 대피소에 들었다. 재회의 순간에 놀라운 일이 벌어졌다. 본래 무관심하게 거리를 두었던 제임스가 글쎄 나를 포옹한 것이다.

카미노의 우정은 종종 도미노처럼 발전되었다. 발이 욱신거려서 며칠 쉰 패티라는 순례자를 다시 만나던 때가 떠오른다. 그녀는 결국 휴식한 날수를 버스로 보충했고, 톰과 내가 걸어서 산토 도밍고에 들어가던 바로 그날 오후에 그곳에 왔다. 광장에서 서로 만나자 패티는 "조이스, 톰! 그간 어디 계셨어요?"라고 소리쳤다. 그녀는 며칠이 아니라 몇 년씩 서로 알고 지낸 사이처럼 우리 둘을 끌어안았다. 그 다음에 그녀가 한 일은 종종 카미노에서 새로운 우정의 계기가 되는 일이었다. 패티는 돌아서서 우리를 북아일랜드에서 온 리암이라는 중년의 남자에게 소개했다. 그에게는 마침 그날이 카미노의 첫날이었고 그들 둘은 방금 만난 사이였다. 그래서 우리는 리암과 친구가 되었는데, 그는 다시 나중에 우리를 자신의 아일랜드인 친구이자 보행 동반자인 숀에게 소개시켜 주었다. 종종 이런 식으로 새로운 우정이 형성되었다. 순례자들 사이에 연줄연줄 만남이 이어진 것이다.

우리 순례자들은 성(姓) 없이 이름으로만 알았다. 그것으로 충분했다. 우리가 만났던 최초의 순례자는 토니와 조운이라는 부부였다. 이 첫 만남이 특별히 뜻 깊었던 것은 그들도 미국인이었고 우리와 긴 대화를 나눈 최초의 순례자였기 때문이다. (그때는 몰랐지만 카미노를 걸으면서 우리는 미국인 순례자를 거의 보지 못했다.) 톰과 내가 카미노 여정에 첫발을 떼려고 표지판을 찾고 있는데 토니와 조운이 론세스바예스의 여인숙에서 나오고 있었다.

"카미노 입구가 어딘지 혹 아십니까?" 톰이 그들에게 물었다. 토니는 "아뇨. 우리도 찾으려던 참입니다. 어디서 오셨습니까?"라고 받았다. 우리의 우정은 그렇게 시작되었다. 몇몇 직접적인 공통점 때문에 우리는 그들 둘과 금세 친해졌다. 우리처럼 토니와 조운도 영어를 말했고, 천주교 신자였고, 나이도 우리와 비슷했다. 그들의 친절함과 열린 자세가 우리의 마음을 끌었다. 우리 네 사람은 열심히 서로에게 질문을 던졌고, 그렇게 라 포사다 여인숙 옆에 서서 곧 시작될 첫날의 행보에 대한 서로의 생각과 느낌을 나눴다.

전혀 계획에 없었는데도 우리 넷은 다음 2주 동안 자주 같은 대피소에서 묵었다. 특별한 동지애가 싹텄다. 토니와 조운은 3주일만 걸을 거라고 했다. 산티아고 순례를 늦지 않게 마치기 위해 그들은 부르고스에서 아스토르가까지 버스 편으로 갈 예정이었다. 나는 2주 후면 그들이 떠난다는 사실을 애서 외면했다. 그들과 영영 헤어진다는 생각을 차마 할 수 없을 정도로 나는 그들이 좋았다. 토니와 조운과 작별할 시간이 왔을 때 나는 그들을 다시는 못 본다고 생각하니 슬프고 서운했다. 짧은 기간 동안 그들은 나의 삶에 큰 기쁨을 가져다주었다.

여정 초기에 만난 또 다른 미국인 순례자 한 쌍은 위스콘신에서 온 패티와 일레인이었다. 일레인은 카미노를 끝까지 걸을 예정이었지만 패티는 집에 사정이 생겨 절반까지만 가기로 했다. 우리가 그들과 재회한 추억의 그 시간은 톰과 내가 오후 한나절을 쉬었던 여정 일곱째 날이었다. 이전 며칠 동안 우리는 계획보다 먼 거리를 걸었던 터라서 그날 오후는 쉬기로 했다.

비아마요르 데 몬하르딘에서 우리는 네덜란드 개혁교단의 자원봉사자들이 운영하는 훌륭한 대피소를 만났다. 대피소는 옥수수 밭들과 수려한 포도원들이 있는 완만한 산비탈에 있었다. 대피소로 올라가니 거기 토니와 조운이 앉아 있었다. 그들이 거기에 묵을 줄 몰랐던 우리는 기뻐 어쩔 줄 몰랐다. 우리 네 사람과 여남은 명의 다른 순례자들이 이층침대에 배낭을 풀고 자리를 잡자마자 어디서 낯익은 소리가 또 들려왔다. 합숙소 계단으로 패티와 일레인이 올라오고 있었던 것이다. 하룻밤을 함께 보낼 순례자 친구가 두 명 더 늘었다는 생각에 내 마음은 뛸 듯이 기뻤다.

일레인은 우리에게 큰 소리로 인사를 건넨 뒤 "오전 내내 얼마나 진창길을 걸었는지 몰라요"라며 하소연을 했다. 그 말을 기화로 저마다 산길이 가팔라서 고생했다며 불평을 늘어놓았다. 우리 여섯은 엉망진창이 된 신발을 들고 일제히 물통 있는 데로 가서 묵직한 적토를 씻어 냈다. 좀처럼 떨어지지 않는 흙을 문지르면서 우리는 웃었고, 힘들었던 하룻길에 대해 앓는 소리를 했다. 이어서 우리 각자는 그날의 빨래를 했다. 그러고는 따뜻한 햇볕에 잘 마르도록 계단식 지붕에 쳐진 빨랫줄에 널었다.

지붕에 낡은 의자들이 있기에 나는 털썩 주저앉아 아름다운 경치를 즐겼다. 일레인도 함께 앉아 방금 감은 머리를 말렸다. 지붕 저쪽 구석에서는 톰이 패티와 조운과 나란히 앉아 있었다. 그쪽에서 무슨 얘기를 나누었는지 모르나, 일레인이 환경단체 시에라 클럽의 회원이었는지라 우리 둘은 서로의 공통된 생태계 보전 활동, 제대로 지켜지는 환경 프로그램의 필요성에 관한 대화로 들어갔다. 거기서 우리는 소설가 바바라 킹솔버의 책에 대해 이야기했고, 즐겨 읽는 다른 저자들의 책도 공통된 것이 많아서 금세 친해졌다. 이런 상황들로 인해 우리의 카미노 우정은 풍성할 수 있었다.

나중에 우리 여섯은 어느 일본인 부부와 함께 대피소 앞에 있는 조그만 테이블 옆에 따사로운 햇살을 맞으며 앉았다. 거기 앉아 우리는 맥주와 포도주를 조금씩 마시며 느긋하고 편안한 시간을 즐겼다. 그때 갑자기 에너지 수위가 몇 단계 올라갔다. 우리보다 연배가 낮은 남아프리카공화국의 록시라는 여자가 계단을 올라왔던 것이다. 그녀의 호인 기질 때문에 우리는 전에도 몇 번 어울린 적이 있었다. 그녀는 걸어오면서 우리에게 큰 소리로 인사를 건넸는데, 곱슬곱슬한 빨간색 긴 머리도 그녀의 미소만큼이나 생기가 넘쳤다. 우리는 그녀의 최근 경험담을 아주 즐겁게 들었다. 또한 록시에게 질문을 퍼부어 가며 남아공의 정치에 대해서도 이야기했다. 그렇게 앉아 있는 우리 사이에 놀랍도록 긍정적인 우정의 기류가 흘렀다. 그 사람들을 안 지가 불과 일주일밖에 안 되었다는 사실이 조금도 믿겨지지 않았다.

그날 밤은 이후에 찾아온 아주 특별한 밤들의 출발점이었다. 네덜란드 자원봉사자들이 우리를 위해 저녁을 준비했다. 융숭한 대접이었다. 순례자들과 자원봉사자들이 긴 식탁에 함께 앉았다. 우리는 새로 사귄 친구들과 나란히 앉았다. 각자 카미노에 오기로 결심한 계기를 묻는 질문이 자연스레 나왔다. 우리는 다 이유를 말했는데, 영적 또는 인격적 수련이나 성장을 위해서라는 답이 대부분이었다. 순례자 생활의 고충을 나누면서 우리는 서로 공감하며 많이 웃었다. 그 그룹 속에서 나는 마음이 편안하고 홀가분했다. 그날 밤 잠자리에 들 때 내 배는 맛있는 네덜란드 음식으로 포만했고 내 마음은 우정으로 충만했다.

이런 식의 모임으로 인해 우리 사이에 유대감이 싹텄다. 우리는 개인적으로 서로를 많이 알지는 못했지만, 각자에게 기복이 있고 고생과 만족의 시간이 있었음을 알았다. 이런 공통된 경험이 우리를 카미노에 대한 열망으로 하나 되게 해주었다. 우리는 집으로 돌아간 후에까지 우정이 지속되리라는 기대는 그다지 없었지만, 여행 동안만은 어떤 식으로든 서로 한편이 되어 주리라는 것은 알았다. 공통된 경험은 우리 사이에 동질감을 심어 주었고, 그 덕분에 우리는 함께 시간을 보내면서 힘을 얻고 정을 나눴다.

캘리포니아에서 온 부부와 작별해야 할 날이 되었을 때 나는 내 안에서 일어나는 감정에 준비가 되어 있지 않았다. 나는 그들이 떠나는 것이 싫었다. 그들은 내가 처음으로 작별한 순례자 친구들이었다. 이대로 그들과 연락이 끊길 거라고 생각하니 슬펐다. 나는 그들을 통해 위안과 즐거움을 얻었었다. 나의 정든 순례자들이 우리를 앞서 가거나 뒤에 남는 일이 그 후로도 많았는데, 이 부부의 떠남은 그 서곡이었다.

점차 내 마음은 카미노에서 싹튼 우정의 일시성을 받아들였다. 토니와 조운이 앞서간 뒤로 톰과 나는 그들이 떠난 것에 대한 느낌을 나눴다. 둘 다 이별에 대한 애틋한 슬픔이 있었다. 우리는 뭔가 오래가지 않을 것에 대해 투자를 꺼리는 것이 당연하다는 이야기를 나눴다. 일시적인 줄 뻔히 알면서 그 관계에 자신을 다 주고 싶지는 않은 것이다. 사회가 이동이 잦아지고 만남이 일시적이 되면서 사람들이 빠르게 오고 가다 보니 서로 알고 지내는 이웃들이 갈수록 적어진다는 점에 대해서도 우리는 생각해 보았다. 비록 순간적인 관계일지라도 사람들은 손 내밀어 서로 소통하지 않음으로써 얼마나 많은 것을 잃고 있는가.

이런 대화 끝에 톰과 나는 카미노에서 형성된 일시적인 관계를 가리키는 말로 "실존적인 우정"이라는 말을 만들어 냈다. 실존주의 철학과는 달리 우리는 다른 순례자와의 단기간의 교류라는 그 실존 속에도 의미와 가치가 있다고 믿었다. 비록 수명은 짧아도 이런 우정은 우리에게 중요하고 뜻 깊은 것이었다. 실존 기간이 제한되어 있을지라도 그런 우정은 우리의 관심과 애정을 투자할 가치가 있었다. 우리는 토니와 조온과의 짧은 만남 속에서 그 실례를 보았다. 비록 미래로 이어질 우정은 아니었지만 그 둘은 우리에게 동료애와 이해와 지지를 베풀어 주었다. 그것은 모두 우리의 영혼에 값진 선물이었다.

그로부터 얼마 지나지 않아 새로운 우정이 형성되었다. 토니와 조운만큼 소중한 순례자를 더는 못 만나겠구나 싶었는데 바로 그때 영국에서 온 마리와 아일린이 무대에 등장했다. 우리가 높은 산꼭대기에서 멈추어 쉬던 날이었다. 톰과 나는 향초와 꽃을 재배하는 정부 지원의 화원에서 나무벤치 하나를 발견했는데, 그 정원은 수북한 잡초와 웃자란 풀에 파묻혀 있었다. 우리가 거기 앉아 있는데 키가 크고 늘씬한 여자 둘이 산을 올라오며 우리에게 손을 흔들었다. 우리는 그들을 알아보았다. 지나온 여러 마을에서 잠깐잠깐 마주쳤으나 길게 대화한 적은 없던 사람들이었다. 그들은 우리에게 인사하려고 잠시 멈췄다. 그리고 우리는 산정에서 내려다보는 아름다운 경치에 대해 잠시 이야기를 나눴다.

그것이 또 하나의 귀한 우정의 출발점이 되었다. 나는 토니와 조운에 대한 상실감이 아직도 남아 있어 처음에는 마리와 아일린에게 다가가기를 머뭇거렸으나 이내 마음을 열었다. 머잖아 이 두 영국 여자는 계속 넓어지는 우리의 우정의 원 안에 들어왔다. 사실 마리와 아일린은 산티아고까지 가는 나머지 여정 내내 우리의 삶에 드나들었다. 여정 37일째, 성 야고보 성당의 순례자 미사에서도 우리는 그 둘을 다시 만났다. 나중에 우리는 그들과 함께 조그만 카페에 앉아, 속을 가득 채운 작은 고추를 먹었고 포도주를 조금씩 마시며 순례를 끝마친 것을 축하했다. 이 둘은 정말 유쾌한 사람들이었다.

마리와 아일린을 만난 뒤로도 몇 주 동안 우리는 다양한 다른 순례자들을 알게 되었다. 그중에는 스위스에서 온 카를, 호주에서 온 니콜라스, 독일에서 온 헬가와 마르타, 호주에서 온 레이첼, 프랑스에서 온 피에르와 미셸, 뉴질랜드에서 온 엘리자베스와 콜레트, 캐나다에서 온 필립이 있었다. 카미노에서 우리는 친구가 없던 적이 한번도 없었다. 그중 하나가 여정을 끝내거나 우리보다 앞서갈 때마다 나는 그 신기한 현상을 믿어야 했다.

이따금씩 우리는 우정이라 할 만큼 우리 삶에 오래 머물지는 않았지만 우정 못지않게 값진 것을 우리에게 남겨준 순례자들도 만났다. 앞서 말한 키가 크고 기품이 있는 50대의 벨기에 남자가 그런 사람의 하나였다. 딱 한번밖에 만나지 않았지만 그는 내 카미노의 추억에 뚜렷한 족적을 남겼다. 우리는 그라뇬에서 저녁식사 자리에 나란히 앉았다. 그의 이름은 기억나지 않지만, 우리가 식탁을 뜰 즈음에 나는 평생 알고 지낸 다른 사람들보다도 더 깊은 차원에서 그를 만났다는 느낌이 들었다.

그 벨기에인은 자기 부부가 지난해에 카미노를 걸었는데 둘 다에게 놀라운 영적 성장의 여정이었다고 했다. 부인이 18개월 된 손녀를 보살피는 동안 그는 혼자서 카미노를 다시 걷기로 했다. 이 남자는 안으로 "더 깊이" 들어갈 시간과 고독을 갈망했다. 무엇보다도 나에게 지금까지 남아 있는 것은 내가 고원에서의 보행에 대해 물었을 때 그가 들려준 대답인데, 대답하는 그의 얼굴과 목소리에는 평화로운 장엄함이 깃들어 있었다. 그 점잖은 순례자는 고원은 "정말 외로운" 곳이었는데 자기는 거기가 좋았다고 했다. 그러면서 우리가 마음만 연다면 고원에는 뜻밖의 일들이 숨어 있다고 회심의 미소를 지으며 힘주어 말했다. 그는 또 자기 부부가 전에는 한번도 거론하지 못했던 이야기들을 고원을 걸으며 했다는 말도 했다.

그가 들려준 지혜의 말은 톰과 내가 한두 주일 후에 고원을 걸을 때 도움이 되었다. 짧지만 깊은 그 만남 덕분에 나는 빈들에서도 마음이 평안했고, 고원의 숨은 아름다움을 찾아볼 힘이 났고, 결국 아름다움을 찾아낼 수 있었다. 그러나 그 벨기에 사람에 대해 내 기억에 가장 뚜렷하게 남은 것은 그의 마음에 넘치던 평화였다. 그와의 만남은 나에게 정말 소중했다. 그는 지각이 예민하고 영성에 생기가 넘쳤는데, 그래서 나는 우리가 카미노 밖에서 다시 만나도 오래오래 친구로 지낼 수 있겠다는 생각에 추호도 의심이 없었다. 그 하룻저녁의 짧은 만남으로도 나에게는 축복이었다.

이런 경험들로 인해 카미노의 경험은 보다 깊고 양질의 차원으로 높여질 수 있었다. 함께하는 짧은 시간 동안 순례자 친구들이 가져다준 평안과 기쁨은 내가 일터로 돌아온 후에도 나에게 실존적인 우정의 가치를 깨우쳐 주었다. 집회와 수련회에 강연 여행을 많이 다니다 보니 나는 늘 짧은 시간 동안 새로운 사람들을 만나고 접한다. 카미노에 다녀온 덕에 나는 이 일시적인 만남들에 나의 에너지와 존재를 더 많이 쏟게 되었다. 그런 만남들 속에 들어 있는 가능성을 이제는 알기 때문이다. 다시는 못 볼지도 모르는 사람과 함께 보내는 짧은 시간을 나는 더 이상 시시하게 여기지 않는다. 그 짧은 만남 속에 실존적인 우정의 씨앗이 들어 있음을 알기 때문이다.

카미노에서 맛본 순례자들의 동지애 덕분에 나는 아름다운 것에 보다 충분히 투자할 마음이 생겼다. 설령 그 아름다운 것이 오래가지 않는다 하더라도 말이다. 단순한 친근감이 마음을 만져줄 수 있고 오래도록 좋은 추억을 심어줄 수 있음을 그 일시적인 우정에서 배웠다. 목소리와 얼굴이 기억에서 사라진 뒤에도 추억만은 두고두고 우리에게 감동을 준다.

22
짐을 가볍게 하라

우리 각자가 매번 구매 욕구를 물리칠 때마다
우리는 세상을 변화시키는 작은 한걸음을 내딛는 것이다.
; 캐럴 크라이스트

카미노에서 돌아온 다음날 나는 내 옷장 문을 열고는 멍하니 서 있었다. 현실이 고요한 굉음으로 나를 쳤다. 7주 만에 처음으로 나는 그날 입을 옷을 결정해야 했던 것이다. 카미노에서는 옷을 고를 일이 거의 없었다. 갈아입을 옷이라고는 단 한 벌뿐이었다. 전날 입었던 옷을 도로 입을지 아니면 배낭 속에 있는 옷을 입을지, 그것만 정하면 되었다. 갑자기 나는 수많은 대안 앞에 서 있었다.

내 앞에 있는 그 많은 옷을 보노라니 엄두가 나지 않았다. 카미노에서 나는 가볍게 다니는 것을 아주 좋아하게 되었다. 이제 나는 복잡한 세상으로 돌아가고 있었다. 소비만능주의에 물든 세상, 특정한 방식으로 살고 멋있어 보여야 사회적으로 용인될 수 있다는 압박감이 팽배한 세상으로 돌아온 것이다. 나는 이런 삶의 방식으로 돌아가고 싶지 않았다. 카미노가 가르쳐 준 단순함이 그리웠다. 귀국 후에 펼쳐질 하루하루가 그 단순한 삶의 방식에 도전을 가할 수밖에 없다는 것을 퍼뜩 깨달았다.

자신의 내면과 주변에 제대로 초점을 맞추려면 짐을 가

볍게 하는 것은 기본이다. 짐을 가볍게 하면 말할 수 없이 자유롭다. 그러나 그것은 쉽게 되거나 단번에 되지 않는다. 산티아고 순례길에는 짐을 가볍게 하는 것은 필수다. 거기서는 여정에 필요한 모든 것을 배낭에 짊어져야 한다. 집에서 쓰던 편리한 것들은 대부분 두고 가야 한다. 헤어드라이어, 각종 전자제품, 크고 뽀송뽀송한 수건, 화장품 가방은 안 된다. 기본적인 것만 넣어야지 그 이상은 안 된다. 몇 달 동안 준비하는 과정에서 우리는 배낭에 무엇을 넣어 가야 할지 배웠다. 몇 가지 안 되었다. 내 작은 서재의 책 없이 지내는 7주간을 나는 상상할 수 없었다. 휴대용 CD 플레이어와 CD 여러 장을 가지고 갈 수 없다는 사실도 받아들이기 힘들었다. 일기장을 고르는 것도 도전이었다. 나는 날마다 일기를 쓰지 않고는 지낼 수 없었으나 노트는 통상 크고 두꺼운 것이 아니라 작은 것이라야 했다.

순례자의 배낭에는 최소량의 "물건"만 들어 있다. 노련한 순례자는 누구나 무게가 7킬로그램을 넘어서는 안 된다고 경고한다. 물건 몇 가지만 합해도 그 무게가 된다는 것을 나는 금방 알게 되었다. 톰은 작은 저울을 사서, 자기가 가져가려는 물건을 하나하나 달기 시작했다. 비닐봉지, 옷핀, 빗, 펜, 작은 가위 등 아주 작은 물건까지도 예외가 아니었다. 7월 하순의 어느 날, 그는 드디어 자기 짐이 7.7킬로그램까지 내려갔다고 발표했다. 아무리 노력해도 그것이 그가 만들어 낼 수 있는 가장 가벼운 무게였다. 그 말에 나도 아찔해졌다.

톰은 저울을 나에게 빌려 주었다. 내 차례가 된 것이다. 배낭에 넣고 싶은 물건의 무게를 일일이 다는 과정은 제정신을 지키는 시험이었다. 그리고 약간 겸손해지는 시간이기도 했다. 나는 내 생활방식이 제법 단순한 줄 알았다. 나는 그 생각이 엄청난 착각임을 금방 깨달았다. 가져가고 싶은 물건의 덩치가 점점 작아졌다. 알고 보니 내 짐이 정말로 많았던 것이다. 유익할 것 같거나 가져가면 좋을 듯한 물건이 점점 더 내 옷장과 선반과 서랍 속으로 돌아갔다.

배낭의 무게를 최소한으로 줄이려 애쓰는 가운데 나는 우연히 일간신문에서 어떤 기사를 보았다. 두 자녀를 둔 44세의 한 아버지가 자외선 차단제만 바르고 발에 양말과 신발만 신고서 영국을 횡단하고 있다는 기사였다. "나체의 환희를 만끽하기 위해서"라고 그는 설명했다. 나는 웃었고 친구들에게 그 기사를 들려주면서 이렇게 말했다. "나도 카미노를 이렇게 여행해야 할까봐. 그럼 일일이 무게를 재면서 좌절을 겪는 일은 없어도 되잖아!"

몇 주간 귀찮게 모든 물건의 무게를 잰 끝에 이윽고 내 배낭도 7.7킬로그램으로 준비가 완료되었다. 내용물은 다음과 같았다. 내 생각에 이는 필수적인 것으로, 이것만은 두고 가고 싶지 않은 것들이었다.

세안 수건과 얇은 수건 한 장(가로 60센티미터, 세로 30센티미터)
얇은 속 양말 두 켤레와 모직 양말 한 켤레
테니스 운동화(하루를 걷고 난 후 발을 쉴 때 등산화 대신 사용)
샤워용 슬리퍼, 잠잘 때 입을 반바지와 니트 상의 각각 한 벌
반소매 티셔츠, 지퍼를 올리면 반바지가 되는 바지
부피가 작은 터틀넥 셔츠와 털모자, 가벼운 모직 카디건
비옷 상하의, 갈아입을 속옷 한 벌, 손수건 두 장
침낭, 비타민, 이부프로펜(항염증제)
로션, 자외선 차단제, 기본 세면도구(샴푸, 치약, 칫솔……)
손톱깎이, 작은 손전등(절대 필수)
주머니칼, 옷핀, 바늘과 실, 작은 비누(세탁 및 샤워용)
발 용품: 가죽 면포, 바셀린, 배관용 테이프, 신축성 있는 무릎 붕대
700밀리리터 물 두 병, 작은 일기장, 펜, 문고판 타고르 시집
여권, 조그만 헝겊 지갑, 동전 주머니
일회용 카메라

내 옷차림은 가벼운 바지, 티셔츠, 속옷, 챙이 넓은 모자, 선글라스, 등산화, 모직 양말, 속 양말이었다. 나는 등에 배낭을 지고 허리춤 홀더에 물 한 병을 꽂았다. 톰은 지도, 소형 스페인어 사전, 카미노의 노정과 대피소 정보가 담긴 소책자 한 권을 소지했다. 우리 둘 다 점심식사로 배낭 안에 약간의 음식을 넣고 다녔다. 치즈 한 덩이, 과일 한 조각, 빵 한 덩이에 가끔 견과나 건포도나 딱딱한 캔디도 있었다.

가볍게 다니려고 갖은 신경을 쓰고 조심했음에도 불구하고 여정 2주째에 부르고스에 이르렀을 때 우리는 짐을 중간 점검했다. 톰의 테니스 운동화는 배낭 부피를 많이 차지하고 또 무거워서 골칫거리였다. 그는 가벼운 샌들을 사고는 운동화는 내 털모자, 헤어 컨디셔너, 로션, 사용한 일회용 카메라 몇 개와 함께 집으로 부쳤다. 별것은 아니지만 그래도 짐이 약간 가벼워졌다.

작은 물건 하나만 더해져도 가볍게 다니는 데 영향을 미칠 수 있었다. 노인이 자기 밭에서 난 커다란 토마토를 내게 주던 날, 나는 기쁜 마음으로 그것을 내 배낭의 유일한 빈 공간인 맨 윗 주머니에 넣었다. 그날 온종일 나는 목 뒤쪽이 너무 아파 심하게 고생하면서도 그 이유를 몰랐다. 나는 계속 배낭을 조정했으나 어떻게 해도 소용이 없어 보였다. 하루가 다 가고 토마토를 꺼냈을 때에야 나는 그 토마토가 배낭을 내 목 위로 내리누를 만큼 무거웠다는 것을 깨달았다. 생각해 보라, 토마토 한 알이 그 모든 불편을 초래하다니!

그때부터 나는 가볍게 다닌다는 것이 단지 짐의 양의 문제가 아니라 그 짐 때문에 우리가 일상생활의 정말 중요한 일에서부터 멀어지는 문제이기도 함을 주시했다. 그런 짐은 우리의 주의력을 흩트리고 시간을 잡아먹으며 종종 스트레스를 가중시킨다. 결국 그런 짐은 우리의 집중된 관심과 에너지를 과도히 요구하게 된다. 적당한 빛깔의 립스틱이나 특정한 옷가지를 찾아 쇼핑을 다니는 일, 앞으로도 읽지는 않겠지만 그래도 빌려주었다가 돌려받지 못한 책이 아주 없어지지 않았음을 확인하고 싶어 끝없이 찾는 일, 쓸모없이 선반에 놓여 있는 작은 수집품에서 먼지를 터는 일, 유명 브랜드 제품을 파는 곳까지 먼 거리를 운전해 가는 일 등이 거기에 해당된다.

나를 포함하여 내가 아는 대다수 사람들은 옷, 살림살이, 자질구레한 장식품, 책, 음악 할 것 없이 무엇이든 너무 많다. 그런데도 우리 모두는 소장품을 늘리는 데 엄청난 시간을 들이고 더 많은 것을 사러 다닌다. 그러고는 더 많은 에너지를 들여 그것을 간수하고, 그것이 고장 나거나 없어지거나 망가지지 않게 하려고 노심초사한다. 이런 과잉 소유의 습성은 무의식중에 우리 자신을 삶의 더 깊은 차원에서 벌어지는 일에서부터 멀어지게 하려는 방편일 경우가 많다. 거기에 막혀 우리는 더 큰 의미를 찾을 수 있는 기회, 생각과 마음에 더 충만한 평화를 찾을 수 있는 기회에 들어서지 못한다.

카미노는 또 나에게 가볍게 다닌다는 것이 비단 물질적인 것을 너무 많이 지니는 문제만이 아님을 가르쳐 주었다. 가볍게 다닌다는 것은 또한 내 자아에서 내면의 짐을 털어낸다는 뜻이기도 하다. 내면의 짐도 우리를 꼼짝없이 얽어매어, 삶에서 정말 중요한 것에 집중하지 못하게 할 수 있다. 평판, 지위, 멋진 외모, 충분한 지식, 사회적 지위 따위를 강조하거나 거기에 지나치게 신경을 쓴다면, 그것은 우리가 명징한 사고와 해방된 마음으로 인생길을 걷는 데 방해가 될 수 있다.

카미노로 떠나기 전에 톰도 나도 물질적인 것을 대부분 벗어야 한다는 것을 알았다. 우리는 또한 내면의 짐도 버리고 싶었다. 역할상의 가면을 벗어야 한다는 뜻이었다. 만일 우리가 목사와 수녀로 알려진다면 사람들은 우리를 그 역할에 가두려 할 뿐, 우리가 본질적 자아가 되게 놓아두지 않을 것이라고 톰도 나도 생각했다. 우리는 기꺼이 직함을 버리고 톰과 조이스로만 우리를 알렸다. 단순히 길 가는 순례자, 좋은 친구로만 알려지고 싶었던 것이다.

내가 출판 작가라는 사실도 아무에게 알리고 싶지 않았다. 그 역할을 고수한다면 나는 가볍게 다닐 수 없을 것이었다. 여정 자체보다 뭔가 다른 것에 집중해야 할 것이었다. 순례자들이 나를 다르게 대할 뿐 아니라 나 또한 그들의 관심에 주의가 산만해질 수 있겠기 때문이었다. 이 역할에 대해 함구하는 것도 꽤 쉬웠다. 나는 방해 없는 카미노를 원했고, 평소 나의 마음과 생각을 점하고 있는 것들을 제쳐 두고 싶었다. 그렇게만 된다면, 카미노가 주는 모든 교훈을 받아들일 수 있을 만큼 내 내면의 자아가 넓어지고 자유로워질 것을 나는 알았다. 나는 그 교훈들이 내 안팎의 짐 때문에 밀려나는 것을 원치 않았다.

다른 순례자들도 같은 생각임을 톰과 나는 여정 초기에 알게 되었다. 그들도 직함과 가면과 역할을 벗었다. 산티아고 길을 걷는 인간으로만 자신의 정체를 삼은 것이다. 두고 온 역할과 일에 별로 괘념치 않았기에 우리 순례자들은 삶의 표면적 차원을 넘어서는 아주 질적이고 가치 있는 대화를 나눌 수 있었다. 역할이나 직업 때문에 상대를 판단하지 않으니 그것이 가능했다.

자신을 순례자 이외의 다른 명칭으로 부른 사람은 거의 없었지만, 설령 그렇더라도 대개는 이미 서로 친해진 뒤에야 그랬다. 두 간호사는 심한 물집을 치료해 주는 상황에서 자신들의 직업을 밝혔다. 개인적인 이야기를 나누다가 부득이 직장이나 가정생활을 밝히게 되는 경우도 있었다. 어느 날 저녁식사 때 우리와 함께 앉은 50대의 프랑스 남자가 그랬다. 그는 30년 재직한 항공사에서 실직당한 좌절과 분노를 정리하려고 카미노를 걷기로 했고, 그런 이야기를 자진해서 나눴다.

나도 내 직업적 역할로 들어가고 싶은 유혹을 느낀 적이 여러 번 있었다. 대피소의 순례자들을 위하여 나는 찬송을 인도하거나 창의적인 저녁기도 시간을 만들어 보고 싶었다. 기도와 찬송은 각종 집회를 인도하는 나의 사역에 소중한 부분이지만, 만일 그렇게 한다면 그때부터 나는 구별되고 카미노에서 내 자유는 제한될 것이 뻔했다. 그래서 나는 자제했다. 다른 사람들의 인정과 기대에 방해받지 않고 자유롭게 걸으려는 노력의 일환이었다.

나는 종교적 역할의 짐 없이 다니고 싶었지만, 솔직히 말해서 내가 수녀라는 직함을 썼다면 순례자로서 이런저런 특권들을 누리는 데 아주 유용했을 만한 시간도 있었다. 수녀임을 밝혔다면 나는 대피소에서 더 좋은 침대를 확보할 수 있었을 것이다. 또는 상담자나 비밀을 털어놓는 대상으로서 특별한 주목을 받았을지도 모른다. 그러나 그것은 한번도 나에게 유혹이 되지 못했다. 도중에 심하게 앓아 물리적인 편의가 절박했던 악조건에서도 예외가 아니었다. 놀라운 것은 다른 순례자들이 내가 어려울 때 나를 도와주었는데, 내가 수녀라서가 아니라 연약하고 곤경에 처한 또 하나의 인간이기에 그리했다는 것이다. 굳이 내 가면에 집착하지 않아도 나는 필요한 보살핌을 받을 수 있었다. 그들이 도움의 손길을 내민 것은 그들의 긍휼과 친절 때문이었지 내 직업과 역할 때문이 아니었다.

가볍게 다니는 삶은 지금도 계속되고 있다. 덜 가지고 살아도 더 만족할 수 있음을 카미노는 나에게 확실히 가르쳐주었다. 나는 수시로 내 생활 공간과 작업 공간을 둘러보며 내 모든 짐을 점검한다. 아직도 너무 많다. 카미노 배낭을 꾸릴 때 일일이 무게를 잰 것처럼, 이제 나는 구입하고 싶은 물건의 무게를 머릿속으로 잰다. 이것은 꼭 필요한 물건인가? 시간과 에너지를 들여 사러 다닐 가치가 있는가? 동등한 가치와 비중이 있는 물건을 나는 남에게 줄 수 있는가? 나는 내 내면의 짐 또한 너무 거추장스럽지 않은지 수시로 무게를 재 본다. 나는 다른 사람들의 기대에 얼마나 치중하고 있는가? 내 역할을 이용해서 다른 사람에게 영향력을 행사할 때는 언제인가? 내 삶에서 가장 중요한 것에 소홀할 정도로 너무 많은 일을 하고 있지 않은가? 버려야 할 집요한 생각이나 태도는 없는가?

이런 질문과 결정은 정의와 평화라는 범세계적 결정이나, 화학치료를 계속하거나 이혼을 하거나 자녀를 낳을지 여부와 같은 개인적 결정에 비하면 작아 보일지 모르지만, 그래도 나의 영적 성장에 영향을 미치는 중대한 것이다. 사람의 재정 상태와 지위를 강조하는 소비만능주의 문화에서 가볍게 다닌다는 것이 결코 쉽지 않음을 카미노는 나에게 가르쳐 주었다. 그러나 카미노는 물질에 덜 매달리고 정말 중요한 것에 더 집중하는 삶이 가능하다는 것도 가르쳐 주었다.

대다수 순례자들은 카미노에서 한번쯤 배낭의 무게 때문에 고생해야 했다. 떠나올 때 가져온 짐의 양을 줄이기가 그만큼 어려웠던 것이다. 카미노 길에 있는 어느 건물의 벽에 아주 웃기는 만화 인물이 그려져 있다. 허리가 휘도록 짐채

만한 배낭을 메고 있는 순례자의 모습을 그린 그림이다. 지팡이 손잡이에는 커다란 휴대용 오디오가 걸려 있다. 불룩 튀어나온 배낭에는 다리미, 바구니, 우산, 프라이팬 등 카미노에 절대로 가져와서는 안 될 온갖 우스꽝스러운 물건이 걸려 있다.

나는 거기 서서 그 만화를 보고 웃었지만, 유심히 보니 그 그림에는 항상 삶에 더 많은 것을 우겨 넣으려는 나의 유혹이 그대로 담겨 있었다. 내가 계속해서 짐을 더 모은다면, 그 만화 속 순례자의 모습처럼 불필요한 짐이 나를 짓누를 것이다. 내 인생의 배낭에도 일정량의 짐만 넣으면 된다고 카미노는 나에게 확실히 가르쳐 주었다. 너무 많은 물건과 잡동사니는 오히려 짐만 될 뿐이며, 그때 나는 참으로 자유로운 인간이 될 수 없다.

23
함께 가는 길동무와 보조를 맞추라

모든 인간관계는
서로 교차하는 부분과
그렇지 못한 부분의 혼합이다.
두 사람이 서로 다르기 때문이다.
: 존 샌포드

5월초부터 10월말까지 날마다 수백 명의 순례자들이 산티아고 데 콤포스텔라 길을 걷는다. 그 대열 속에는 혼자 걷는 사람도 있고, 둘이 걷거나 여럿이서 함께 걷는 사람들도 있다. 여럿이 걷는 사람들 옆에 가까이 가 보면 그들의 대화와 침묵이 모두 들린다. 며칠 동안 그들 주변에 있으면 함께 걷는 길동무와 보조를 잘 맞추고 있는 패가 누구이고 서로 어려움을 겪고 있는 패가 누구인지 금방 알게 된다. 카미노를 함께 걷는 "주고받기"에 긍정적으로 들어서기로 한 사람이 누구인지 오래 걸리지 않아 알게 된다.

나 역시 20년 지기인 좋은 친구와 함께 걷는 쪽을 택했으므로 매일 상대방과 신체적·정신적·정서적 보조를 맞추는 작업은 내 카미노 여정에서 필수요소였다. 다른 사람과의 동행은 아주 값진 교훈을 남겨 주었다. 나는 서원한 뒤로 40년간 독신으로 살아왔지만 그래도 결혼한 친구들의 도전과 축복을 내가 꽤 아는 줄로 알았다. 그러나 톰과 함께 카미노를 걸으면서 나는 헌신된 관계의 상호성에 대해 많은 것을 배웠다. 솔직히 나는 자신의 욕구와 희망을 함께 사는 사랑하는 사람의 욕구와 희망과 균형을 이루려고 날마다 애쓰는 사람들에 대해 더 깊은 존경심을 품고 돌아왔다.

과거에 나는 공동체의 다른 회원들과 함께 살았지만, 온종일을 줄곧 한 사람과 함께 보낸 적은 없었고 7주간이나 그런 적은 더욱 없었다. 톰과 나는 스페인으로 떠나기에 앞서 카미노 횡단의 이런 부분에 대해 의논했다. 톰도 나도 우리가 그 몇 주간의 동행을 즐기리라는 확신이 있었다. 카미노가 우리의 관계에 충만한 축복 이외에 다른 것이 되리라는 의혹은 별로 없었다. 그럼에도 불구하고 카미노로 떠나기 몇 주 전에 톰이 이렇게 말했다. "큰 두려움은 없지만 혹시라도 무슨 일이 생겨 우리 사이가 틀어질 수 있을까 하는 의문은 듭니다." 우리는 서로를 너무나 잘 아는 사이였으므로 나는 그런 일을 상상할 수 없었다. 그러나 많은 날 동안 그렇게 먼 길을 걷다 보면, 서로를 대하는 우리의 방식이 연단되고 빚어지겠다는 생각은 들었다.

사실, 카미노가 우리의 우정에 어떤 영향을 미칠지 나는 걱정이 되기보다는 오히려 궁금했다. 톰과 내가 서로 알고 지낸 20년 동안, 우리의 관계는 서로를 "영혼의 친구"라 부를 정도로까지 자라고 깊어졌다. 장기간의 동행으로 그 우정이 더 굳게 다져지리라는 기대는 당연해 보였다. 그래도 톰이 언급한 가능성은 여전히 남아 있었다. 그렇게 오랫동안 함께 있으면 서로에 대한 우리의 존중과 사랑이 오히려 막히거나 깎일지도 몰랐다.

어떤 큰 모험에든 딱 한 사람과만 같이 나선다는 것은 분명 위험이 따른다. 일주일 이상 누군가와 같이 다니면서 의견 차이가 없다거나 일시적이나마 여정의 속도에 영향을 미치는 저급한 감정의 기복이 없기란 사실상 어려운 일이다. 그런데 우리는 장장 7주를 늘 함께 있었으니 짜증나고 언짢은 일이 있을 수밖에 없었다.

신체적으로 같은 보조로 걷는 것은 우리에게 쉬운 부분이었다. 스페인 북부를 횡단하면서 톰에게 꾸준히 보조를 맞추기란 그다지 어렵지 않았다. 내가 "빨리빨리 서두르는" 버릇이 있는 것만 빼고는 우리의 이동 속도는 거의 같았다. 대체로 내가 톰보다 약간 빠르게 걷는 경향이 있었으므로, 길이 좁아지거나 차량 통행이 많은 찻길 옆을 한 줄로 갈 때면 내가 톰의 뒤에서 걸었다. 그렇게 함으로써 나는 톰을 재촉하지 않고 그의 보조에 맞출 수 있었다. 어느 쾌활한 페미니스트가 "내 남자 뒤에 걷는다"며 나를 놀리기는 했지만 그 방법은 우리에게 아주 효과가 좋았다.

둘이서 걷는 다른 순례자들은 때로 신체적인 보조를 맞추느라 고생했다. 한 순례자가 발에 문제가 생겨 며칠간 천천히 가야 할 경우에는 길동무까지 덩달아 느려졌다. 한 사람은 더 가고 싶은데 다른 사람은 너무 피곤하다면 쌍방 간에 결정을 내려야만 했다. 보행 일주일 만에 서로 체력이 다르거나 사이가 좋지 않아져서 몇 주간 따로 걷는 쌍을 톰과 나는 적지 않게 보았다.

카미노는 순례자의 최선의 모습과 최악의 모습을 들추어 낼 수 있다. 계속되는 보행의 리듬 속에서 온갖 종류의 일이 표면에 떠오른다. 당연히 이것은 두 사람의 관계 기류에 영향을 미친다. 일상생활에서와 마찬가지로 이것을 미리 계획할 수 있는 사람은 아무도 없다. 자신이나 상대방에게 일어날 수 있는 상황에 마음을 열고 있어야 한다. 현명한 순례자라면 혹 상대방이 혼자 걷는 것을 최선의 길로 결정한다고 해도 그것을 감정적으로 받아들이지 않기로 합의할 것이다. 내가 마리와 아일린을 만났을 때 그들은 자기들이 오랜 세월 절친한 친구였다고 말했다. 함께 걷기로 결정할 때 그들은 설사 카미노에서 중대한 불화가 생긴다 해도 일단 순례가 끝나면 그 일을 떨쳐 버리기로 서로 약속했다. 정말로 그들은 일주일 후에 며칠간 따로 걸었지만, 지혜롭게도 서로에게 단

독 보행의 여지를 주었기 때문에 그것이 우정에 방해가 되지 않았다고 나중에 말했다.

친구가 자꾸만 사진 찍는 데 심취할 때마다 계속 기다리기가 싫어서 친구보다 먼저 간 순례자도 있었다. 우리는 유럽에서 영어를 가르치는 중서부 출신의 새라라는 젊은 여자도 만났다. 그녀와 그녀의 보행 파트너는 함께 출발했으나 곧 따로 가기로 합의했다. 새라와의 대화를 통해 분명해진 사실이지만, 그녀의 친구는 새로 사귄 남자에게 더 관심이 있었다. 반면 새라는 그녀의 표현대로 "뭔가 정리하기 위해" 카미노의 고독을 원했다.

다행히 톰도 나도 삐치거나 속으로 꽁하는 버릇은 없었다. 우리의 우정은 상호 존중과 아끼는 마음에 기초한 것이었다. 또 우리는 기질상으로도 대체로 균형을 이루었다. 톰은 외향적이고 나는 내향적인데, 이 균형은 카미노에서 우리에게 귀한 선물이 되었다. 물론 떠나기 전에 톰이 짐짓 겁을 내며 이렇게 물은 적은 있었다. "그렇게 먼 길을 걸으면서 하루 종일 무슨 이야기를 하나요?" 그는 웃었지만 그로서는 걱정이었다. 카미노를 앞두고 훈련하는 동안 많은 화제들이 쉽게 우리의 대화를 점했지만, 실제로 몇 날 며칠 카미노를 걷는다고 생각하니 그는 꽤 아찔했던 것이다.

나는 농담처럼 그를 안심시켰다. "경치, 다른 순례자들, 다리가 얼마나 아픈가, 끼니 때마다 뭘 먹을까, 그런 얘기를 하면 되잖아요." 둘 다 씩 웃었지만 톰은 그 점에 있어서 우리가 퍽 다르다는 사실을 지적한 것이다. 내 경우 대화의 주제는 걱정거리가 못되었다. 사실 나의 내성적인 자아는 장시간 아름다운 경치 속을 조용히 묵상하며 걸을 수 있다는 생각에 기뻤다. 나는 하루 종일 말하는 내 모습을 상상할 수 없었다. 톰은 말하지 않는 자신을 상상하기 힘들었다.

이 일은 결국 우리가 대화와 침묵에 대한 서로의 필요를 충분히 존중하는 쪽으로 풀렸다. 나는 톰에게 아침마다 보행의 첫 시간을 침묵기도로 보내겠느냐고 물었고, 결국에는 그도 나 못지않게 그 시간을 누리게 되었다. 나는 나대로 낮 동안의 대화를 인해 감사했다. 그중에는 소소한 내용도 있었지만 우리는 서로의 생각과 감정도 나눴다. 우리는 아름다운 광경이 있으면 서로 주의를 환기시켰다. 둘 중 하나가 낙심할 때면 바른 시각을 되찾도록 서로 도와주었다. 노중에 만난 사람들에게 부정적으로 말할 때면 서로 지적해 주었다.

우리의 대화는 거의 언제나 자연스럽게 술술 풀렸다. 대화나 침묵이 너무 많아 견디기 힘든 적은 둘 다 없었다. 아이러니지만 날수가 더할수록 톰은 더 얌전해졌고 나는 더 거침이 없어졌다. 보행 3주째쯤에 톰이 나에게 말했다. "우리가 서로 자리를 바꾼 것 같소. 친절하게 다른 순례자들에게 다가가는 쪽은 당신이고, 나는 갈수록 더 조용해지는 것 같으니 말이오." 사실이었다. 그 이유가 묘연하기는 했지만 톰도 나도 신경 쓰지 않았다. 우리의 개발되지 못한 면을 끌어내주는, 카미노에서 벌어지는 뜻밖의 일 중의 하나였다.

그러나 우리의 정서적 보조가 서로 맞지 않은 적도 있었다. 하루를 마치고 녹초가 된 날이면 톰은 안내책자의 지도에 나와 있는 거리나 방향이 틀린 것에 대해 짜증을 냈다. 에스테야에 들어가던 여섯째 날에, 나는 우리가 대피소를 이미 지나쳤다는 심증이 들었다. 톰은 지도대로 왔으니 대피소가 전방에 있어야 한다고 고집했다. 우리는 피곤하게 한참을 더 걷다가 결국 원점으로 돌아왔다. 우리가 카미노에서 서로 크게 짜증을 부린 것은 그때가 처음이었다. 금방 지나갔지만, 앞으로도 뚜렷한 차이가 또 있을 수 있다는 경고로 작용하기에 충분할 만큼 그 순간은 격했다. 경고는 사실이 되었다.

서로 비위를 건드리는 상황이 불가피하게 벌어졌다. 대부분은 작은 일이 신경을 돋구었다. 톰은 아침마다 배낭을 다시 꾸릴 때 혼자서 중얼거리는 버릇이 있었는데 그것이 나를 조금씩 괴롭히기 시작했다. 아침이면 톰이 행장을 다시 꾸리면서 웅얼대는 소리가 들렸다. "자, 우선 침낭부터 넣고. 음, 아주 좋았어. 양말 여분은 어디다 두었더라? 여기 있었군. 비옷은 여기로 가고. 설마 오늘 비옷을 쓸 일은 없겠지. 이건 자리가 어디더라? 그걸 쓰고 어디다 두었지?……" 독백은 끝이 없었다.

그는 저녁에 대피소에 들어가서도 똑같이 했다. 이층침대 아래 칸에 누워 이튿날의 노정을 확인할 때도 그는 안내책자를 큰 소리로 읽으며 혼자 중얼거렸다. 나는 같은 침대 위 칸에 앉아 고독을 음미하여 일기를 쓰곤 했다. 그렇게 나흘을 보낸 후 결국 나는 농담 반 진담 반의 말투로 아래쪽에 대고 이렇게 소리쳤다. "제발, 내가 당신의 삶을 시시콜콜 다 알 필요는 없잖아요." 톰은 아래 칸에서 고개를 쑥 빼고 나를 올려다보면서 "알면 안 되나요?"라고 씩 웃으며 되받았다. 그는 몇 번 더 히죽히죽 웃다가 "이봐요, 나는 내 삶에 벌어지는 일을 몽땅 나누고 싶다오"라고 말했다. 그 뒤로도 그는 계속 소리내어 혼잣말을 했으나 그날 우리의 재치 있는 말씨름 덕분에 그래도 나를 정말로 못살게 구는 일로 불거지지는 않았다. 보조를 맞출 수 있으려면 상황이 더 어렵게 꼬이지 않도록 마음을 느긋하게 가져야 했다.

어디를 얼마나 걸을 것인지에 대해서도 우리는 간혹 의견 차이를 보였다. 비야마요르 데 몬하르딘의 성에 올라가던 때처럼, 톰은 "전망 좋은" 곳으로 높이 올라갈 기회만 생기면 늘 흥분하며 호기심이 발동했다. 갈리시아 지방에서도 우리는 그런 곳을 만났다. 아직 한낮인데 나는 이미 지쳐 있었다. 안내책자에 따르면 그곳은 카미노에서 가장 고도가 높은 곳 중의 하나였다. 가파른 오르막을 10분만 올라가면 될 것 같았지만 한걸음 한걸음이 내 발과 다리에 영향을 주었다. 나는 퉁명스럽게 저항했다. "꼭 저기를 올라가야 하나요? 우리는 이미 10킬로미터를 걸었고 앞으로도 적어도 그만큼은 더 가야 해요. 저기는 가파르고 덤불 투성이에요. 그냥 이 바위 위에서 점심이나 먹어요."

그러나 너무도 가고 싶어 하는 톰의 모습을 보고 나는 마지못해 함께 갔다. 내 보행 동반자가 거기에 가 보자고 나를 재촉한 것은 잘한 일이었다. 올라온 것이 아깝지 않을 만큼 경치가 좋았다. 우리는 절경만 구경한 것이 아니라 다른 순례자들이 올라와 합류했다. 우리 작은 무리는 높은 산에 앉아 빵과 치즈를 먹으며 즐거운 시간을 보냈다. 그 길을 올라가 산정에 머문 덕에 나는 시큰둥한 기분이 풀리면서 기쁨도 되찾았고, 톰의 끝없는 모험심도 더 존중할 수 있게 되었다. 타인과의 동행이라는 주고받기에 들어서면 예기치 못한 행복이 있다는 사실을 나는 그날 배웠다.

우리의 우정에 금이 가는 심각한 내분이나 불화는 없었지만, 우리가 서로의 오해와 실망에 대해 좀더 심각하게 대화한 날들은 있었다. 가장 큰 장애물은 음식을 얼마나 가지고 다닐 것이냐의 문제였다. 몇 주가 지나면서 우리의 배낭은 점점 무거워지는 것 같았다. 나는 시간이 갈수록 배낭을 메기가 더 쉬워지기를 바랐다. 그러나 정반대였다. 과일 하나만 더 얹어도 그 차이가 느껴졌다. 그래도 나는 늘 어느 정도는 음식을 가지고 다니자는 주의였다. 음식에 대한 내 집착은 톰에게 어려움을 주었다. 그는 가는 길에 살 기회가 있다며 굳이 음식을 가지고 다니기를 점차 꺼렸다. 그러나 그것은 늘 불확실한 일이었다. 아무것도 나오지 않아 결국 내 얼마 안 되는 점심을 나누어 먹은 날도 며칠 있었다. 그럴 때면 둘 다 양이 부족했고 나는 그것이 싫었다.

우리는 "음식" 문제로 의논했다. 결국 톰도 약간 가지고 다니기로 수긍했다. 이튿날 그는 자기 배낭에 오렌지 하나와 빵과 치즈를 넣었다. 오전 내내 그는 오렌지에 대한 불평이 끊이지 않았다. 오렌지가 무겁다느니, 없었으면 좋겠다느니, 빨리 점심때가 되어 먹어 버렸으면 좋겠다느니 하며 연신 오렌지 타령이었다. 두 시간 후에 나는 그를 보며 말했다.

"그놈의 오렌지, 먹어 버리세요!" 톰은 말을 잃었다. 계속 가면서 나는 내 말투가 거칠었음을 인정했다. 나는 돌아서서 내 말에 대해 사과했다. 라바날 델 카미노에 멈추어 점심을 먹을 때 톰은 오렌지를 꺼내 껍질을 까서 내게도 주었다. 오렌지 맛은 내 말만큼이나 시큼했다.

일주일쯤 후에 또 다른 사건이 벌어졌다. 에이레그세에 가니 안내책자에 나와 있는 식당 두 곳이 다 문을 닫은 상태였다. 늦은 오후에 나는 속이 상하여 안달하면서 일기장에 이렇게 썼다.

전체적으로 오늘 나 자신이 마음에 안 든다. 나는 배고픔을 견딜 수 있어야 하고 노숙자들과 연합할 수 있어야 한다. 그런데 우리의 계획이 더 치밀하지 못했던 것에 화만 난다. 나는 음식에 대한 싸움을 그만두었다. 톰이 한사코 음식을 가지고 다니려 하지 않기 때문이다. 결국 나는 포기했고 오늘의 음식에 별로 신경 쓰지 않았다. 그랬다가 이렇게 오늘밤을 넘길 음식조차 거의 없게 된 것이다. 이제 나는 그냥 "내려놓고 가만히 두어야" 한다. 어제 톰은 포르토마린이 90킬로미터가 아닌 94킬로미터 지점에 있음을 알고는 "얼마나 더 가야" 되느냐며 계속 투덜거렸다. 나는 톰에게 "내려놓아야" 한다고 말했다……. 이제 내 차례다……. 그만두고 "내려놓아야" 한다. 톰은 여기서 좋은 시간을 보내려고 최선을 다했다. 톰은 아주 자상한 사람이다.

보조를 맞추려고 너무 지나치게 서로를 배려하다가 결국 둘 다 후회하게 된 적도 간혹 있었다. 24시간 내에 벌어진 두 사건을 통해 우리는 그것을 깨닫게 되었다. 아소프라에서 우리는 저녁식사 후에 잠깐 산책을 나갔는데 벤치가 있는 작은 공원이 나왔다. 마침 노을이 질 때라서 하늘이 붉게 타올랐다. 나는 그대로 앉아서 그 아름다운 장관과 함께 "있고" 싶은 마음뿐이었다. 그러나 톰은 곧 가려고 일어났다. 나는 아무 말도 하지 않았다. 대신 나는 그와 함께 대피소로 돌아왔다. 내 마음은 석양과 함께 머물고 싶었음에도 말이다.

이튿날 우리가 산토 도밍고 데 라 칼사다를 지나가던 중에 반대의 상황이 벌어졌다. 이 소읍의 교회는 성 도미니크가 행했다는 기적을 기리는 의미로 벽에 벽감(壁龕)을 파서 그 안에 암탉과 수탉을 한 마리씩 두고 있다. 톰이 그것을 보려고 마음먹은 줄은 나는 전혀 몰랐다. 교회에 가니 마침 미사가 진행되고 있었다. 미사가 끝날 때까지는 아무도 들어갈 수 없도록 되어 있었다. 우리는 한참 기다렸으나 나는 더 참지 못하고 그만 가고 싶어졌다. 톰은 소읍을 벗어날 때까지 반 시간쯤 가만히 있다가 그제야 거기 남아 닭들을 보고 오지 않아서 속상하다고 토로했다. 나는 미안했다. 우리는 각자 서로에게 자신의 필요를 알리는 것이 얼마나 중요한가에 대해 긴 대화를 나눴다. 더 중요한 것은 이 두 상황을 통해 우리가 "자신에게 충실해야" 할 필요성을 실감했다는 것이다. 먼저 내면에서 자신의 필요를 규명할 때에만 우리는 상대방에게 그 필요와 소원이 무엇인지 알릴 수 있다. 보조 맞추기를 익히는 우리에게 그런 인식은 꼭 필요한 것이었다.

카미노의 여정이 깊어질수록 우리는 서로의 내적인 보조(步調)에 더 편안해졌다. 톰이 아직도 갈 길이 멀어 지르퉁한 날들이면 나는 그를 격려하며 기운을 북돋아 주었다. 나와 함께 스페인어 노래를 부르게 한다든지 좋은 추억담을 나누게 함으로써, 지친 몸으로 힘들어하는 그의 마음을 풀어 주었다. 내 심령이 축 처질 때면 톰이 내게 똑같이 해주어, 느긋한 마음으로 여정을 즐기도록 도와주었다.

우리가 폭염 속에서 산 후안을 떠나 아타푸에르카로 가던 날에도 톰은 또 한번 유감없이 실력을 발휘했다. 둘 다 지칠 대로 지친 우리는 느지막한 오후에 조그만 소나무 숲을 지나고 있었다. 나는 아침부터 먼 길을 걸은 것과 뙤약볕으로 인해 점점 더 심술 사납게 불평을 늘어놓았다. 톰이 갑자기 시간이 잘 가게 하려고 1인 교훈극을 지어냈다. 요절복통이었다. 숲 속에서 강도들이 나오자 마차의 여왕을 호위하는 기사가 "거기 누구냐?"고 소리쳤다. 이야기는 계속 이어지다가 결국 여왕이 자기를 저버렸던 기사를 용서하고 기사는 곧장 천국으로 간다는 훌륭한 교훈으로 끝났다. 나는 시종 웃었고, 어느새 우리는 숲을 지나고 3킬로미터를 더 가서 마을에 당도해 있었다. 거기서 우리는 숙소를 찾아 묵었다.

서로 보조를 맞추는 과정을 통해 우리는 서로의 마음에 주파수를 맞출 수 있었다. 우리는 어떤 주제에 대해서나 막힘 없이 이야기했다. 그것이 가장 좋았다. 전날을 어떻게 보냈고, 현재 자신의 상태가 어떠하며, 앞길에 대한 희망과 두려움이 무엇인지에 대해 함께 반추하지 않고 그냥 지나간 날이 하루도 없었다. 우리는 서로의 존재에 대한 고마움을 수시로 표현했다.

성장을 위해 혼자 걷는 것이 필요한 순례자들도 있다. 내 경우, 믿을 수 있는 길동무와 함께 걸음으로써 카미노의 선물이 더욱 풍성해졌다. 그러잖아도 독립적인 기질이 강한 내가 혼자 걸었다면 내 강한 독립심과 내향성만 더 굳어졌을 것이다. 믿을 만한 길동무가 없는 카미노는 외로운 길임을 나는 며칠 만에 금방 알 수 있었다. 나에게는 내 풍성한 성장의 경험을 이야기할 대상이 필요했다.

함께 길 가는 길동무에게 보조를 맞추려 한 나의 노력은 거기서 비롯된 선물을 생각해 보면 얼마든지 가치가 있었다. 이 가치 있는 노력은 다른 사람과 함께 인생길을 걸어가는 모든 사람에게 축복을 가져다줄 것이다.

24
인류의 웅성거림 속으로 들어가라

오 하나님, 아침빛이 비쳐올 때
저로 하여금 제 안 깊은 곳에 있는 하나님의 형상을,
모든 남녀의 피륙 속에 짜여진 영광의 실 가닥들을 다시금 보게 하소서.
그리고 하나님의 형상대로 빚어진 인간 영혼의 신비를,
지식보다 깊고 시간보다 영원한 그 신비를
저로 다시 한번 보게 하소서.

: J. 필립 뉴엘

카미노의 개막을 알리는 도전은 내가 론세스바예스의 첫 대피소에서 자려고 누웠을 때 찾아왔다. 6주 가까이 프라이버시가 거의 없거나 전혀 없는 상황에서 지낸다는 것이 어떤 것일지 나는 궁금하기도 하고 약간 불안하기도 했다. 많은 모르는 사람들과 한 방에서 잘 것이고, 그중에는 분명 코를 고는 사람도 많을 것이었다. 그 첫날 밤, 이층침대에 누운 나는 너무 피곤해 좀처럼 잠이 오지 않았다. 마음이 진정되자마자 엄청난 양의 소리가 내 귀에 들려왔다.

백 개쯤 되는 사방의 이층침대에서 순례자들의 잠자는 소리가 들렸다. 그들은 침대에서 돌아눕고 뒤척였다. 내 위의 여자가 뒹굴자 옆 판자가 삐걱거렸고 매트리스가 바스락거리며 좌우로 들썩였다. 씨근거리는 소리, 간혹 기침이나 헛기침을 하는 소리, 코고는 소리가 방안에 가득했다. 특히 코고는 소리는 끌끌대는 소리, 휘파람 소리, 거센 콧김 소리, 기관차 소리, 푸푸거리는 소리, 헐떡이는 소리 등 가지각색이었다. 그중에는 그윽하게 울려 퍼지는 소리도 있고 연신 쌕쌕거리는 소리도 있었다. 이 고단한 호흡의 일정한 리듬이 방

안에 가득했다. 몇 주 후에 나는 이러한 야밤의 수면 교향곡을 "여러 언어로 코골기"라고 우습게 표현했다. 그러나 그날 밤에는 앞으로 몇 주간을 이런 불협화음 속에서 어떻게 견딜지 막막했다.

그렇게 누워서 소음을 소화하고 있노라니 이 다양한 수면 소리가 꼭 여름밤에 우리 집 수풀에서 끊임없이 들려오던 웅성거림과 같다는 생각이 들었다. 나는 거기 내 편안한 자리에서 청개구리, 개구리, 귀뚜라미, 메뚜기, 부엉이, 기타 숲 속의 많은 밤 동물들의 자장가 소리에 매료되어 그 소리를 즐겨 듣곤 했다.

그 편안한 경험을 떠올리며 나는 이런 생각을 했다. "수많은 잠자는 소리가 들려오는 이 대피소는 꼭 여름철의 그 웅성거림 같다. 다만 차이가 있다면 인간의 웅성거림일 뿐이다. 우리는 여러 나라에서 온 순례자들이다. 우리는 세상의 여러 민족을 대표한다. 그런 우리가 다 함께 호흡하고 있다. 여기 침대에 누운 우리는 그저 인간이다. 아무것도 서로에게 입증해 보일 것 없이 연약한 모습으로 쉬고 있는 인간이다. 우리는 수면을 통한 원기 회복이라는 인간의 가장 기본적인 욕구에 자신을 맡기고 있다. 이 욕구가 우리를 하나로 묶어 준다."

그 순간 나는 동료 순례자들과 강한 유대감을 느꼈다. 그 생각이 나를 진정시켜 주었고 나는 곧 잠들 수 있었다. 예외가 없던 것은 아니지만, 그때부터 나는 가지각색의 수면소리 속에서 휴식을 취하는 일이 점점 쉬워졌다. 그런 소리가 때로 잠들려는 내 노력을 방해하기도 했지만 오히려 연대감으로 평안과 위로를 주며 나를 달래줄 때가 더 많았다.

그 첫날 밤 이후로 나는 인류의 웅성거림을 의식하게 된 일이 여러 번 있었다. 나는 나 자신이 카미노 공동체와 인류의 일원임을 자주 느꼈다. 이런 의식은 내가 마을과 도시를 지날 때에 찾아왔다. 그런 곳에서 나는 좀더 크고 다양한 인류의 존재를 느끼며 현지인들 속에 섞여 들었다. 길을 걸을 때든, 멈추어 음식을 먹을 때든, 우물에서 물병을 채울 때든, 가게에 들어가 물건을 살 때든 나는 잠시 그들의 삶과 활동 속에 끼어들었다.

인간 공동체에 섞여 듦으로써 나는 내 작은 세계를 벗어나 잠시나마 그들의 세계로 들어가는 복을 누렸다. 그들도 내 나라 사람들과 똑같은 활동에 임하고 있었다. 음식을 사고팔고, 집을 짓고, 야채와 곡물을 재배하고, 우유를 짜고, 아이들을 학교에 데려가고, 전화로 얘기하고, 간이식당에서 마시고, 차를 운전했다. 얼굴 특징과 옷차림과 언어는 달랐지만 더 깊은 곳에 있는 인간의 특징은 내 나라 사람들과 비슷했다.

피레네 산맥을 내려오던 어느 날, 톰과 나는 잠시 쉬며 점심을 먹었다. 톰이 낡은 벽돌담 옆의 포장된 바닥에 누워 잠시 눈을 붙이는 동안 나는 학교 놀이터 맞은편에 있는 무너져 가는 콘크리트 계단에 앉았다. 열 살에서 열두 살쯤 된 아이들 여럿이 커다란 나무 그늘 아래 빙 둘러 앉아 카드놀이를 하고 있었다. 아이들의 웃고 떠드는 소리가 내 마음에까지 그대로 타고 넘어왔다. 아이들은 아주 신나게 놀고 있었다.

아이들과 멀지 않은 곳에서 한 노인도 얼룩진 돌 벤치에 앉아 벽돌담에 등을 기대고서 모든 것을 지켜보고 있었다. 내 맞은편으로 길 저쪽에는 한 소년이 벽에 축구공을 차며 혼자서 놀고 있었다. 모두 내가 모르는 사람들이었다. 그들은 저마다 자신의 활동에 임하고 있었지만 나는 그들 한 사람 한 사람과 강한 연대감을 느꼈다. 우리는 다 그 웅성거림의 일부였다. 우리 서로를 하나로 묶어 주는, 공명(共鳴)하는 인간 선율의 일부였다. 카드놀이, 앉아서 쉬기, 공차기, 이 모두가 인간의 공통된 활동이었다.

다른 순례자들을 겪을 때도 내 안에 똑같은 연대감이 싹텄다. 동행자가 한 명뿐이었던 나는 길에서 우리를 지나치거나 같은 대피소에 묵는 사람들이 나에게 일종의 공동체가 되어 주리라고는 생각하지 못했다. 그러나 정확히 그렇게 되었다. 이 공동체 안에 울려 퍼지는 가장 큰 웅성거림은 길을 걷는다는 공동 목표의 끈이었다. 이 끈은 수많은 도전과 고생과 기쁨과 낙을 똑같이 겪는다는 동질감에서 왔다. 그리고 이 인류의 웅성거림은 여러 나라 사람들이 뒤섞인 데서 나왔다. 그들은 친절과 관심이라는 동일한 인간의 언어로 말할 줄 아는 사람들이었다.

어느 늦은 오후에 나는 졸지에 그 끈을 의식한 적이 있다. 그때 나는 어느 작은 대피소의 부엌에 있는 덜컹이는 식탁에 앉아 있었다. 숙소에서는 여남은 명의 순례자들이 우르르 여장을 풀고 있었으므로 나는 조용하고 한적한 옆방으로 가서 일기를 쓰던 중이었다. 30분쯤 지나자 50대 초반의 이탈리아인 순례자가 부엌으로 들어왔다. 우리는 서로 인사를 건네며 통성명을 했다. 마리아나는 싱크대로 가더니 낡은 냄비며 프라이팬 중에서 작은 양푼을 골랐다. 그러더니 그녀는 양푼에 물을 가득 붓고는 자리에 앉아, 자신의 욱신거리는 발을 그 안에 담갔다.

그녀가 앉을 때쯤 나는 지난 30분간의 내 호사스런 고독이 떠오르면서 어쩌면 그녀도 혼자 있고 싶겠다는 생각이 들었다. 나는 나가려고 일어섰다. 그녀에게 부엌을 내주려 한 것이다. 그녀는 나를 보며 손을 들고는 가지 말라고 말렸다.

"부탁이니 앉아 주세요. 부탁이니 같이 있어 주세요!" 나는 그녀가 그냥 호의를 베푸는 줄로 알았으나, 어쨌든 앉았다. 그때부터 그녀가 더듬거리는 영어로 자신의 상황을 털어놓기 시작했다.

마리아나는 우선 자신의 욱신거리는 발 얘기부터 했다. 그녀는 통증 부위를 내게 보여 주면서 이만저만 걱정이 아니었다. 나에게 발 얘기를 하는 동안 그녀의 불안이 가라앉는 것을 나는 보았다. 다소나마 걱정이 가시는 것 같았다. 다행히 나는 그곳에 묵던 순례자들 중에 간호사 한 명을 알고 있었고, 그래서 그녀에게 가서 마리아나의 발을 잘 보아줄 것을 부탁했다. 간호사 순례자는 마리아나에게 발이 욱신거리는 것은 무슨 심각한 병이 아니며 기본적으로 잘 쉬면 된다고 안심을 시켰다.

그러나 마리아나에게 가장 필요한 것은 그게 아니었다. 이 순례자에게는 인간 동료, 곧 말 상대가 필요했다. 말의 내용이 무엇이든 중요하지 않았다. 그녀는 외로웠다. 나를 만날 즈음에 그녀는 삼촌과 함께 카미노를 걸은 지 2주가 되었었다. 마리아나는 말하기를 자기는 늘 카미노를 걷고 싶었으나 동행해 줄 사람을 찾지 못했다고 했다. 혼자 걷는 것은 마음이 편치 않았다. 그러던 차에 그녀의 삼촌이 알고서 순례길에 함께 나서 주었다. 80세의 나이에도 불구하고 말이다!

사실 고령의 삼촌은 건강이 아주 좋았고 걷는 속도도 대개 마리아나보다 빨랐다. 하지만 나이나 민첩성은 문제가 못 되었다. 문제는 삼촌이 거의 입을 열지 않는다는 것이었다. 두 사람은 서로 존중하고 챙겨 주는 사이였지만 그는 지극히 내향적인 사람이었다. 날이면 날마다 그들은 거의 완전한 침묵 속에서 걸었다. 그것만으로도 외로운데 그들은 카미노에서 이탈리아 사람들을 별로 만나지 못했다. 언어 장벽도 있고 마리아나와 삼촌 둘 다 수줍음도 많아서 다른 사람들과도 거의 대화가 없었다. 그녀는 인간과의 접촉이 그리웠고 카미노의 기복을 이야기할 상대가 아쉬웠다. 그녀는 새 친구들을 사귀고 싶었고 식사도 함께 즐기고 싶었다. 나와 만났을 때 마리아나는 이번만은 잠시라도 말동무가 생기기를 바라며 수줍음을 꿀꺽 삼켰던 것이다.

대피소 안에는 그간 내가 알게 된 사람들이 꽤 있어서 나는 마리아나를 그들에게 소개해 주었다. 새로운 마리아나가 시작되는 순간이었다. 그 후로도 우리는 마리아나와 그 삼촌을 이따금씩 만났는데 매번 그녀는 더 명랑하고 즐거워 보였다. 매번 마리아나는 "카미노에서 공동체 의식을 얻어서" 너무 좋다고 말했다. 마침내 그녀가 인류의 웅성거림 속에 들어갔다는 말이었다.

마리아나를 통해 나는 노상의 모든 순례자가 또 다른 방식으로 보이지 않는 끈의 일부가 되었음을 보았다. 이 외로운 여자의 이야기를 들으면서 나는, 카미노에서 내가 만난 낯선 사람들이 얼마만큼의 고독도 원하지만 또한 활기찬 대화도 원한다는 사실을 이해하게 되었다. 그들은 어느 정도 동일한 욕구와 소원과 희망을 지닌 인간들이었다. 우리의 공통된 웅성거림은 걷기라는 신체적 수고와 도전에만 있는 것이 아니었다. 그것은 정신적·정서적 욕구와 도전 속에도 있었다. 카미노는 그 길을 밟는 사람들의 발과 함께 울렸지만, 동시에 그 길을 걷는 모든 사람의 내면생활과 함께 박동했다. 순례자 하나하나가 인류라는 기다란 띠의 일부가 되었고, 그것이 카미노에 공동체 의식을 더해 주었다. 누구도 무시되거나 제외될 수 없으며 그래서도 안 된다는 것을 나는 배웠다.

이것은 나에게만 아니라 다른 순례자들에게도 점점 더 분명해졌다. 카미노의 목적지에 가까이 갈수록 길을 걷는 우리 모두는 서로에게 더 마음을 열고 따뜻해졌다. 우리가 그 거대한 웅성거림의 일부라는 의식이 자라 갔다. 그것은 식사 시간에 가장 분명히 나타났다. 혼자 걷는 순례자가 있으면, 다른 사람들이 커피 한 잔이나 저녁식사 자리에 그 사람을 불렀다. 언어가 같든 다르든 그것은 중요하지 않았다. 이런 식사야말로 가장 즐거운 시간이었다. 한 식탁에 스페인어, 영어, 독일어, 화란어, 프랑스어, 이태리어가 총동원되었다. 외국어를 아는 순례자가 있으면 그 사람이 다른 순례자의 말을 통역해 주었다. 그런 시간이면 우리의 두고 온 삶이 어떻고 앞으로의 삶이 어떨지는 중요하지 않았다. 거기 그 식탁에서 우리는 영으로 연결된 순례자였다. 카미노의 공통된 경험과 인류의 더 깊은 연합이 우리를 이어 주었다.

이런 친근감과 공동체 의식은 하루하루의 웅성거림의 일부가 되었다. 한 순례자가 옷가지나 기타 중요한 물건을 대피소에 두고 오면 다른 나그네가 가져다가 그 순례자에게 전해 주었다. 카를로스가 나한테 그랬던 것처럼 말이다. 누가 물집이 생겼는데 적당한 약이 없으면 다른 순례자가 자기 배낭에서 뭔가를 꺼내 나누어 주었다. 대피소의 봉사자들도 길 상태와 날씨를 비롯하여 순례자의 걷기에 조금이라도 도움이 될 만한 것이면 무엇이든 조언과 충고를 들려주었다.

순례자 공동체를 경험하지 못했더라면 카미노 걷기는 우리 두 사람에게 아주 다른 여정이 되었을 것이다. 톰과 나는 다채로운 성격과 다양한 언어를 누리지 못했을 것이다. 놀라운 사연들과 용감한 증언을 놓쳤을 것이고, 우리만 고생하는 것 같은 마음이 더했을 것이고, 도전 앞에서 나약해졌을 것이다. 대신 순례자 공동체는 우리의 하루하루를 활기 있게 해주고 기운을 되살려 주었다. 동료 순례자들의 실제적인 제안, 통찰, 격려, 기쁨, 웃음이 있었기에 카미노에서 우리의 날은 항상 풍요로웠다.

카미노는 많은 얼굴과 언어의 세계로 순례자들을 안내한다. 각양각색의 외국인들 사이에 섞여 드는 일은 대단히 다양한 동료 길손들에 대한 본인의 태도에 따라 설렘으로 다가올 수도 있고 위협으로 느껴질 수도 있다. 순례자는 자신의 편안한 문화와 개인적 취향에 어긋나는 것이면 무조건 저항할 수도 있고, 아니면 평소에 경험하기 힘든 것을 수용하려는 열린 마음으로 특이한 미지의 세계에 들어설 수도 있다.

어떤 인생길을 걷고 있든 이것은 지구상의 모든 사람들에게도 마찬가지다. 더 큰 인류 공동체를 의식하고 거기에 주파수를 맞춘다면 우리의 공통점이 우리에게 힘과 희망을 가져다줄 것이다. 바깥을 내다보며 마음과 생각을 넓힌다면 우리는 날마다 인류의 웅성거림과 이어질 것이다. 누구를 만나든 그 사람과 내가 더 깊은 차원에서 연합되어 있음을 우리는 인생길을 걸으면서 깨닫게 될 것이다.

우리가 경험하는 차이는 표면적인 것일 뿐이다. 우리 인간들을 갈라놓는 듯 보이는 것들 밑에는 모두를 풍요롭게 하고 모두에게 힘을 주는 유사한 희망과 수많은 기회가 있다. 우리를 갈라놓고 분열시키는 귀청이 터질 듯한 굉음을 잠식할 정도로 인류의 웅성거림이 커진다면 세상은 얼마나 달라질까!

25
멈추어 되돌아보라

우리의 시력은
자기 마음속을 들여다볼 때에만 또렷해진다.
밖을 보는 자는 꿈을 꾸지만
안을 보는 자는 깨어난다.
; C. G. 융

내 기억에 카미노에서 내가 처음으로 의식적으로 돌아서서 이미 걸어온 길을 되돌아본 것은 여정 5일째였다. 톰과 나는 시에레 델 페르돈(용서의 산)을 쉬지 않고 올랐다. 정상에서 우리는 흥미로운 기념물 앞에 잠시 멈추어 숨을 돌렸다. 실물 크기의 산티아고 순례자 인물상 가운데 서 있는 꿈에 부푼 돈키호테 상이었다. 산 밑으로 가파른 내리막길을 다시 걷기 전에 톰이 잠시 멈추어 되돌아보았다. 나는 "정말 좋은 생각이에요"라고 말하며 그와 함께 돌아섰다.

아름다운 도시 팜플로나와 웅장한 피레네 산맥이 멀리서 그 자태를 드러냈다. 톰이 경이에 찬 목소리로 말했다. "생각해 보오. 우리가 저 높은 산들을 내려와 저 땅을 전부 지나온 거요. 정말로 그런 일이 있었다는 사실이 믿어집니까?" 우리가 이미 그 많은 것을 겪어 왔다는 사실에 나도 황홀해졌다. 우리는 한참 더 거기 서서, 그간 우리가 보았던 아름다움과 불상사 없이 용케 내려온 어려운 비탈길에 대해 말했다.

나는 며칠간의 힘든 장거리 보행으로 피곤하긴 했지만 새로운 기운이 불끈 솟았다. 우리가 그 먼 길을 걸어왔고 그렇게 많은 아름다움을 받았다는 사실이 놀랍기만 했다. 앞길에도 똑같이 놀라운 경험들이 펼쳐질 거라고 생각하니 가슴이 벅차올랐다. 다시 돌아서서 앞으로 향할 때 내 안에 피어오르던 그 기대감이 지금도 고스란히 느껴진다. 잠시 멈추어 되돌아본 그 시간이 내 안에 새로운 자신감과 열정을 불어넣어 주었다.

시에레 델 페르돈에서 멈추었던 그 일은 우리의 시각을 열어 주었다. 이미 걸어온 길을 돌아보니 그 길이와 넓이와 높이가 보였다. 정작 그 한복판에 있을 때에는 충분히 알 수 없던 것이었다. 그것을 보면서 우리는 그 먼 길을 걷도록 우리 몸이 해준 수고를 더 잘 알게 되었고, 마음에 받았던 아름다움도 더 큰 정황에서 보게 되었다. 그렇게 되돌아본 덕분에 우리는 새 힘을 얻었고 앞으로도 잘 해낼 수 있다는 확신이 더 커졌다.

의식적으로 멈추어서 지나온 길을 되돌아본 것은 그때가 처음이었는데, 그것을 기화로 우리는 그 후로도 수시로 멈추어 돌아보곤 했다. 그때부터 거의 매일 아침, 그날 떠난 곳이 작은 마을이든 큰 도시이든 일단 외곽에 이르거나 언덕에 오르면, 우리 중 하나가 조용히 멈추어 되돌아보았다. 그것을 신호 삼아 상대방도 똑같이 했다. 그렇게 우리는 때로는 말없이 서 있었고, 때로는 아름다운 경치에 조용히 감탄하거나 어제의 길 상태에 대해 말하기도 했다. 아소프라를 나서던 그날처럼 우리는 아름다운 일출을 즐거이 바라본 적도 여러 번 있었다. 길의 고도가 높아지면 간혹 낮에도 우리는 멈추어 되돌아보았다. 카미노에서 그렇게 멈추는 시간은 매번 기억하며 즐거워하는 시간이었다. 우리는 여태 걸어온 길을 바라보았고, 순례길에서 새로 접한 것들에 감탄했다. 매번 멈출 때마다 여정의 경이를 감지하는 의식이 깊어졌다.

멈추어 지난 여정을 돌아보는 시간이 순례에 방해가 되거나 과거에 집착하는 것으로 느껴진 적은 없었다. 오히려 그것은 땅과 사람들의 아름다움, 순례의 선물, 동행의 기쁨에 대한 감사기도에 가까웠다. 이미 경험한 일을 그렇게 시간을 내서 돌아보지 않았다면 우리는 많은 것을 놓쳤을 것이다. 카미노에서는 그저 전진만으로는 부족했다. 우리는 과거를 아무렇게나 두고 갈 수 없었다. 가장 좋았던 과거는 기억되기를 원하며 현재에 영향을 미친다. 되돌아봄의 교훈이 나에게 그것을 확실히 가르쳐 주었다.

융은 "깨어나려면 안을 보라"고 했다. 카미노로 떠나기 전에 나는 "바깥 세상이 내 깨어남의 근원이 되겠구나"라고 생각했다. 나는 계속 새로운 풍경과 지형을 맞이하면서 멋진 야외에서 많은 것을 배우겠거니 상상했다. 내가 망각한 것이 있었다. 바깥 세상은 마음과 손을 잡기까지는 "꿈"으로 남는다. 마음과 이어질 때에야 그것은 우리의 삶에 더 깊은 의미를 띠게 된다. 시간을 내서 과거와 현재를 반추하면 바깥 세상과 내면 세계라는 그 두 중요한 영역이 하나로 수렴된다.

돌아서서 물리적 세계를 바라본 것 외에도 톰과 나는 또한 돌아서서 우리 내면을 들여다보았다. 우리는 일기 쓰기 같은 의식적인 묵상 시간을 통해 그렇게 했다. 톰의 일기장은 작았고(가로 7.5센티미터, 세로 10센티미터) 내 것은 그보다 약간 컸다(가로 15센티미터, 세로 23센티미터). 배낭의 무게 때문에 둘 다 그다지 두껍지 않았다. 나는 하루가 끝나면 많은 순례자들이 일기를 쓰는 것을 보았다. 시간을 내어 그날 관찰한 것을 정리함으로써 우리는 하루의 감각적인 경험들을 포착하여 내면에 들여놓을 수 있었다.

아침에 한두 시간 걷고 난 후에도 우리는 의식적으로 잠시 돌아보는 시간을 가졌다. 이 시간에 우리는 "어제의 어떤 면이 당신에게 가장 의미가 있었는가?"를 서로에게 물었다. 그러고는 전날의 경험을 체질하고 거르면서 그것이 우리에게 미친 영향을 살폈다. 이런 나눔은 걷는 속도에 방해됨 없이 계속 걷는 중에 이루어졌다. 이런 반추는 큰 도움이 되었다. 여정이 몇 주째로 접어들면서 마치 그날이 그날처럼 느껴졌기 때문이다. 하루하루의 의미에 의식적으로 집중하지 않았다면 아마도 여러 날이 하나의 커다란 흐리멍덩한 덩어리가 되고 말았을 것이다.

멈추어 반추하는 시간은 우리 삶의 경험을 하나의 의미 있는 전체로 엮어 주었다. 그것은 나의 내면에 벌어지는 일을 인정하는 데에도 도움이 되었다. 일례로, 발에 쓰는 바셀린과 배관용 테이프와 가죽 면포를 깜빡 잊고 두고 온 날, 나는 자신에게 화를 내며 "미련하다"고 자책했다. 물론 소리내어 말하지는 않았다. 그냥 내 내면의 싸움이었다. 이튿날 아침에 톰이 어제의 의미 있었던 일을 생각하고 찾아보자고 했을 때 내 내면의 흉한 모습이 표면에 떠올랐다. 반추를 통하여 나는 내 심령에 어떤 일이 벌어지고 있으며 왜 그렇게 되었는지 깨달았다. 그러한 인식은 나의 긴장을 풀어 주었고, 하나님을 의지하고 내 실수를 용서해야 할 필요성을 일깨워 주었다. 멈추어 내 실망스런 경험을 반추하지 않았다면 나의 자책은 내면에서 더 요란하게 언성을 높였을 것이다.

다른 순례자들과 함께 멈추어 대화에 가담할 때도 자연스런 반추의 시간이 찾아왔다. 그들의 질문과 이어지는 대화는 여정의 의미를 생각해 보는 또 다른 계기가 되었다. 서로의 질문에 답하면서 우리 각자는 그런 기회가 아니었다면 그냥 놓쳤을 수도 있는 자신의 순례길의 정서적·영적 조각들을 주워 모을 수 있었다. 다른 사람들이 내 말을 들어줄 때 나도 그들과 함께 내 말을 들었다. 카미노를 걷기로 한 나의 이유를 밝히고, 요즘 어떻게 지내고 있는지 나누고, 도전과 축복을 이야기하면서 나는 내 말의 의미를 더 많이 이해하게 되었다.

카미노를 걸으며 나는 시종일관 반추의 시간을 귀히 여겼으나 톰과 나의 순례 여정이 다 끝났을 때만큼 그 진가를 충분히 맛본 적은 없었다. 여정이 다 끝나면 카미노의 엄청난 경험을 어떻게 반추하고 통합할 것인지, 톰도 나도 생각해 본 적이 없었다. 산티아고에 도착한 후에 며칠 "느긋하게 쉴" 시간이 있기는 바랐어도, 반추하기 위해 며칠 더 시간을 낼 가능성은 생각하지 못했다. 그런데 결국 산티아고에 도착하니 귀국 비행기를 타는 날까지 닷새의 자유시간이 남아 있었다.

그 닷새가 우리에게 얼마나 귀한 선물이었는지 모른다! 파스라는 친절한 여행 안내원과 상의한 끝에 우리는 버스를 타고 2시간을 달려 스페인 서해안의 피니스테레라는 예쁜 소읍으로 갔다. 피니스테레에서 우리는 좋은 숙소를 저렴

한 가격에 구할 수 있었다. 나는 우리의 행운이 믿어지지 않았다. 톰은 이렇게 말했다. "우리는 참 운도 좋다니까. 카미노 끝에 꼭 필요한 것을 만났으니 말이오. 무지개 끝의 황금 항아리 같다고 할까."

피니스테레에서 보낸 날은 우리에게 놀라움과 축복을 가져다주었다. 산티아고에 거의 다 온 마지막 일주일 동안, 톰도 나도 아이오와에 두고 온 세상으로 복귀할 일에 대해 걱정이 많았다. 이제야 느긋하게 걷는 법을 배웠는데, 새로 얻은 그 귀한 선물을 잃을까봐 우리는 두려웠다. 피니스테레에서 보낸 시간은 카미노의 한갓진 삶에서 나와서 고국의 분주하고 복잡한 세상으로 돌아가는 우리의 전환 과정에 완충제 역할을 해주었다. 포구의 맑은 쪽빛 바닷물이 내다뵈는 거실에 앉는 순간, 톰과 나는 눈앞의 한가로운 며칠이 그간 우리가 어디를 지나왔고 앞으로 어떻게 미래에 들어서고 싶은지를 정리할 수 있는 호기임을 즉시 직감으로 알았다.

피니스테레의 그 대화에서 우리는 여덟 가지 질문을 뽑아냈다.

1. 가장 즐거웠던 것은 무엇인가? 가장 즐겁지 않았던 것은 무엇인가?

2. 깜짝 놀랐던 일은 무엇인가?

3. 후회되는 것이 있는가?

4. 가장 도전이 되었던 것은 무엇인가?

5. 집에 돌아가서 다른 사람들과 나누고 싶은 이번 우리 순례의 가장 중요한 것 다섯 가지는 무엇인가?

6. 우리가 얻은 카미노의 주된 가르침과 교훈은 무엇인가?

7. 우리의 삶에 통합하고 싶은 부분은 무엇이며, 어떻게 그렇게 할 수 있을까?

8. 현실 복귀에 대한 우리의 걱정은 무엇인가?

이 여덟 가지 질문은 우리의 개인적인 반추에 놀라운 디딤돌이 되어 주었다. 우리가 묵은 콘도에서 20분쯤 걸어가면 소음 반대편에 아름다운 해변이 있었다. 날마다 우리는 그 해변에서 오후시간을 혼자 보내며 질문을 두 개씩 생각했다. 톰은 거의 인적이 없는 바닷가 모래밭을 좋아하여 거기서 시간을 거의 보냈다. 그는 모래밭에서 일광욕도 하고 꾸벅꾸벅 졸기도 하고 질문에 답을 쓰기도 했다.

나는 큰 바위들이 있는 후미진 곳을 찾아내 거기서 쉬고 반추하고 기록했다. 카미노가 가르쳐 준 것을 곰곰 생각하며 그렇게 몇 시간을 보내는 동안, 밀려왔다 밀려가는 파도의 리듬이 포근한 안식으로 내 몸과 영혼을 감싸 주었다. 세월을 모르는 광대하고 무궁하고 풍요로운 바다는 멈추어 반추하기에 완벽한 곳 같았다. 바닷물은 나에게 힘과 위로를 동시에 주었다. 물의 세계인 내 어머니의 태에서 처음 이 지구별에 둥지를 튼 나는 이제 또 다른 차원의 출생을 반추하고 있었다. 카미노의 태 역시 깊은 성장의 양분이 되었다. 이 소중한 여정은 내 자아를 넓혀 주었고, 하나님과의 관계를 더 굳건하게 해주었고, 톰과의 우정을 더 풍요롭게 해주었다.

우리 둘은 느지막한 오후에 포구의 한 곳으로 다시 돌아와, 해변에서 반추하며 거둔 것을 서로 나눴다(물론 감미로운 적포도주 한 잔을 빼놓을 수 없었다!). 조용히 묵상한 내용을 그렇게 나누노라니 서로의 깨달음이 은혜가 되었다. 비슷한 내용도 많았지만, 둘 중 하나가 모르고 있었거나 잊어버린 것도 있었다.

첫날 대화 중에 톰은 "우리의 순례길에 정말 도움이 되었던 작은 것들을 쭉 생각해 보았소"라고 말했다. 그러고는 적어둔 목록을 읽었다. 약간의 프라이버시를 제공해 준 면벽한 이층침대, 침대에 오르내리기 쉽게 해준 위아래 칸 사이의 사다리, 고원의 그 손바닥만한 그늘, 지친 발에 쿠션이 되어 준 부드러운 풀, 물병을 채워 준 마을의 우물, 쉼이 필요할 때

앉았던 돌과 통나무와 벤치. 톰의 말을 듣고 있노라니 나도 그런 것에 새삼 고마운 마음이 들었다.

반추와 나눔의 날이 계속되면서 질문에 대한 우리의 답도 넓어지고 깊어졌다. 톰도 나도 우리의 카미노 경험이 점점 더 놀랍게 느껴졌다. 우리가 찾아낸 교훈의 목록은 갈수록 더 길어졌다. 피니스테레의 반추 시간이 없었다면 이 책도 없었을 것이다. 이 책에 나오는 인생 교훈의 대부분이 거기서 처음 밝혀지고 이름을 얻었기 때문이다.

카미노를 위한 준비가 여정 자체 못지않게 중요했던 것처럼, 카미노 이후의 반추와 통합도 중요했다. 카미노 여정을 되새겨 보지 않았다면 나의 기억과 통찰은 희미해져 버렸을지도 모른다. 시간을 내서 돌아보지 않았다면, 지속적인 성장에 도움이 될 순례 여정의 많은 교훈이 아마도 분주하게 쫓기는 일상 속에 묻혀 버렸을 것이다.

멈추어 그간의 족적에 주목하면 나 자신과 삶에 대해 더 많은 것을 배울 수 있다. 과거가 현재의 순간과 이어지기 때문이고, 지금 내가 믿고 있는 것과 살아가는 방식이 과거와 어떻게 맞아들거나 맞아들지 않는지 보이기 때문이다. 과거에 집착하는 것은 건강하지 못하다. 과거를 절대 돌아보지 않는 것도 똑같이 건강하지 못하다. 뒤를 돌아보아야 우리는 지난 일에서 배울 수 있고, 그 통찰을 현재 속으로 가져올 수 있고, 다시 거기서 배울 수 있다. 그렇게 할 때 우리는 더 깊은 지혜를 품고 미래에 들어설 수 있다.

산티아고에 도착한 후에 곧장 자기 나라로 돌아간다고 말하던 순례자들이 나는 종종 생각난다. 그들이 멈추어 그간의 경험과 생각을 통합하지 않고 어떻게 그랬는지 나로서는 상상이 가지 않는다. 집에 돌아가서라도 그들이 시간을 내서 자신의 인생을 위한 카미노의 교훈을 정리해 보았을지 궁금하다. 그들은 일기장을 다시 읽어 보았을까? 배우자와 가족들과 친구들에게 나눔으로써 교훈이 더 생생하게 살아났을까? 그들의 마음속에도 카미노에서 받은 교훈이 늘 떠나지 않고 남아 있을까?

수시로 멈추어 반추하자는 나의 다짐은 카미노를 통해 더 새로워졌다. 잠시 멈춘다는 'pause'라는 단어는 "활동이 없는 짧은 기간"으로 웹스터 사전에 정의되어 있다. 멈추어 되새기는 시간은 내 내면의 정지 신호다. 분주한 나의 삶 속에서 인생 여정의 다음 구간으로 건너가기 전에 "멈추어 살피고 듣는" 것은 필수다. 나는 의식적으로 긴장을 풀고 과거에는 물론 현재에도 주목해야 한다. 그래야 삶의 각 구간에 들어 있는 교훈을 배울 수 있다. 잠시 멈추어 내 삶의 사건과 경험을 되새겨볼 때 나는 방향과 통찰과 명료함을 얻는다. 보다 지혜롭고 감사한 마음으로 내 삶의 영역에 재진입하게 되며, 내 내면과 바깥 세상을 의미 있는 하나의 통합체로 연결하여 새 힘을 얻게 된다. 멈추어 인생의 순례를 통합할 때마다 나는 다가오는 미래에 대비하게 된다.

집에 돌아온 후로도 나는 계속 잠깐잠깐 멈추어 나의 풍성한 카미노 경험을 반추해 왔다. 그럴 때마다, 산티아고까지 그 먼 길을 걸으며 배웠던 것에 대한 나의 헌신이 새로워진다. 그 옛길의 지혜는 지금도 날마다 나에게 감화와 도전을 주고 있다. 다시 되새길 때마다 그 교훈은 더 명료해지고 뜻이 깊어진다. 카미노의 교훈은 영원토록 내 삶에 계속 영향을 미칠 것이다.

;   **카미노 이후**

여러 주 동안 카미노를 걸은 후에 톰과 내가 어느 산꼭대기에 서서 그토록 고대해 온 산티아고 시를 내려다보는 그날이 왔다. 톰은 "거의 다 왔다!"며 환호성을 질렀다. 내 안에도 뜨거운 기대감이 솟았지만, 상상치도 못했던 뭔가 다른 것도 계속 느껴졌다. 그 "뭔가"는 느낌이 묵직했다. 어지러운 슬픔의 감정이 점차 모습을 드러냈다. 그 감정은 혼란스러웠다. 나는 이런 생각이 들었다. "어떻게 이럴 수 있지? 나는 이 마지막 날을 기다려 왔고 순례를 완수하기를 고대해 왔다. 그런데 막상 보행을 끝낼 시간이 되니 저항의 벽이 느껴진다. 한편으로 나는 계속 가고 싶은 마음이 있다. 이 지속적인 동작을 따라 계속 새로운 풍경과 발견을 향해 나아가고 싶은 것이다."

나도 모르는 사이에 나는 일정한 보조(步調)에 길들여져 있었던 것이다. 걷는 습관과 동작이 나를 장악해 버린 것이 분명했다.

산티아고에 들어서면서 나는 카미노가 끝난다는 생각을 도저히 감당할 수 없었다. 내 몸에도 그 나름의 생각이 있어서, 그 "생각"은 리듬감 있는 속도의 지속을 요구하고 있었다. 나는 카미노는 지속되는 것이라고 자신을 타일렀다. 물리적인 부분은 끝났지만 영적인 부분, 순례길의 기쁨과 도전은 이제야 겨우 깊은 뿌리를 내리려는 참이었다. 그러나 그런 다짐도 나에게 별 위안이 되지 못했다. 여정은 끝나고 있었다. 나의 몸은 내려놓아야만 함을 애통해 했고, 그 애통은 나의 영혼에까지 들어왔다. 자신을 살살 달래어 집착을 줄이는 수밖에 없었다. 그렇게 달래는 것도 쉽지는 않았지만, 며칠 후 귀국 준비를 하면서부터는 슬픔이 줄었다.

돌아와서도 또 다시 걷는 것이 나에게 극히 중요한 일이 될 줄을 나는 미처 몰랐다. 내 몸은 내 영혼의 동반자가 되어 함께 내적 치유를 이루어 갈 것이었다. 일정한 보행 동작의 위로와 위안이 나에게 간절히 필요한 시점이 오고 있었다. 카미노의 그 마지막 날에는 이 비밀이 나에게 모습을 감추고 있었으나 그 다음주에 피니스테레에서 쉬는 동안에는 그 기미가 흘끗 보였다.

그날 오후에도 나는 그 바닷가의 바위에 앉아 있었다. 밑을 보니 내 발치께에 마른 잿빛 가지가 몇 개 보였다. 그 작은 식물은 커다란 돌의 틈바구니에 돋아났다가 나중에 소금물 때문인지 아니면 계절이 바뀌어서인지 죽음을 맞았다. 죽은 가지 옆에는 조그만 푸른 식물이 있었는데 그 위에 달린 가냘픈 꽃도 보였다. 이 가녀린 식물은 비바람에 시달리는 바위틈에서 용케 목숨을 부지하며 자라고 있었다. 죽은 가지와 생명력 있는 푸른 식물의 대비를 지켜보노라니 예상치 못한 불안이 나를 잡아끌었다.

나는 잿빛 가지를 하나 집어 들었다. 내 손안에 갈색 죽음이 놓여 있었다. 그렇게 죽음이 나의 관심을 사로잡았다. "저리 가." 나는 종말과의 대면을 피하고 싶어 그렇게 외마디 소리를 질렀다. 아름답고 풍요로운 카미노의 보화에 집중하고 싶은 마음뿐이었다. 나는 행복감과 만족감을 느끼고 싶었다. 나를 에워싸며 슬그머니 마수를 뻗쳐오는 슬픔과 우울이 나는 싫었지만, 울적한 기분은 그 위력으로 나에게 꽉 달라붙었다. 거기에 귀를 기울여야만 한다는 것을 나는 알았다.

거기 바위 위에서 나는 삶과 죽음을 생각했다. 나의 60년 인생을 응시했고, 내가 어떤 사람이 되었는지 돌아보았고, 여생을 어떻게 살고 싶은지 생각해 보았다. 카미노는 분명 나의 미래에 영향을 미칠 것이었다. 길에서 배운 그 모든 교훈은 그냥 제쳐두기에는 너무 강력했다. 내가 만난 역경도 마찬가지였다. 거기 앉아서 나는 고충에 대처했던 나의 반응에 후회를 느꼈다. 좀더 "모범" 순례자가 되어 힘든 상황을 더 잘 받아들이지 못한 것이 아쉬웠다. 나는 참을성이 부족했고 카미노의 달갑지 않는 부분을 수용하지 못했다. 그것은 내가 아직도 완성되지 못했으며 계속 변화되어야 한다는 말이었다. 나는 "죽기 전에 열심히 하자"고 혼잣말했다.

아직도 성장할 부분이 많다고 생각하자 나는 내 삶의 소중한 것들이 생각났고, 죽음으로 말미암아 그것들을 잃을 수도 있다는 생각이 들었다. 묵상중에 한번 나는 톰이 햇빛 아래 쉬고 있는 해변 쪽을 건너다보았다. 생각해 보면 톰은 나에게 얼마나 소중한 사람이 되었으며, 길 위에서 순례자로 살던 6주 동안 우리의 우정은 얼마나 자라고 깊어졌던가. 나에게 톰은 친절하고 자애로운 인간이 된다는 것의 의미를 보여준 놀라운 증인이었다.

톰의 선(善)이 나의 선을 부추겼다. 거기 바위 위에서, 열악한 환경에도 불구하고 기적처럼 살아 있는 작은 꽃을 보면서, 나 또한 장애물에도 불구하고 영적으로 계속 변화될 수 있겠다는 느낌이 들었다. 죽은 식물 사이에 있는 초록빛 식물이 나를 희망으로 불러 주었다. 나는 좀더 온전한 인간이 되려는 의욕을 새롭게 했다. 행복을 망쳐 놓으려는 내 자아의 모난 부분들을 수용하기로 마음을 다잡았다. 바다를 떠나기 전에, 나의 유한성과 죽음을 받아들이려는 마음이 잔잔히 내 마음을 감쌌다. 동시에 나는 내 "모난" 부분들의 끊임없는 도전도 수용했고, 필요하다면 무엇이든 "내려놓겠다"는 생각도 다졌다. 나는 일기장을 들고 써 내려갔다.

> 이번 주에 나는 망망대해를 보면서 죽음에 대한 생각을 아주 많이 했다. 내 나이 예순이니 앞으로 살아갈 햇수가 그리 많지 않을 것이다. 최선을 다하고 싶고, 최대한 사랑하며 살고 싶고, 할 수 있는 한 내가 가진 선물을 나누어 주고 싶다. 무엇보다도 하나님이 나를 두시는 곳과 나에게 원하시는 모습에 마음을 열고 싶다. 아름다운 바다와 백사장과 바위와 살갗에 닿는 훈훈한 바람에 등을 돌리기 전에 나는 그렇게 약속한다.

우리는 자신을 기다리고 있는 앞날을 다 알지 못하며 직관이 귀띔해 주는 메시지를 다 듣지 못하거니와, 어쩌면 그것이 가장 좋을지도 모른다. 그날 죽음을 생각하면서도 나는 그것이 나의 죽음에 관한 것이 아님을 몰랐다. 그것은 톰의 죽음에 관한 것이었다. 카미노에 다녀온 지 6개월 후인 이듬해 4월, 톰은 뇌일혈로 세상을 떠났다. 톰에게 산티아고 길에서 순례자로 살았던 그 소중한 몇 주는 자신의 죽음을 위한 영적인 준비였다.

지금 돌아보면, 산티아고 길의 한걸음 한걸음이 본향을 향한 마지막 순례길에 톰을 준비시켜 주는 걸음이었다. 카미노는 나에게도 하나의 준비였다. 그의 죽음은 나에게 말할 수 없는 충격이었다. 나에게 "내려놓으라"고 도전하던 카미노의 모든 교훈들, 바로 그 힘에 의지하여 나는 톰을 떠나보내야 할 때 떠나보낼 수 있었다.

톰이 죽은 후에도 나는 계속해서 날마다 걸었다. 내 곁에 그가 없다는 것이 심장을 도려낼 듯이 아팠지만 그래도 걸었다. 아이러니지만, 걸을 때마다 톰의 부재가 확인된 것만큼이나 그 꾸준히 걷는 것은 사별(死別)의 아픔을 달래는 나에게 그 어떤 것보다도 큰 위로가 되어 주었다. 내 몸동작의 일정한 리듬은 내가 생각과 마음의 초점을 지킬 수 있게 해주었고, 주변의 자연은 나의 슬픔을 달래 주었다. 카미노의 수많은 추억과 교훈이 되살아나 나를 위로해 주었다. 몸이 발과 다리를 따라가는 동안 그 추억과 교훈이 내 마음의 아픔을 쓿어 주었다. 톰은 몸으로는 떠났지만 그의 웃음과 조언과 격려와 지혜는 언제나 곁에 있었다.

얼마 전에 나는 내 카미노 일기장을 꺼내 피니스테레에서 보낸 우리의 마지막 날 부분을 펼쳤다. 10월 17일, 산티아고행 버스와 귀국 비행기를 앞두고 배낭을 꾸린 후에 쓴 것이었다. 집에서 나를 기다리고 있을 일과 직무와 책임을 생각하면 마음이 불안해졌다. 밤중에 나는 은혜의 깨달음을 얻고서 잠에서 깼는데, 그것을 다음날 아침에 이렇게 썼다.

> 나의 동반자 하나님이 여기서 나를 보호하시고 인도하시고 안전하고 건강하게 지켜 주셨다면 집에 돌아가서라고 왜 나를 돌보아 주시지 않겠는가. 그렇다, 나는 신뢰해야 한다……. 그간 경험했던 모든 것을 챙기고, 카미노의 종말을 슬퍼하고, 피니스테레에서 쉰 날들을 인하여 감사해야 한다. 그리고 내려놓아야 한다……. 용기와 확신과 즐거이 섬기려는 의욕을 가지고 미래 속으로 걸어가야 한다……. 카미노의 교훈들을 마음에 새기고 삶 속에 통합해야 한다.

산티아고 가는 길은 이제 저만치 내 뒤에 있다. 눈을 감으면, 멋진 동반자가 되어 그 길을 걸어가는 톰과 내가 보인다. 우리는 아름다운 카미노의 산과 계곡을 걷고 있다. 다시 눈을 뜨면 내가 있는 곳이 보인다. 카미노가 아니라 여기다. 나 혼자다. 하지만 혼자가 아니다. 나는 순례자 공동체와 연합되어 있다. 계속되는 인생길을 방향과 목표의식을 가지고 걷는 모든 사람들과 연합되어 있다.

카미노는 순례자에게 전진을 가르친다. 순례자는 과거에 머물 수 없다. 모든 순례자들처럼 나도 현재 속에 살아야 하고, 계속해서 인생길을 나의 훌륭한 스승으로 받아들여야 한다. 계속하여 느긋하게 걷는 나를 이 교훈들이 떠받쳐 주고 힘을 더해 줄 곳은 바로 여기다. 사랑이 영원하듯이 카미노의 선물도 영원할 것이다. 모든 순례자는 그것을 안다.

;   **노래**

다음은 카미노에서 우리의 마음에 힘을 주었던 노래들이다.
아침마다 우리는 이 노래들을 부르면서 걸었다.

존재하는 모든 것의 이름으로

존재하는 모든 것의 이름으로 우리 함께 나아가네

별과 성운의 이름으로

행성과 달과 별의 이름으로

존재하는 모든 것의 이름으로 우리 나아가네

존재하는 모든 것의 이름으로 우리 함께 나아가네

바다와 대양의 이름으로

산과 사막과 평원의 이름으로

존재하는 모든 것의 이름으로 우리 나아가네

존재하는 모든 것의 이름으로 우리 함께 나아가네

물소와 곰의 이름으로

거북이와 독수리와 고래의 이름으로

존재하는 모든 것의 이름으로 우리 나아가네

존재하는 모든 것의 이름으로 우리 함께 나아가네
선인장과 무화과의 이름으로
꽃과 나무와 대지의 이름으로
존재하는 모든 것의 이름으로 우리 나아가네

존재하는 모든 것의 이름으로 우리 함께 나아가네
생명을 이루는 요소들의 이름으로
흙과 물과 공기의 이름으로
존재하는 모든 것의 이름으로 우리 나아가네

존재하는 모든 것의 이름으로 우리 함께 나아가네
대지의 자녀들의 이름으로
만물 안에 호흡하시는 성령의 이름으로
존재하는 모든 것의 이름으로 우리 나아가네

만물 안에 호흡하시는 성령의 이름으로
존재하는 모든 것의 이름으로 우리 나아가네

그들이 기쁨으로 옵니다

그들이 기쁨으로 옵니다, 주여 기쁨으로 노래하며 옵니다, 주여
주의 평화와 사랑을 뿌리며, 주여 생명 가운데 행하는 그들이

1. 불안에 찌든 세상에 그들 희망을 가지고 옵니다
   사랑과 우정의 길을 찾으나 이르지 못하는 세상에
2. 만인의 평화를 위한 수고 그 손에 들고 옵니다
   선함과 진실을 낳는 보다 인간다운 세상을 꿈꾸며
3. 우리의 마음에 증오와 폭력이 가득할 때
   슬픔과 상처가 대물림됨을 세상은 알게 됩니다

나 찬양하리

나 찬양하리 찬양하리 내 주를 찬양하리
나 찬양하리 찬양하리 내 주를 찬양하리

1. 요한은 보았네, 구원받은 자들의 수를
   모두가 주를 찬양했네
   기도하는 이들도 노래하는 이들도
   모두가 주를 찬양했네
2. 우리는 영원하신 성부의 자녀
   사랑으로 우리를 지으신 주
   우리 찬양하리, 주를 송축하리
   모두 주를 높여 노래하리
3. 모두 하나 되어 즐거이 노래해
   주께 영광과 찬양을 돌리네
   성부께 영광을 성자께 영광을
   사랑의 성령께 영광을

형제자매 다 함께

한 교회의 지체 된 형제자매 다 함께
주님을 만나 뵈러 이 길을 걸어가세

1. 해 아래 광야를 지나는 긴 여정
   주의 도움 없이는 나아갈 수 없네
2. 함께 기도하고 함께 찬송하며
   주의 도움 받아 믿음으로 살아가리
3. 사랑이 다스리고 평화가 다스리는
   새 세상을 향하여 교회는 전진하네

; 주

1. 카미노는 스페인어로 "도로, 여정, 길, 보도(步道)"를 뜻한다. 스페인에는 카미노라는 걷는 노정이 많이 있다. 그러나 앞에 정관사를 붙여 "The Camino"라고 하면 보통 이 책 1장에 소개한 산티아고 순례길을 가리킨다.
2. Doris Lora, "Edgar Mitchell, IONS' Visionary Founder, at age 73," *Institute of Noetic Science*, 2003년 12월-2004년 2월, p. 19. (강조 추가)
3. 산티아고(Santiago, San Tiago)는 "성 야고보"를 뜻한다. 카미노 데 산티아고 데 콤포스텔라는 "프랑스 길"(Camino Frances, French Way)로도 알려져 있다.
4. 본서 맨 끝의 '노래' 부분에 이 노래 'In the Name of All That Is'의 가사 전문을 소개했다.
5. 스페인어 '레퓨지오'(*refugio*)로 순례자 전용 대피소나 쉼터를 뜻한다. '알베르게'(*albergue*, 쉼터)라고도 하며 카미노에 군데군데 많이 있다.
6. 이 책에 나오는 순례자들의 이름은 신분을 보호하기 위해 모두 가명을 썼다.
7. 가리비 껍질과 노란색 화살표, 이 두 상징물은 카미노 노정의 처음부터 끝까지 이정표 역할을 한다.
8. 스페인어로 'mesa'는 본래 "식탁"이라는 뜻이지만 여기서는 넓고 평평한 고원을 가리킨다. 대체로 수목이 없는 평원에 목초지와 곡식밭이 있다.
9. "Buen Camino!"라는 이 말은 사람들이 카미노 순례자들에게 건네는 유명한 인사말이다. "좋은 보행" 또는 "좋은 여정"이라는 뜻이다.
10. 대피소의 관리인들은 대부분 자원봉사자였는데 중세시대에 카미노의 병든 순례자들을 돌보아 주었다고 해서 간혹 간호인(hospitaler, 구호기사단)이라고 불리기도 했다.
11. Rabindranath Tagore, *The Gitanjali*, #2, p. 24. (「기탄잘리」)
12. Rabindranath Tagore, *The Gitanjali*, #18, #19, p. 37.

; 순례 및 산티아고 관련 자료

- *The Camino: A Journey of the Spirit*, Shirley MacLaine.
- *El Camino: Walking to Santiago de Compostela*, Lee Hoinacki.
- *My Father, My Daughter: Pilgrims on the Road to Santiago*, Donald Schell and Maria Schell.
- *Following the Milky Way: A Pilgrimage on the Camino de Santiago*, Elyn Aviva.
- *Fumbling: A Pilgrimage Tale of Love, Grief, and Spiritual Renewal on the Camino de Santiago*, Kerry Egan.
- *Off the Road: A Modern-Day Walk Down the Pilgrim's Route into Spain*, Jack Hitt.
- *On Pilgrimage: Sacred Journeys around the World*, Jennifer Westwood.
- *On the Road to Santiago*, Bob Tuggle.
- *Peregrina: A Woman's Journey on the Camino*, Marilyn Melville.
- *The Pilgrimage to Compostela in the Middle Ages: A Book of Essays*, Linda Kay Davidson and Maryjane Dunn 편집.
- *The Pilgrim's Guide to Santiago de Compostela*, William Melczer.
- *The Pilgrimage*, Paulo Coelho.
- *The Pilgrimage to Santiago*, Edwin Mullins.
- *The Pilgrimage Road to Santiago: The Complete Cultural Handbook*, David M. Gitlitz and Linda Davidson.
- *Pilgrim Stories on and off the Road to Santiago*, Nancy Louise Frey.
- *Pilgrimage to the End of the World: The Road to Santiago de Compostela*, Conrad Rudolph.
- *Roads to Santiago*, Cees Nooteboom.
- *Sacred Places, Pilgrim Paths: An Anthology of Pilgrims*, Martin Robinson.

- *The Singular Pilgrim: Travels on Sacred Ground*, Rosemary Mahoney.
- *Walking the Camino de Santiago*, Bethan Davies.

순례자 카드(The Pilgrim Cards)

카드에 적힌 아름다운 묵상이 내면의 지혜로 들어가는 길을 열어 준다. 카드를 제작한 오스틴 리패스는 엘 카미노 데 산티아고를 세 차례 걸었다. 순례 때마다 그는 인생 여정의 즐거운 산정과 캄캄한 계곡을 지나는 영혼 내면의 풍경을 이 카드에 담기 시작했다. 웹사이트 http://www.pilgrimcard.com이나 우편으로 252 Salem Ave Toronto ON M6H3C7 Canada에서 구입할 수 있다.

카미노를 걷는 동안 생명줄과도 같았던 안내책자(지도) 두 권

- *Pilgrim Guides to Spain: The Camino Frances (St. Jean-Pied-de-Port to Santiago de Compostela)*, David Wesson. The Confraternity of St. James, 27 Blackfriars Rd., London SE18NY. editorc@csj.org.uk (이 안내책자는 수시로 업데이트되고 있다. 카미노 데 산티아고 데 콤포스텔라의 대피소 정보가 수록되어 있다.)
- *A Practical Guide for Pilgrim: The Road to Santiago*, Millan Bravo Lozano. Editorial Everest, S.A., 2002. (카미노의 역사적·문화적 명소와 노정 자체에 대한 상세한 정보는 물론 중간의 숙박시설 대부분을 수록한 종합 정보서. 탁월하게 제작된 상세한 지도가 들어 있다.)

카미노 데 산티아고 데 콤포스텔라를 위해 봉사하는 중심기관

The Confraternity of St. James는 카미노 걷기에 가장 도움이 되는 기관이다. 지도와 안내책자를 간행하고 있다. 순례자 통행증도 이 기관을 통해 발급받을 수 있다(카미노의 대피소에서도 받을 수 있다).

www.csj.org.uk
office@csj.org.uk

27 Blackfriars Road, London SE1 8NY, UK
전화: (+44) (0) 20 7928 9988
팩스: (+44) (0) 20 7928 2844

도움이 되는 웹사이트

www.americanpilgrims.com
www.caminosantiagocompostela.com
www.backpack45.com/camino2p2.html
www.santiago-today.com
www.caminoways.com
www.peterrobins.co.uk/camino/caminos.html